*Dia-Vorträge*

Planung, Gestaltung, Durchführung

Wie sag' ich's
Kinde?

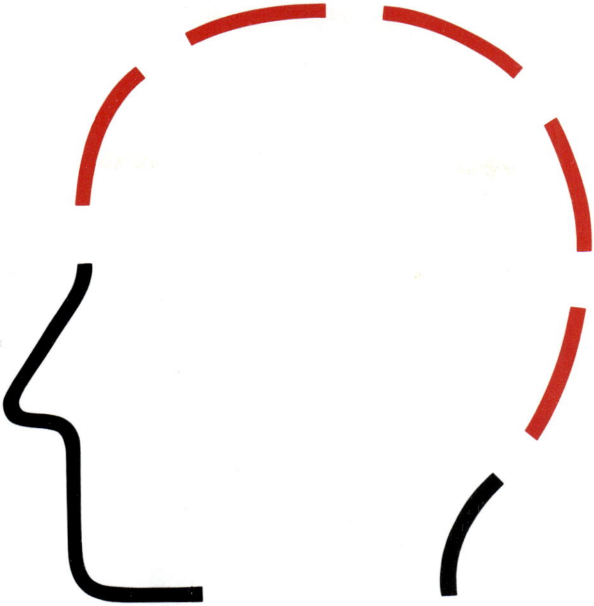

Gerald Fleischer

# Dia-Vorträge

Planung, Gestaltung, Durchführung

61 Abbildungen

1986
Georg Thieme Verlag
Stuttgart · New York

Prof. Dr. rer. nat. *G. Fleischer*
Institut für Anatomie und Zytobiologie, Klinikum der Justus-Liebig-Universität,
Aulweg 123, D-6300 Gießen

**CIP-Kurztitelaufnahme der Deutschen Bibliothek**

**Fleischer, Gerald:**
Dia-Vorträge : Planung, Gestaltung, Durchführung / Gerald Fleischer. – Stuttgart ; New York : Thieme, 1986.



Satz: Kittelberger,
Reutlingen (System 202)
Druck: Appl, Wemding

ISBN 3-13-689001-9

1 2 3 4 5 6

*Sören gewidmet*

# Vorwort

Unsere Welt wird zunehmend komplizierter. Sie wird erforscht, verwaltet und geplant, aber auch verkauft, verschmutzt und bedroht auf immer unverständlichere Weise. Eine immense Zahl von Fachleuten häuft spezialisiertes Wissen an und erzeugt eine ungeheure Menge an Information, die – mehr oder minder gestreut – über Beteiligte und Unbeteiligte herabregnet, meist in Form von Gedrucktem. Diese Papier-Flut nimmt ständig zu, während die allgegenwärtige und krebsartig wuchernde Bürokratisierung aller Lebensbereiche immer weniger Zeit zum Lesen läßt. Wer dennoch informiert sein möchte, besucht Vorträge, vor allem Dia-Vorträge, da eben ein Bild mehr sagt als tausend Worte. Allerdings nicht alle Bilder, sondern nur die guten, und die sind leider selten. Selbst Leute mit bewundernswerten Kenntnissen sind oft nicht in der Lage, verwickelte Sachverhalte schnell und klar darzustellen.

Gerade bei der Vermittlung komplizierter Gegebenheiten, Befunde oder Vorgehensweisen möchte dieses Taschenbuch behilflich sein: Es soll aufzeigen, wie man die außerordentlich großen Möglichkeiten des Dia-Vortrages durch eine effektive Darstellung nutzen kann, wobei Veranstalter wie Vortragende angesprochen werden. Veranstalter sollten optimale Vortrags-Bedingungen schaffen. Den Vortragenden möge das Buch dienen bei der Aufgabe, ihren Zuhörern mit **einfachen** Mitteln »Rettungsboote« zu bauen, in denen sie der Papier-Flut entrinnen können. Die Dankbarkeit der »Geretteten« entschädigt dann für die geleistete Arbeit.

Hier wird keine abstrakte, theoretische Diskussion geboten, sondern eine Darstellung aus der Praxis heraus und für die Praxis. Anhand einer größeren Zahl echter Beispiele aus verschiedensten Bereichen werden die methodischen und technischen Mosaiksteinchen vorgeführt, aus denen jeder – ganz nach Bedarf – sein eigenes Informations-Bild zusammensetzen und seinen Zuhörern gedächtnis-gerecht präsentieren kann.

Herrn Dr. h.c. *G. Hauff* danke ich für die Ermutigung zu dieser Darstellung. Die Mitarbeiter des Georg Thieme Verlages trugen durch bereitwilliges Eingehen auf die mannigfachen Sonderwünsche des Autors viel zum Gelingen bei, wofür ich ihnen hiermit meinen Dank ausspreche. Literatur-Hinweise erhielt ich liebenswürdigerweise von den Herren Dipl.-Wirtsch.-Ing. *K.-G. Entz* (Wetzlar), Priv.-Doz. Dr. *Fiedler* (Gießen), Prof. Dr. *M. Krause* (Berlin), *S. Merkel* (Leverkusen), Dipl.-Ing. *K. Otto-Zimmermann* (Freiburg), sowie Dr. *J. Wahl* (Gießen). Photos stellten Herr Dr. *Steiner* (Haiger-Burbach) sowie meine Frau zur Verfügung. Frau *Schmidt* (Gießen) fertigte das histologische Kehlkopf-Präparat und die Photographien davon an, beides mit freundlicher Genehmigung von Herrn Prof. Dr. *K. Fleischer*, dem Direktor der HNO-Klinik der Universität Gießen. (Zeichnungen und Piktogramme stammen vom Autor.)

Meine Frau schließlich verdient große Anerkennung für die mühevolle, langwierige Aufgabe, den Inhalt zu diskutieren, das Manuskript durchzusehen, sprachliche Unebenheiten zu glätten und alles mit den Regeln der deutschen Grammatik in Einklang zu bringen. Ohne den Langmut und das Verständnis meiner Familie wäre diese Darstellung nicht zustande gekommen.

Gießen, im Frühjahr 1986 *Gerald Fleischer*

# Inhalts-Verzeichnis

# Dia-Vortrag und Buch-Lektüre

Kein Zweifel: Die Messung zeigt, daß es sich bewegt, wenn auch recht wenig. Überall steht zu lesen, wie das Steigbügelchen beim Hören hin und her schwingt; doch ausgerechnet bei den Delphinen, den best-hörenden Formen von allen, solle das anders sein. Bei ihnen – so heißt es – sei der Steigbügel im Ohr festgewachsen und damit unbeweglich. Nun, das Experiment überzeugt vom Gegenteil: auch bei ihnen kann das Steigbügelchen schwingen, aber seine Befestigung ist doch erstaunlich steif. Falls sich kein Fehler eingeschlichen hat, ergibt sich aus dem Versuch eine Steifigkeit für die Verankerung dieses winzigen keramik-artigen Knöchelchens, die größer ist als diejenige des Fahrgestells eines mittelgroßen Personenwagens!

Nachdem alles aufgezeichnet, überprüft und photographiert worden ist, muß die Fachwelt über solch einen Befund unterrichtet werden, und nichts liegt da näher als ein Dia-Vortrag. Das wird sicher nicht leicht, aber interessant: Es geht um Schall, sogar im Meer, um Feder-Konstanten und Schwingungen und Fahrgestelle. Allein die Sache mit dem Auto verständlich zu erläutern, kostet viel Zeit; man kann ja nicht einfach irgendwo draufdrücken und messen. Gewiß fällt da den Fachleuten die Schwerhörigkeit durch Otosklerose ein. Damit hat dies zwar nichts zu tun, doch muß der Gesichtspunkt sorgfältig diskutiert werden.

Selbstredend wird ein solches Ergebnis auch in einer wissenschaftlichen Zeitschrift veröffentlicht, und in einem Buch über das Ohr dürfte es auch nicht fehlen. Ein ganzes Buch ist allerdings ein großes Unterfangen und liegt meist in weiter Ferne, eine Fach-Publikation benötigt zwar weniger an Vorarbeiten, doch die Zeit bis zum Erscheinen ist recht lang. Ein Vortrag läßt sich demgegenüber relativ schnell und bequem verwirklichen. Diese drei Arten der Informations-Vermittlung unterscheiden sich jedoch nicht nur im Umfang der Vorbereitungen, sondern auch in der Zielsetzung und der Art des Vorgehens. – Ehe wir uns dem Vortrag selbst zuwenden, wollen wir uns kurz mit Gedrucktem befassen.

## Zeitschriften und Bücher

Fachzeitschriften werden häufig von Gesellschaften oder Vereinigungen herausgegeben, deren Satzungen die Förderung bestimmter Forschungsgebiete, Produkte, Methoden oder auch Weltanschauungen bezwecken. Es werden Editoren benannt oder gewählt mit der Aufgabe, dieses Ziel anzustreben und – für sie ganz wichtig – ihre Tradition zu wahren. Verlegt und vertrieben werden die Zeitschriften von Verlagen, die sicherstellen müssen, daß die Einnahmen insgesamt größer bleiben als die Ausgaben. Sie sind es auch, die darauf achten, daß solch ein Druckwerk auf die **Leserschaft** ausgerichtet ist. Beide, Zeitschrift und Verlag, stellen oft harte Anforderungen an den Autor, und dem bleibt selten mehr übrig, als sich völlig darauf einzustellen. Themenbereich und Form der Darstellung sind somit weitgehend festgelegt, noch ehe die erste Zeile des Manuskriptes geschrieben ist.

Bunte Illustrationen kommen üblicherweise nicht in Frage, weil deren Druck zu teuer wäre; selbst Photos sollen aus demselben Grund nur sparsam verwendet werden. Die Gestaltung der Abbildungen wird recht häufig bis in Details vorgeschrieben, wobei es allerdings nicht immer didaktische Gesichtspunkte sind, die dem zugrunde liegen. Die maximale Länge des Textes wird dem Verfasser üblicherweise ebenso vorgegeben oder »nahegelegt« wie die Gliederung der Darstellung. Editoren und Verlage sorgen dafür, daß die Publikationen nicht uferlos werden, was insofern bedeutsam ist, als die meisten Verfasser zu endlosem Schreiben neigen. Als Gegenleistung erhalten die Autoren mit ihrer Veröffentlichung Zugang zur mehr oder minder exklusiven Fach-Leserschaft der betreffenden Zeitschrift, in der Regel allerdings erst nach einer Wartezeit von einem Jahr (oder länger) nach Fertigstellung des Manuskriptes.

Wenden wir uns dem Buch zu. Es bedarf keiner weiteren Erläuterung, daß Buch-Autoren ebenfalls auf vieles Rücksicht nehmen müssen, auch wenn sie wohl meist nicht an so kurzer Leine geführt werden wie Verfasser von Fachartikeln. Die Verlags-Maschinerie achtet auf den Bezug zur voraussichtlichen Leserschaft, und sie hält die Kosten unter Kontrolle. Ihre Fachleute stehen bereit, um – falls notwendig – dem Autor die Hand auf die

Schulter zu legen und ihn auf methodische Fehler hinzuweisen. – Bücher und Zeitschriften-Artikel haben daher manchmal mehrere Väter, im Gegensatz zum Dia-Vortrag.

Um nicht in Nebensächliches abzugleiten, soll im weiteren unter der Bezeichnung **Buch** alles zusammengefaßt werden, was in gedruckter Form veröffentlicht wird und mehr als einige Seiten Umfang hat. Da es hier darum geht, die Sonderstellung des Dia-Vortrages gegenüber dem Gedruckten herauszuarbeiten, wird nun nicht mehr zwischen Broschüren, Zeitschriften verschiedenster Art oder Büchern unterschieden, es sei denn, dies erfordert besondere Erwähnung.

## Bilder-Vorträge

An dieser Stelle wollen wir uns erst einmal darüber klar werden, was ein Dia-Vortrag eigentlich ist, wobei wir den Begriff nicht eng fassen sollten: Gewöhnlich steht jemand vor Zuhörern und erläutert oder schildert Sachverhalte unter Benutzung von Bildern. Diese müssen nicht ausschließlich Dias sein; es sind häufig

**Dia-Vortrag:**
**Freiheit mit Anfechtungen.**

auch Wandtafeln, Landkarten oder sonstwie erzeugte oder projizierte Darstellungen. Gelegentlich werden auch andere Objekte oder Personen dabei vorgeführt bzw. vorgestellt. Eine große Zahl recht unterschiedlicher Situationen wird somit durch die schlichte Bezeichnung **Dia-Vortrag** erfaßt.

Beginnen wir mit dem »normalen« Vortrag bei einem Kongreß oder Symposium: Die Zuhörer sind Fachleute; Themen-Bereich, Dauer und Darstellungsform werden durch Veranstalter und Programm weitgehend vorgeschrieben. Es erübrigt sich eine lange Vorrede, denn man weiß, woran die Zuhörer interessiert sind. Kurzum, es handelt sich um eine Darstellung, die vieles mit einem Artikel in einer Fach-Zeitschrift gemein hat. Geprägt werden solche Vortrags-Serien fast stets durch extreme Zeitnot der Redner sowie durch sehr schnell um sich greifende Erschöpfung der

Zuhörerschaft. Auf beides hat sich der Vortragende einzurichten und vorzubereiten.

Steht eine Darstellung allein und damit ganz auf eigenen Füßen, sind die Gegebenheiten anders; einerseits bequemer, andererseits aber auch schwieriger. Im typischen Fall kommt eine Vortragende oder ein Vortragender auf Einladung angereist, um über irgend ein Thema zu berichten. Dabei ist für den Redner oft nicht leicht festzustellen, woran die Zuhörer wohl interessiert sind. Erfreulicherweise werden bei solchen Einzel-Darstellungen den Vortragenden meist keine Auflagen erteilt, wodurch sie sich voll entfalten können. Angefangen von der Themen-Stellung, über die Art der Darstellung, bis hin zu den Illustrationen liegt in der Regel alles im Ermessen des Vortragenden. Bunte Abbildungen aller Art sind problemlos, das Mitbringen von Vorzeige-Objekten ist genauso selbstverständlich wie kleine Demonstrationen irgendwelcher Effekte oder Gegebenheiten. Durch all dies können derartige Präsentationen zu äußerst effektiven Mitteln der Informations-Vermittlung werden, falls die Redner die ihnen gebotenen Möglichkeiten auch nutzen.

Am anderen Ende der Skala verschiedener bebilderter Darstellungen stehen beispielsweise die Fernseh-Nachrichten, bei denen es sich im allgemeinen um Dia-Vorträge mit wenigen eingestreuten Film-Ausschnitten handelt. Auch manche Wissenschafts-Filme sind letztlich Bilder-Vorträge, bei denen die erklärende Person nur vor verschiedenem Hintergrund spricht. Die Gruppe, die solche Sendungen erarbeitet, muß sich an ein extrem breites Publikum wenden und die Darstellung entsprechend einfach gestalten. Sie hat zudem eine Anzahl von vorgegebenen Auflagen zu berücksichtigen.

Fassen wir abschließend die Gemeinsamkeiten der verschiedenen angesprochenen Formen der Vermittlung von Informationen zusammen: Bei Büchern, Zeitschriften, Fach-Vorträgen, allgemeinen Vorträgen oder Filmen handelt es sich um eigenständige Formen der Kommunikation, die jeweils ihre besonderen Möglichkeiten haben, aber auch ihren speziellen Zwängen unterworfen sind. Alle haben sich auf ihr Publikum einzustellen. Jede dieser Formen folgt ihren eigenen Spielregeln, und um erfolgreich zu sein, muß man mit diesen umgehen können und sich mit dem Spielplatz und dessen Begrenzung vertraut machen. – Viele Vorträge verunglücken deshalb, weil sich die Redner nicht auf ihre Zuhörer und die Vortrags-Situation einstellen, weil sie zuviel an sich selbst und zuwenig an die anderen denken.

Hier ist es wichtig zu erkennen, daß von all den gängigen Mitteln der Weitergabe von komplizierter Information der Dia-Vortrag für den Autor die größten **Freiheiten** bietet: Beim illustrierten Vortrag steht niemand zwischen dem Redner und seinen Zuhörern, kein Verlag, keine Editoren, kein Programm, keine Partei. Alle Formen optischer Gestaltung sind erlaubt und auch bequem anwendbar, von bunten Bildern über Photos bis hin zu Demonstrationen verschiedenster Art. Der Vortragende hat die Möglichkeit, seine Vorstellungen und Konzepte ohne »Vorzensur« zu verwirklichen. Allerdings birgt das auch **Gefahren**, denn die sonst so beklagten und hier genannten Einschränkungen bieten gleichzeitig eine Absicherung, indem sie helfen, größere Fehler zu vermeiden. Beim Dia-Vortrag hingegen liegt die Kontrolle aller Einzelheiten ausschließlich beim Vortragenden! Die große Zahl mißglückter Darbietungen belegt, daß gerade dieser Punkt vielen nicht bewußt ist: Die Vorteile werden freudig genutzt, die Nachteile dagegen ignoriert. – Freiheit hat eben ihren Preis.

## Zuhörer und Leser

Wie fast alles, hat auch der Dia-Vortrag zwei Seiten. Ging es bisher um den Blickwinkel des Autors, also sozusagen den des »Produzenten«, so wollen wir das Ganze nunmehr vor allem mit den

**Dem Leser bleibt Gedrucktes,**
**dem Zuhörer nur die Erinnerung.**

Augen der Zuschauer und Leser betrachten, um die »Verbraucherseite« kennenzulernen. Gerade dabei ist es notwendig, von realistischen Voraussetzungen auszugehen und keinen idealistischen, aber weltfremden Vorstellungen anzuhängen.

Der normale Leser bzw. Zuhörer ist ein geplagter, überanstrengter Mensch (1), der fast stets unter Zeitdruck steht. Er oder sie ist überall zu finden: in Kliniken und Labors ebenso wie in Verwaltungen, in Geschäften, auf Reisen, im Gelände, bei Veranstaltungen oder zu Hause. Diese möglichen Zuhörer erstellen Analysen und fertigen Skulpturen an, sie bauen Flugzeuge, sie

... und jetzt auch noch ein Vortrag !

(1) Ein Zuhörer

schreiben Zeitungen oder unterrichten, sie planen Altersheime, sie kämpfen gegen die Säuglings-Sterblichkeit oder die Vergiftung des Bodens, um nur wenige, willkürlich ausgesuchte Beispiele zu nennen. Trotz dieser extremen Vielfalt haben sie gemeinsam das Interesse an Neuem, obwohl alle von Informationen überflutet werden.

Die meisten Arbeiten werden heute nicht mehr von einer Person allein, sondern durch Zusammenarbeit bewältigt. Persönlicher und telefonischer Kontakt wird zum Grundelement der Tätigkeit. Zur Arbeit selbst sowie zu deren Vorbereitung muß viel gelesen werden, wodurch der unvermeidliche Umgang mit Papier bald seinen Reiz verliert. Wichtige, einflußreiche Personen umgeben sich daher mit ganzen Stäben von Mitarbeitern, die sie vor der **Papierflut** abschirmen und nur Weniges, sorgfältig gefiltert, durchlassen – weil sich die Stapel von Papier gar nicht anders bewältigen lassen.

Es ist natürlich angenehm, sich nach der Hetze des Alltages bequem hinzusetzen und einen schwungvollen Dia-Vortrag anzuhören; daher sind einflußreiche Persönlichkeiten durch einen Bilder-Vortrag viel leichter zu erreichen als durch gedrucktes Papier. So werden beispielsweise bei Universitäten und anderen Forschungs-Einrichtungen aussichtsreiche Bewerber um freie Stellen zu Vorträgen eingeladen, da die entscheidenden Leute meist viel zu wenig Zeit haben, die eingereichten Pakete komplizierter Information zu lesen und zu verarbeiten.

Für den Dia-Vortrag ist die mündliche Übermittlung von entscheidender Bedeutung. Hinzu kommt, daß der Informations-Fluß beim Vortrag – ganz im Gegensatz zur Lektüre – ungestört ist (2). Die Buch-Lektüre kann hier durchaus stellvertretend für Schreibtisch-Tätigkeit im allgemeinen stehen. In beiden Fällen treten laufend **Störungen** auf, wie sie in (2) durch den treppenartigen Versatz des Informations-Pfeiles zum Ausdruck gebracht wird: Da sind Telefonate, Besuche von Kollegen und Mitarbeitern, von Patienten, Kunden, Klienten oder anderen Personen, da kommt die Post, es gibt Tee oder Kaffee, irgend etwas wird abgeliefert, man geht selbst zu irgend jemandem und so weiter. An ungestörtes Lesen ist nicht zu denken. – Vorträge hingegen werden in gesonderten Räumen gehalten, in geschützten Refugien für die Vermittlung von Information. Dank dieser Sonderstellung gehört die ungestörte Aufmerksamkeit der Zuhörer der oder dem Vortragenden: heutzutage eine recht seltene Situation.

Jeder hat schon leidvolle Erfahrungen mit Büchern und anderen Darstellungen gesammelt, die kaum zu verstehen sind oder bei denen man leicht den Faden verliert. Dies zwingt den ernsthaften Leser zum Rückblättern, zum Benutzen von Nachschlagewerken oder zum Nachfragen bei Bekannten. In (2) wird das durch die dünnen, rücklaufenden Pfeile dargestellt. Da der Bilder-Vortrag diese Möglichkeit praktisch nicht bietet, muß sich der Redner dessen ständig bewußt sein und diesen Nachteil beim Vortrag berücksichtigen. Er muß das »**Nachschlagen**« gewissermaßen einkalkulieren und – falls notwendig – für seine Zuhörer erledigen, wie noch gezeigt werden wird.

Bietet das Buch den Vorteil des Rückblätterns und Nachschlagens, so wird beim Vortrag nicht nur das Auge angesprochen, sondern auch – und zwar ganz buchstäblich – das Ohr der Zuhörer. Die Information läuft beim Vortrag über zwei Kanäle, Auge und

Ohr, und gelegentlich können auch andere Sinne beteiligt sein, was Vorteile mit sich bringt. Hinzu kommt die Möglichkeit für die Zuhörer, kleine Demonstrationen vorgeführt zu bekommen oder etwas zum Anfassen zu erhalten. Unter dem Gesichtspunkt des Gedächtnisses dürfen diese zusätzlichen Möglichkeiten des Vortrages nicht unterschätzt werden.

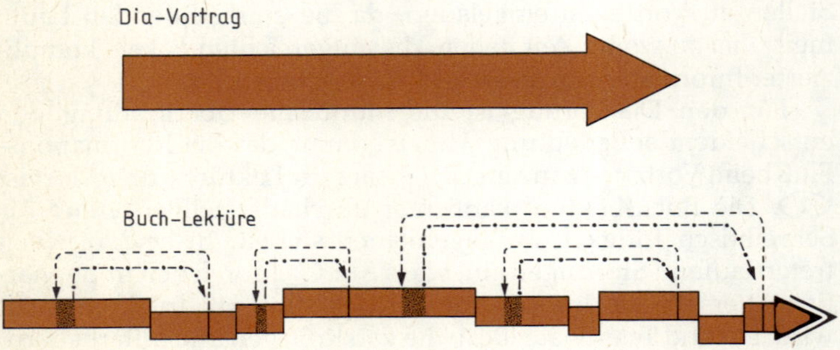


(2) Informations-Fluß bei Dia-Vortrag und Buch-Lektüre

Das Lesen von Büchern beginnt meist mit großen Erwartungen. Doch schon nach kurzer Zeit wird man gestört, wiederholt unterbrochen; eilige Dinge schieben sich vor die weitere Lektüre, schließlich ist das Buch verlegt. Nachdem es wieder gefunden wurde, muß Vergessenes nachgeschlagen werden. Nach weiteren Störungen wird das Buch ins Regal gestellt, mit dem Vorsatz, es umgehend zu lesen, sobald man etwas Zeit habe. In den meisten Fällen bedeutet dies: nie. Nach einigem Umordnen pflegen solche Bücher zum Jahresende oder vor dem Urlaub einsortiert zu werden in die Vielzahl der anderen, auch nur teilweise gelesenen Bücher. – Beim bebilderten Vortrag ist das völlig anders. Er wird etwa eine Stunde dauern, das wissen die Zuhörer vorher, und danach ist alles erledigt. Gewiß bietet der Vortrag nur eine Kurzfassung, aber diese kondensierte Form ist in sich abgeschlossen und damit vollständig.

Der schwerwiegendste Unterschied liegt jedoch anderswo. Nach der Lektüre eines Buches, und sei sie noch so lückenhaft, bleibt dem Leser das Buch als Dokumentation erhalten. Hingegen haben die Zuhörer selbst nach dem besten Bilder-Vortrag nichts in der Hand. Von Notizen wollen wir absehen, da man nur das hat, was man wiederfindet . . . Die Beliebtheit guter Bilder-Vorträge spricht allerdings dafür, daß den Zuhörern doch etwas bleibt. Sie haben nämlich einen Eindruck von der Thematik bekommen, sie haben (hoffentlich) das Wesentliche verstanden, und etwas ist haften geblieben. Die Spuren der Vorträge sind Gedächtnis-Inhalte. Der Bilder-Vortrag zielt damit direkt auf die **Erinnerung** der Zuhörer – unter Vermeidung des Umweges über bedrucktes Papier. Der Vortragende muß sich sozusagen mit dem Gedächtnis seiner Zuhörer »gutstellen«, damit es möglichst das annimmt, woran ihm, dem Redner, am meisten gelegen ist. So gesehen, handelt es sich bei bebilderten Darstellungen um eine stillschweigende Übereinkunft zwischen dem Vortragenden und dem Auditorium: Die Zuhörer opfern ihre wertvolle Zeit; vom Vortragenden erhoffen sie dafür Gedächtnis-Inhalte zum Thema der Darstellung.

Jeder hat schon beobachtet, wie schwer es für viele Vortragende ist, Illustrationen anzubieten, die alle Zuhörer deutlich zu erkennen vermögen. Der Leser eines Buches kann sich Abbildungen aus weiterer oder geringerer Entfernung ansehen, je nach der Größe des Bildes und nach dessen Beschaffenheit (3), links. Er ist frei, sich aus einem großen Bild, etwa in einem Atlas, ein Detail aus geringer Entfernung anzusehen. Beim Vortrag sitzen zwar die Hörer in verschiedener Entfernung vom projizierten Bild, für den

**Der Bilder-Vortrag ist die Kunst der gedächtnis-gerechten Kurzfassung.**

einzelnen Zuschauer erscheinen aber alle Bilder unter einem etwa gleichen Blickwinkel, da sich sein Sitzplatz nicht verändert (3), rechts. Auch der Zuhörer in der letzten Reihe möchte der Darbietung folgen können, und er oder sie erwartet zu Recht, daß sich der Vortragende darauf einstellt. Glücklicherweise gibt es verhältnismäßig einfache Regeln, wie die Wahrnehmbarkeit von Illustrationen vorweg geprüft werden kann; darauf wird noch eingegangen. Anhand von (3) muß jedoch schon hier eindringlich vor der beliebten, aber schlechten Methode **gewarnt** werden, schlicht Abbildungen aus Büchern als Dia zu verwenden: Was im Buch ganz sinnvoll ist, kann beim Dia-Vortrag extrem schädlich sein.

Oben wurde bereits auf den großen Einfluß hingewiesen, den Verlage, Editoren usw. bei der Veröffentlichung von Fachartikeln und Büchern auf die gesamte Darstellung ausüben. Durch diese zusätzlichen Schichten der Bearbeitung und Verarbeitung wird die Person des Verfassers immer schemenhafter, und sie verschwindet gelegentlich ganz hinter der Eigenart der Publikation. Für den Leser ist dies recht unerfreulich, denn er möchte gewöhnlich die Information mit dem Menschen verbinden, der sie erarbeitet oder präsentiert hat. Für ihn ist wichtig zu erfahren, ob die Frau, die über Hai-Angriffe schreibt, eine gefühllose, berechnende Person ist oder vielleicht sogar eine zierliche und sensible Frau, die nur durch einen tragischen Unfall in der Familie zu dieser Problematik geführt wurde.

Gegenüber allem Gedruckten hat der bebilderte Vortrag für die Zuhörer den unschätzbaren Vorteil, den Redner als einen **Menschen aus Fleisch und Blut** vor sich zu sehen und nicht nur die Ausdrucksform irgendwelcher anonymer Mitwirkender im Verarbeitungs-Prozeß. Die Person des Vortragenden wird beim Vortrag und besonders bei der Diskussion sichtbar. Wie bedeutungsvoll dies ist, kann man daran erkennen, daß bei der Erinnerung an Vorträge nicht nur die Information, sondern auch der Vortragende mit Eigenheiten wieder aus dem Gedächtnis gerufen wird.

Zur Bewältigung der ständig weiter wachsenden Informations-Mengen wird zunehmend auf elektronische Hilfsmittel zurückgegriffen, die ihrerseits neue Zwänge und Formalismen mit sich bringen. Insgesamt steigt damit das Angebot an Information, doch die jeweils damit befaßte Person wird für den Empfänger noch nebulöser. Daher läßt sich voraussagen, daß die Bedeutung von Dia-Vorträgen in Zukunft weiter zunehmen wird, und folglich ist es ratsam, dieses effektive Mittel der Weitergabe von Kenntnissen und Erkenntnissen möglichst optimal zu nutzen: Immer weniger Menschen werden die Zeit finden, sich mit dem Gestrüpp detaillierter Fach-Information außerhalb ihres eigenen Arbeitsbereiches auseinanderzusetzen. Alles spricht somit dafür, daß guten, übersichtlichen und verständlichen Vorträgen die **Zukunft** gehört.

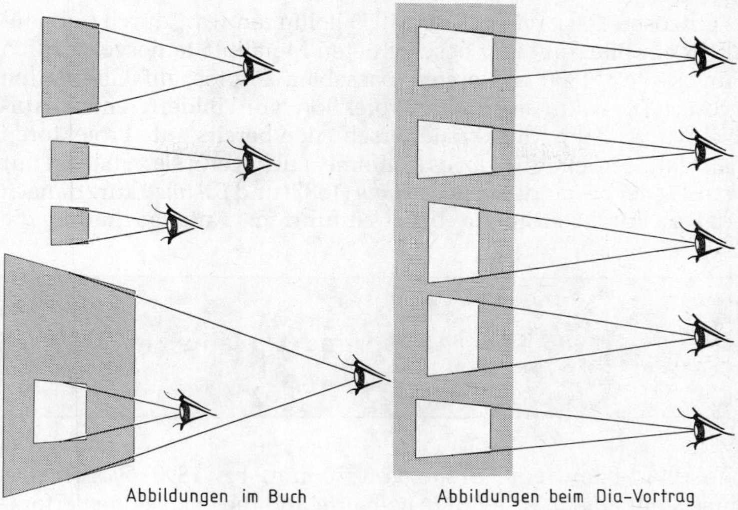


(3) Seh-Bedingungen bei Buch-Lektüre und im Vortrag

## Aus der Geschichte der Bild-Projektion

Ausgangspunkt der Bild-Projektion ist die »Camera obscura«, eine Art einfacher Loch-Kamera, die wahrscheinlich schon um die Jahrtausend-Wende existierte und die Vorläuferin der heutigen Kameras darstellt. Um das Jahr 1650 herum betrieb der berühmte niederländische Physiker *Huygens* eine solche Camera obscura sozusagen rückwärts, indem er eine Lichtquelle ins Innere brachte und das Licht durch die enge Öffnung der Loch-Kamera nach außen schickte. Transparente Objekte, in den Strahlengang gebracht, ließen sich mit dieser »**Laterna magica**« auf eine außen gelegene Fläche projizieren. Den ersten Projektions-Vortrag soll der Mathematiker *Jacquet* 1653 in Löwen gehalten haben. Der Däne *Walgenstein* verbesserte die Camera obscura durch den Einbau von Hohlspiegeln und Sammellinsen, und der deutsche Prämonstratenser-Mönch *Zahn* beschrieb bereits 1665 einen tragbaren Projektions-Apparat.

Lange Zeit scheinen reisende Vortragsredner die wesentlichen Benutzer der Bild-Projektion gewesen zu sein. Nachdem es dem

Franzosen *Daguerre* im Jahre 1835 gelungen war, durch Sonnenlicht ein Bild auf einer beschichteten Metallplatte hervorzurufen und schon 1850 die ersten passablen Photos auf Glasplatten vorlagen, nahm auch die Projektion von Bildern einen Aufschwung. Zehn Jahre später erschienen bereits gute Projektoren im Handel. Seit 1854 gibt es Rollfilme, auch wenn sie zunächst nur aus Papier bestanden, bis *Goodwin* (1887) und *Eastman* kurz danach das Zelluloid erfanden bzw. einführten. Anfangs hatten die

**1986 ist der Dia-Vortrag 333 Jahre alt.**

Zelluloid-Filme eine Breite von 70 mm, bis 1890 *Dickson*, ein Assistent *Edisons*, die Breite halbierte und die beidseitige Perforation einführte. Damit war im Prinzip das heute übliche Format der Kleinbild-Dias geschaffen. Anfang unseres Jahrhunderts kam man dann auf die einheitlichen Dia-Rähmchen mit den Außen-Abmessungen von jeweils 50 mm, wie sie heute noch üblich und inzwischen in Milliardenzahlen weltweit verbreitet sind.

Seit Anfang der Photographie waren, leicht verständlich, nur schwarz-weiße Aufnahmen möglich, bis vor rund fünfzig Jahren brauchbare Farbfilme entwickelt wurden, und erst damit erreichten die Dia-Positive ihre optimalen Möglichkeiten. – Die hier kurz angetippte geschichtliche Entwicklung basiert auf Angaben in den umfassenden Darstellungen von *Eder* (1932), *Stenger* (1950) und *Baier* (1980) sowie auf Angaben von Herrn *Merkel* der Firma Agfa-Gevaert.

Die Geschichte des photographischen Filmes und des Dias ist zweifellos untrennbar mit der Geschichte der Photoapparate verbunden, doch hier wollen wir uns nicht auf dieses nahezu uferlose Gebiet begeben. Wichtig erscheint nur der Hinweis auf die gute Qualität und die universelle Verbreitung der heutigen **Kleinbild-Kameras** sowie der dazu gehörigen Filme. Da andere Film-Formate bei Dia-Vorträgen nur noch selten verwendet werden, soll hier darauf nicht näher eingegangen werden.

Zur Zeit *Keplers* oder noch *A. von Humboldts* wurde wohl nur so viel veröffentlicht, wie interessierte Leute zu lesen vermochten. Die danach aufgetretene explosionsartige Vermehrung des Wissens schuf glücklicherweise nicht nur die Flut der Veröffentlichungen; sie stellte mit den verschiedenen Produkten der Photographie auch die Mittel für eine wirkungsvolle Kondensierung zur Verfügung. Waren es lange Zeit technische Probleme, die dabei bewältigt werden mußten, so sind es heute solche der Didaktik und der Psychologie.

# Situation des Dia-Vortrages

Wie bereits angesprochen, zielt der Vortrag darauf ab, einen Sachverhalt so darzustellen, daß die Zuhörer ihn nicht nur verstehen, sondern das Wesentliche möglichst im Gedächtnis behalten. Es geht folglich um den »Transport« von Information, nämlich vom Vortragenden zu den Zuhörern, wobei vorgreifend schon hier auf das Piktogramm des folgenden Kapitels hingewiesen sei. Eine Unzahl anderer, üblicher Transport-Aufgaben wird laufend bewältigt, vom Versand eines Päckchens bis zur Verschiffung kompletter industrieller Groß-Anlagen. Selbstverständlich verläuft der Transport um so sicherer, je leistungsfähiger das eingesetzte Transport-Mittel ist.

Dem **Transport der Information** eines Dia-Vortrages dienen der Vortrags-Raum, die Präsentation der Abbildungen sowie die Übermittlung der Sprache. Während beispielsweise bei einem Kühlschrank stets auf unbeschädigte Zustellung geachtet wird, ist das bei den Abbildungen von Vorträgen oft nicht der Fall. Dies erstaunt insofern, als die Vermittlung von Information zum Schwierigsten gehört, das es gibt. Bereits beim Nachrichten-Hören oder Zeitung-Lesen kann festgestellt werden, daß sich der überwiegende Teil der Nachrichten oder Hauptartikel mit Problemen befaßt, die mit der Vermittlung von Information – oder mit fehlender Information – zu tun haben bzw. auf Informations-Mängel zurückzuführen sind. Nicht nur für technische oder wissenschaftliche Bereiche trifft dies zu, sondern auch für gesellschaftliche und politische, und gerade die vielen Diskussionen über Wirtschaft, Gesundheit und Umweltschutz zeigen drastisch die Notwendigkeit der Übermittlung verständlicher Informationen.

Dieses Kapitel wendet sich vor allem an **Einladende** oder **Veranstalter,** da es ihnen obliegt, möglichst gute Bedingungen für den »Transport« der Information von Bilder-Vorträgen zu schaffen. Es wäre erfreulich, setzte sich die Erkenntnis durch, daß jeder Vortrag um so effektiver ist, je günstiger die Bedingungen der Präsentation gestaltet und organisiert sind. Dabei muß vorrangig von den Bedürfnissen der Zuhörer ausgegangen und berücksichtigt werden, daß der Mensch ein kompliziertes und sensibles

**Auch effektiver Transport von Information bedarf bester Transport-Mittel.**

Wesen ist. Häufig beruhen Unzulänglichkeiten nur auf Gedankenlosigkeit, und oft läßt sich durch technische Maßnahmen erreichen, schnelles Ermüden oder Störung der Zuhörer zu vermeiden. Als nicht nachteilig ist dabei zu bewerten, wenn die Ausstattung deutlich macht, daß die Zeit der Laterna magica vorüber ist.

## Der mittelgroße Vortrags-Raum

Die »üblichen« Vortrags-Räume (4) mit etwa 40 bis 120 Zuhörern sind für den vorgesehenen Zweck nicht selten ungeeignet, insbesondere solche in neuen Gebäuden. Die Ursache dafür liegt in der Gewohnheit, auch diese Räume in dasselbe Schema zu pressen wie Büros und Labors und allen dieselbe **Höhe** zuzuweisen. Entweder ließ man bei der Planung diese Räume außer acht, oder – und dies scheint recht häufig der Fall zu sein – man benötigte sie erst später und verwendete deshalb ursprünglich anderweitig genutzte Bereiche des Gebäudes. Besonders, wenn solche Räume wesentlich länger sind als breit, werden die Abbildungen unten auf die Rückenpartie der vorne Sitzenden projiziert, und der obere Bildabschnitt wirft malerische Streifen an die Decke. Solche traurigen Verhältnisse kann man selbst in international renommierten Kongreß-Zentren finden, weil Architekten und Auftraggeber diese mittelgroßen oder gar relativ kleinen Auditorien häufig nicht ernst nehmen. Man erkennt fast überall, daß Vortrags-Räume um so besser geplant und ausgestattet sind, je größer sie sind.

Um die Nachteile solcher niedrigen Räume zu mindern, wird oft der Projektor hochgestellt, wodurch das Bild tatsächlich auf die tief herabgezogene Leinwand fällt; doch versperren dann die Anwesenden der vorderen Reihen den übrigen die Sicht. Ein ungestörtes Betrachten für alle Zuschauer läßt sich nur erreichen, wenn die untere Begrenzung der projizierten Bilder wesentlich über den Köpfen der Zuhörer liegt. Wird dies in niedrigen Räumen berücksichtigt, ergibt die Projektion eine extrem kleine Bildfläche, die entsprechend schlechte Lesbarkeit zur Folge hat. Man kann es wenden, wie man will, solche Verhältnisse sind schlecht. – Eine weitere Konsequenz ungeeigneter Bauweise zeigt sich in der mangelhaften akustischen Abschirmung der Vortrags-Räume. Das übliche Skelett aus Stahlbeton mit dazwischen gehängten dünnen Wänden ermöglicht sicher schnelles und billiges Bauen, doch bleibt der Schallschutz allzu oft auf der Strecke. Es gibt ganze Hörsaal-Gebäude, in denen gelegentlich drei Vorträge gleichzeitig zu verfolgen sind, wenn auch nicht zur Freude der in verschiedenen Räumen sitzenden Beteiligten. Auch in anderer Hinsicht pflegen derartige Gebäude sich auszuzeichnen: Erzittert das Haus, so nicht infolge der Sprachgewalt des Redners, sondern durch die arbeitenden Pumpen und Kompressoren für Heizung und Lüftung.

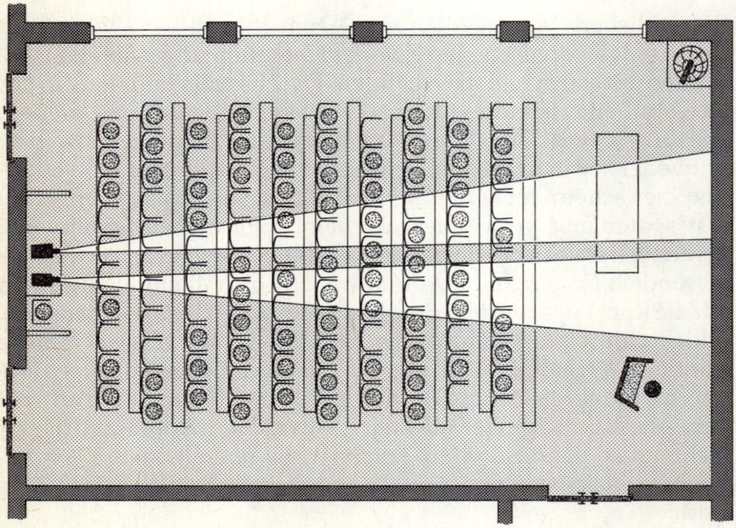

(4) Die typische Vortrags-Situation

Beim Besuch von Vorträgen in Gebäuden aus der Gründerzeit ist man oft überrascht von deren verhältnismäßig kleinen, aber doch baulich hervorragenden Vortrags-Räumen. Die größere Raumhöhe kommt zur Geltung, und manchmal wird noch die Höhe eines Halbstockes mitverwendet. Dadurch ergeben sich hervorragende Gegebenheiten, vor allem, wenn der Boden zur Projektions-Fläche hin abfällt. – Heutzutage pflegen leider die Beton-Ebenen stärker zu sein als der Wunsch nach kleineren, aber dennoch geeigneten Vortrags-Räumen.

In (4) sind zwei Projektoren gleichzeitig eingesetzt. Solche **Doppel-Projektion** ist zwar teuer, sie bietet jedoch enorme Vorteile, da sich dadurch die erstaunlichen Möglichkeiten unserer Bild-Verarbeitung gut ausnutzen lassen, worauf noch näher eingegangen wird. Dem Gedächtnis bietet die gleichzeitige Darbietung zweier aufeinander abgestimmter Bilder eine mächtige Unterstützung; gerade beim Dia-Vortrag verdient dieser Gesichtspunkt größte Beachtung. Auch dies wird noch behandelt, doch soll schon hier nachdrücklich dafür plädiert werden, die Möglichkeit der Doppel-Projektion generell bereitzustellen. Selbstverständlich sollten identische Bedingungen der Projektion gegeben sein, wodurch gleiche Dias bei der Projektion auch gleich erscheinen: auf gleicher Höhe, gleich groß und gleich hell. – Bei der Vermittlung sehr verwickelter Gegebenheiten sind gelegentlich sogar drei gleichzeitig dargebotene Bilder von Vorteil. In der Mitte kann dann beispielsweise eine Übersicht erscheinen und zu beiden Seiten jeweils ein Detail daraus. Der unmittelbare Vergleich zwischen dem Übergeordneten und den Teilbereichen kann für das Verständnis außerordentlich hilfreich sein. Allerdings setzt diese Dreifach-Projektion eine Zuhörerschaft voraus, die Erfahrung hat in der Verarbeitung vielfältiger optischer Darbietungen. Ungeübte Zuhörer können dadurch verwirrt werden.

Geeignete **Licht-Verhältnisse** unterstützen den Bild-Vortrag. Dunkelheit wirkt bedrückend, und daher schätzen es Zuhörer meist nicht, wenn sie im lichtlosen Raum sitzen müssen. Nur gute Sichtverhältnisse sind gefragt; die jedoch hängen in erster Linie von kontrastreichen Bildern und – falls Fenster vorhanden sind – von der Außen-Helligkeit ab. Bei Vortragenden gelten Fenster oft als verpönt, weil sie angeblich die Zuschauer zum Hinaus-Schauen verleiten, eine Möglichkeit; die ihnen daher gerne und ganz buchstäblich verbaut wird. Doch so schlimm sind Fenster in kleineren Projektions-Räumen keineswegs: Wer – als Redner – die Hilfe des Maurers oder der Jalousien braucht, um das Interesse der

Zuschauer auf sich zu ziehen, der sollte sich lieber fragen, wie es um die Qualität seines Vortrages bestellt ist.

Eine stufenlos und bequem steuerbare **Beleuchtung** des Projektions-Raumes bietet die Möglichkeit der Anpassung an unterschiedliche Bild-Kontraste wie an wechselnde Außen-Helligkeit. Als günstig erweisen sich Anordnungen, bei denen sowohl der Vortragende selbst als auch jemand anderes die Helligkeit zu regeln vermögen. Ganz dunkel sollte es nur in Ausnahme-Fällen sein, dann, wenn schwacher Bild-Kontrast dies vorübergehend erfordert: beispielsweise beim Vorführen von Röntgen-Aufnahmen. Bereits hier erweisen sich kontrastreiche Abbildungen als vorteilhaft, da sie vielfach ohne besondere Verdunkelung vorgeführt werden können. Im allgemeinen ist es angebracht, den Dia-Vortrag bei Dämmerlicht zu halten, damit die Zuhörer sich Notizen für die Diskussion machen und den Vortragenden wie die anderen Teilnehmer sehen können. Eine gewisse Beleuchtung – unabhängig von den Dias – hat zudem den Vorteil, schlecht hörenden Personen das Lippenlesen zu ermöglichen. Diese Hilfstechnik der Schwerhörigen ist wesentlich weiter verbreitet als üblicherweise angenommen wird, und es muß besonders dann darauf geachtet werden, wenn ältere Menschen zuhören. Für den Vortragenden schließlich ist es wichtig, sein Publikum im Auge zu behalten, um nötigenfalls auf Zeichen mangelnder Aufmerksamkeit reagieren zu können.

**Der Zuhörer lebt nicht vom Bild allein,**
**es muß auch Luft vorhanden sein.**

Der Vortragende benötigt Zeigestab und Tafel. Zeigestäbe fehlen zwar meist, doch hat oft jemand eine alte Gardinenstange oder eine Autoantenne irgendwann zur Verfügung gestellt, was in mittelgroßen oder kleineren Räumen völlig ausreicht. Um sicherzugehen, nimmt der erfahrene Vortragende allerdings einen ausziehbaren Zeigestab mit. Falls ein Redner-Pult vorhanden ist, sollte es so plaziert werden, daß es – von den Zuhörern aus gesehen – rechts von den projizierten Bildern steht. Diese Anordnung gestattet dem Vortragenden, mit der rechten Hand die Bilder zu erläutern und dennoch sein Auditorium im Auge zu behalten. Für die etwa 5 Prozent Links-Händer ist ein Pult auf der gegenüberliegenden Seite die beste Lösung; zum Glück sind die kleinen Tisch-Pulte leicht beweglich. – Mit Tafel und Kreide gibt es kaum Probleme. Wichtig ist eine **Uhr**, die auch dann für alle sichtbar sein sollte, wenn starke Verdunkelung erforderlich wird. Nur dadurch kann der Redner seinen Zeitplan überwachen.

Als hartnäckige Probleme erweisen sich **Belüftung** und Temperierung von Vortrags-Räumen. Im schlechtesten, wenn auch leider häufigen Fall erfolgt die Belüftung durch die Fenster; die sind jedoch geschlossen, weil die Jalousien zur Verdunkelung herabgelassen wurden. Die Luft wird immer schlechter, und da die Körperwärme der Teilnehmer den Raum zudem aufheizt, sind die Zuhörer vollauf damit beschäftigt, nicht einzuschlafen, besonders nach einem anstrengenden Tag, siehe (1). In solchen Situationen verschwindet die Aufnahmefähigkeit sehr rasch. Folgen – wie bei Kongressen – viele Vorträge im selben Raum aufeinander, ist die Luft nach einiger Zeit häufig derartig verbraucht und stinkend, daß man sich wundert, wie Menschen dies überhaupt aushalten. Ein so um sein Überleben fürchtender Zuhörer kann verständlicherweise kein Muster an Aufmerksamkeit sein.

Da jeder diese Erfahrungen schon gemacht hat, wurden auch Maßnahmen dagegen ergriffen, meist durch den Einbau kräftiger Ventilatoren. Die verursachen dann im Bereich ihres Auslasses derartig starke und kalte Luftströmungen, daß manchmal beachtliche Teile des Raumes kaum benutzt werden können. Darüber hinaus erzeugen sie Lärm, insbesondere kleine, aber hochtourig laufende Aggregate, wie viele Ingenieure sie schätzen. – Zur Vermeidung dieser Unzulänglichkeiten entstand eine Unzahl von Richtlinien und Normen, doch zeigt die Verbreitung dieser Mängel, wie wenig solche Vorschriften beachtet werden oder wie unzulänglich sie sind.

Als unsere Vorfahren sich im Zuge der Entwicklung zum Menschen hin aufrichteten und sich damit buchstäblich aus dem Tierreich erhoben, mußte die Lenden-Wirbelsäule den Hauptteil der veränderten Belastung auffangen. Zwar paßte sie sich dieser Entwicklung im Laufe der Zeit an, doch zeigt die weite Verbreitung von Kreuzschmerzen, Bandscheiben-Problemen usw., daß die Konstruktion noch nicht optimal geworden ist. **Gesunde Sitze** mit Unterstützung im Lendenbereich sind somit generell erstrebenswert, und da Personen, die Vorträge besuchen, häufig lange im Sitzen arbeiten, sollten Sitzgelegenheiten für Vortrags-Räume unter diesem Gesichtspunkt sorgfältig ausgewählt werden. Das bedeutet allerdings nicht, daß überall dort gutes Stuhlwerk vorhanden ist, wo von Berufs wegen über gesundes Sitzen unterrichtet wird, denn deren Beschaffungs-Abteilung hat Wichtigeres zu tun als die Darstellungen des Hauses anzuhören. – Schreibflächen als Unterlagen für Papier und Stifte sind hilfreich und in solchen Räumen auch häufig zu finden.

Bleibt noch auf das **Erscheinungsbild** der Vortrags-Räume einzugehen. Solche kleinerer und mittlerer Größe erweisen sich allzu oft als kahle, schachtelartige Gehäuse, in denen nackter Beton hervortritt oder die mit aggressivem Weiß gestrichen sind, öde und ohne den geringsten Versuch einer halbwegs ansprechenden Gestaltung. *Kafka* hat in einigen seiner Werke die psychologischen Auswirkungen solcher Wände eindringlich geschildert.

Es geht jedoch auch anders. Wer sich beispielsweise in Institutionen der Spitzenforschung umsieht, vor allem in den USA, ist häufig beeindruckt von der Ästhetik der Architektur und der sorgfältigen und gediegenen Gestaltung des Inneren. In diesen Fällen hat man erkannt, wie sehr die Umgebung auf den Menschen zurückwirkt und in welch starkem Maße eine gepflegte Gestaltung eine Verpflichtung zu angemessenem Verhalten bewirkt. Der Mensch ist eben kein Computer, und gelegentlich sollte man daran denken, daß es nicht nur die architektonische, sondern auch die geistige Schuh-Schachtel gibt!

Nicht jeder Einladende kann neue Vortrags-Räume bauen oder gestalten, aber gelegentlich ist das möglich, und dann sollten die genannten Gesichtspunkte zumindest in Erwägung gezogen werden. Es soll hier nicht für Verschwendung plädiert werden, doch erscheint es dringend notwendig – wieder einmal – auf die nachteiligen Folgen unüberlegter, primitiver Bauweise und Ausstattung hinzuweisen. Insgesamt gilt es, den Zuhörern eine angenehme Umgebung mit entspannter Atmosphäre zu bieten: bequeme Sitze, frische Luft, eine an die jeweilige Gegebenheit angepaßte Beleuchtung sowie ungestörte Sichtbedingungen für alle. Aufmerksamkeit und Interesse gehören dann uneingeschränkt dem Vortragenden und seiner oder ihrer Darbietung.

Hatten wir es bislang mit vorwiegend allgemeinen Gesichtspunkten zu tun, so kommen wir langsam der tatsächlichen Präsentation näher. Wie aus dem Namen zu ersehen ist, lebt der Dia-Vortrag von Dias, und daher sind die Projektions-Bedingungen entscheidend. Was entscheidend ist, sollte vor dem Einsatz überprüft werden, in diesem Fall anhand von **Justier-Dias** (5). So naheliegend dies scheint, so selten wird es durchgeführt. Gele-

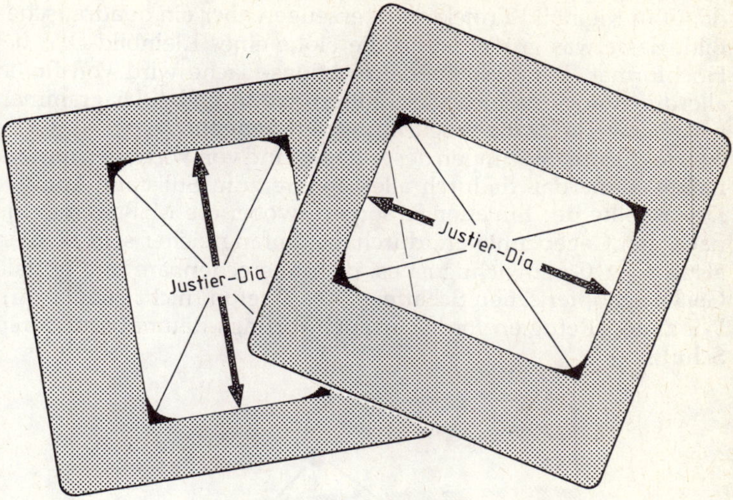


(5) Vorbereiten auf den Vortrag

gentlich liegt der Grund dafür in der Tatsache, daß die Leinwand bzw. Projektions-Fläche zu klein ist oder der Projektor eine ungeeignete Optik hat. Bei beiden Fehlern passen die projizierten Bilder nicht auf die dafür vorgesehene Fläche, was dem Einladenden längst bekannt ist. Man staunt gelegentlich, wie selbst Perfektionisten, die niemals einen zerkratzten Kühlschrank akzeptieren würden, klaglos hinnehmen, daß alle Bilder durch mangelhafte Bedingungen der Projektion verstümmelt werden. Man denke auch an die eingeladenen Gäste, die teilweise umfangreiche Vorbereitungen und weite Reisen in Kauf nahmen, um erst beim Vortrag entsetzt mit solch traurigen Verhältnissen konfrontiert zu werden.

Schon im vorangehenden Kapitel war betont worden, daß wir uns hier auf die üblichen **Kleinbild-Dias** beschränken wollen, da andere Film-Formate heute kaum mehr Vorteile bringen. Ihre Rähmchen messen 50 mm mal 50 mm, während die Bild-Fläche 35 mm mal 23 mm beträgt. Auch die später zu besprechenden Beispiele der Darstellung sind auf Kleinbild-Dias zugeschnitten. Eine verhältnismäßig geringe Abweichung davon bieten die sogenannten »Superslides«, die bei gleichen Außen-Abmessungen eine Bild-Fläche von 37 mm mal 37 mm aufweisen. Sie passen damit in Kleinbild-Projektoren, erzeugen aber ein quadratisches Bild, das etwas größer ist als die Höhe eines Kleinbild-Dias bei Hochformat. Bei zu kleiner Projektions-Fläche wird von ihnen allerdings noch mehr abgeschnitten, wodurch bei Diagrammen beispielsweise oft die Beschriftung verlorengeht.

Hektik und Störungen des Alltages sind von Vorträgen fernzuhalten, ohne daß dadurch alles andere zum Stillstand kommt. Dafür sollte der Einladende sorgen, wobei die Maßnahmen, je nach den Gegebenheiten, durchaus umfangreicher sein können als in (6). Ganz wichtig ist es, die unberechenbare und brutale Geißel schöpferischen Schaffens, das Telefon, nicht zuzulassen. Wie andere Refugien verdienen auch Vortrags-Räume besonderen Schutz.

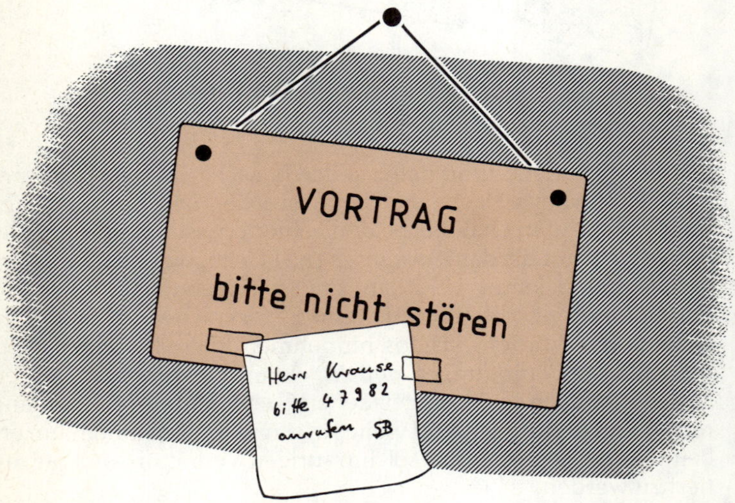


(6) Maßnahmen gegen Störungen

## Das Arbeits-Zimmer als Vortrags-Raum

Ging es bislang um den gängigen, mittelgroßen Vortragsraum, so wenden wir uns jetzt zunächst der Darstellung im ausgesprochen kleinen Rahmen zu (7). Derartige Veranstaltungen zeichnen sich zunächst dadurch aus, daß sie nicht in einem speziellen Vortrags-Raum stattfinden, sondern in einem Büro oder Arbeitszimmer. Zwar werden oft Versuche unternommen, den Trubel des Alltags nicht durchdringen zu lassen, doch bleibt es in der Regel beim Versuch, weil andere vor einem Büro viel weniger Respekt zeigen als vor einem Vortrags-Raum. Äußerst störend wirkt sich das Telefon aus, es sei denn ein »besetztes und entschlossenes Vorzimmer« sorgt für die notwendige Abschirmung. Das funktioniert allerdings oft deshalb nicht, weil die Hemmschwelle für die Störung weniger Teilnehmer nicht hoch liegt. Eine derartig kleine Veranstaltung wird – unabhängig von der tatsächlichen Bedeutung – in aller Regel nicht ernst genommen.

Der übliche Bilder-Vortrag steht ganz im Zeichen des Vortragenden und seiner Darstellung. Veranstaltungen im kleinsten Kreise (7) werden dagegen völlig beherrscht vom Einladenden und seinem bzw. ihrem Raum, und zwar dadurch, daß alles sozusagen in der »Höhle des Löwen« stattfindet. Die Dominanz des Raumes signalisiert dem Vortragenden, bzw. dem zum Vortrag Zitierten, daß die Darstellung vom Einladenden abhängt, von seinem Wohlwollen wie von seiner Selbst-Disziplin: Läßt er es zu, wird es ein Vortrag, stößt etwas auf Mißfallen, so kann es vorkommen, daß die Präsentation gewaltsam zum Entgleisen gebracht wird und nahtlos in einen Monolog des Einladenden übergeht. Wie gesagt, es muß nicht so sein, doch ist die **Gefahr** stets gegeben. Bei einem Vortrag in üblicher Umgebung (4) findet man derartiges Fehl-Verhalten praktisch nicht. Wieder zeigt sich die Wechsel-Beziehung zwischen Mensch und Raum, und unter diesem Blickwinkel gesehen treten die zusätzlichen Vorteile einer gewissermaßen neutralen Umgebung zutage.

Den geschilderten Nachteilen stehen auch Vorteile gegenüber: Projektion und Sichtbedingungen sind fast immer ausgezeichnet. Die geringe Zahl an Zuhörern ermöglicht zudem, viele Darstellungen als Kopie oder gar im Original herumzureichen. Daher kommen manche dieser »Dia-Vorträge« weitgehend ohne Dias aus. Bezüglich der Teilnehmerzahl stellen die Verhältnisse in (7) die untere Grenze dar, ab der es sich erst als sinnvoll erweist, Dias anzufertigen. Hinzu kommt, daß recht häufig solche Darstellungen äußerst spezialisiert sind und zur Vermittlung von Details im engen Kreise der Fach-Kollegen Papier und Bleistift oft eine größere Rolle spielen als aufwendige Abbildungen. Sind allerdings Darstellungen verschiedensten Ursprungs erforderlich, ist bei Dias – wie immer – der Vorzug des bequemen Transportes gegeben. – Wie auch die Einzelheiten aussehen, in Situationen wie in (7) kommen die Vorteile des Dia-Vortrages nur teilweise zur Geltung.

(7) Vortrag im kleinen Kreis

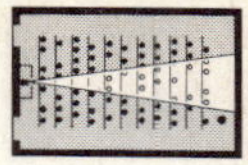



## Das große Auditorium

Ganz anders sehen die Bedingungen für einen Vortrag vor großem Auditorium (8) aus. Fast überall finden sich gute bis beste bauliche Voraussetzungen, und viele Einzelheiten deuten auf das Werk von Fachleuten. Der Raum umfaßt die Höhe von zwei oder gar drei Stockwerken, und alle Plätze bieten gewöhnlich gute bis sehr gute Sicht-Bedingungen. Die Projektion ist dementsprechend in Ordnung und die Beleuchtung stufenlos regelbar. In derart voluminösen Räumen bereitet die Akustik Schwierigkeiten wegen des Nachhalls und der Auswirkungen der Schall-Ausbreitung. Beides wird beim Bau in der Regel berücksichtigt. Solche Überlegungen zur Akustik sind es, die meist zu einer bewußten Gestaltung der Wände, der Decken und oft auch des Fußbodens führen, wodurch diese – wenn schon, denn schon – auch optisch annehmbar gestaltet werden. Hinzu kommt der Einbau einer Lautsprecher-Anlage. – Würde man den kleineren Auditorien dieselbe Aufmerksamkeit zuwenden, wäre es um die Effektivität vieler Vorträge besser bestellt.

In zwei Punkten sind solche Säle (8) gewöhnlich noch zu verbessern: Da ist einmal das **Steuerpult** für Projektion, Beleuchtung, Lüftung, Akustik usw., das aussieht wie eine Piloten-Kanzel: voller Knöpfe, Lichter und Schalter, versehen mit Abkürzungen, denen der Vortragende hilflos gegenübersteht. Es drückt sich darin die offenbar tiefste Überzeugung aller Ingenieure aus, die Benutzer solcher wie anderer Anlagen seien ebenfalls Ingenieure, und zwar ausschließlich. Wann wird der technische Verstand endlich dazu herangezogen, solche Geräte und Steuerungen zu bauen, deren Benutzung jedem auf Anhieb ersichtlich und damit möglich ist?

Das zweite Problem fällt unter das Stichwort Zeigestab oder **Lichtpfeil**. In weiträumigen Sälen erscheinen die Abbildungen zwar groß, dafür aber meist hoch über dem Vortragenden. Manchmal reicht dazu ein langer, zitternder Zeigestab, doch in Räumen mit mehr als drei- bis vierhundert Plätzen sind optische Mittel notwendig. Die Lichtzeiger pflegen aber so schwach zu sein, daß sie nur bei völliger Verdunkelung gut zu erkennen sind, und gerade diese sollte vermieden werden. Günstig wäre der Einsatz eines kleinen, schwachen Lasers, der bequem in der Hand zu halten ist und dessen Lichtfleck immer wahrgenommen wird. Da Laser mit geringer Leistung für Schulen zugelassen sind, sollten sie eigentlich auch bei Vorträgen als Zeiger benutzt werden können.

Auditorien für rund 650 Zuhörer wie in (8) sind zwar stattlich, sie stellen aber keinesfalls das Non-plus-ultra dar. Es gibt nicht nur größere, sondern außerdem solche, die rund gebaut sind, mit halbkreisförmiger Anordnung der Sitze. Eine derartige Bauweise ist heutzutage teuer, und daher findet man diese eindrucksvollen Säle in aller Regel dort, wo Baukosten eine untergeordnete Rolle spielen. Die Geometrie der Architektur verleiht dem Ganzen ein prominentes Zentrum, das meist von einflußreichen Persönlichkeiten besetzt wird, die keinesfalls bereit sind, die Konkurrenz eines Bildes zu tolerieren. Rund gebaute Auditorien pflegen Tempel der Sprache zu sein, wo die vielzitierten tausend Worte noch wirklich gesprochen und nicht einfach einem Bild überlassen werden.

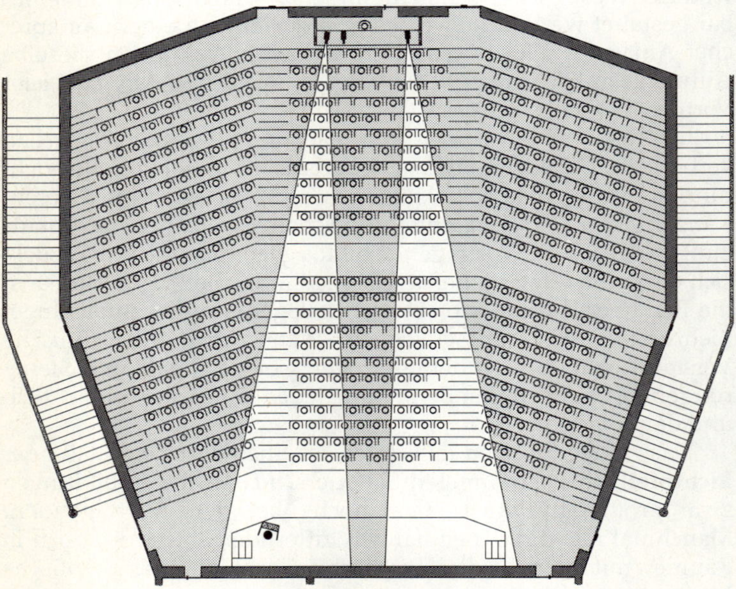

(8) Der große Festvortrag

## Die Wahrnehmbarkeit von Bildern beim Vortrag

Raum und Ausstattung wurden bereits angesprochen, so daß nun die Zuhörer besser ins Blickfeld kommen. Bei Bilder-Vorträgen stehen optische Darstellungen im Vordergrund, doch sitzen die Zuschauer leider an ganz unterschiedlichen Stellen: von ganz vorn bis ganz hinten. Das macht die Seh-Bedingungen scheinbar schwierig, zumal jeder Raum andere Verhältnisse aufweist und die Bedingungen der Projektion ungemein unterschiedlich sind. Konfrontiert mit der Vielfalt der unbekannten, aber für die Wahrnehmung wesentlichen Faktoren, entscheiden sich fast alle Vortragenden dafür, auf Überlegungen zur Wahrnehmbarkeit geplanter Bilder ganz zu verzichten und nach dem »Irgendwie-Prinzip« zu handeln: Irgendwie wird es schon gehen, werden sich die verschiedensten Komponenten gegenseitig kontrollieren, schließlich ging es – irgendwie – bislang immer so.

**Wahrnehmbarkeit von Abbildungen ist vorhersagbar.**

Natürlich ist dies unbefriedigend, und wenn man alles exakt nähme und ins Detail ginge, wäre wirklich ein unüberschaubarer Wust von Daten zu berücksichtigen. Erfreulicherweise kommt es auf die meisten Einzelheiten nicht an, und die kritischen Punkte reduzieren sich im wesentlichen auf die Erkennbarkeit von Linien und optischen Hinweisen sowie die Lesbarkeit von Beschriftungen. Dabei muß man für die Planung von Abbildungen nicht einmal alle Zuschauer berücksichtigen, sondern nur diejenigen in der letzten Reihe. Zunächst erscheint dies wenig hilfreich, da die letzte Reihe 3 m oder aber 30 m von der Bild-Fläche entfernt sein kann. Mit einem kleinen Kniff kommt man allerdings einen großen Schritt weiter: Man mißt die Entfernung der hintersten Reihe vom Bild nicht in Metern, sondern in Einheiten der größten Bild-Abmessung – wie in (9). Die Darstellung zeigt, daß in diesem speziellen Fall die Zuschauer der hintersten Reihe einen Abstand vom Bild haben, der dreimal so groß ist wie die Breite des Bildes. Der »**Betrachtungs-Abstand**« für diesen Fall hat den Wert 3. (Nach DIN handelt es sich dabei um den »relativen Betrachtungs-

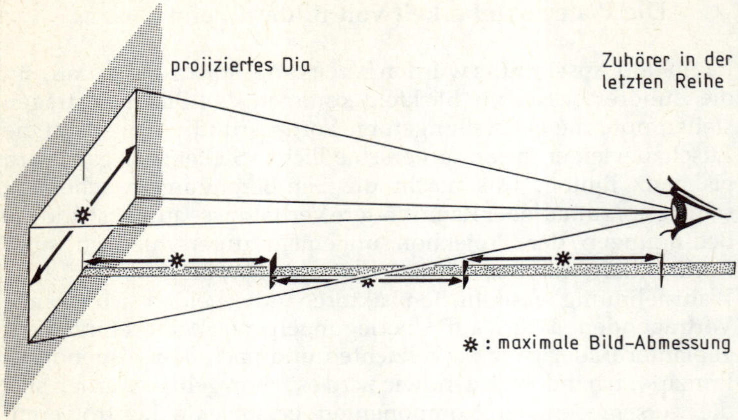


(9) Bestimmung des größten Betrachtungs-Abstandes (in diesem Beispiel: 3)

Abstand«, der von verschiedenen anderen abzugrenzen ist. Da hier aber ausschließlich die in (9) definierte Angabe verwendet wird, wollen wir es bei der einfacheren Bezeichnung belassen.) Die Wahrnehmung eines Bildes beim Vortrag fällt um so leichter, je kleiner der Wert dieses Betrachtungs-Abstandes ist.

Mit dem Betrachtungs-Abstand wie in (9) haben wir ein Maß für den Seh-Winkel. Dieser erstgenannte Wert hat jedoch den Vorzug, keine Winkelgrade oder gar so ungeliebte Begriffe wie Sinus, Tangens oder gar Cotangens zu enthalten. Zu seiner Anwendung sind damit weder trigonometrische Tafeln noch Taschenrechner erforderlich! Hinzu kommt die **Größen-Unabhängigkeit** dieses Maßes: Es charakterisiert die Verhältnisse in kleinen Projektions-Räumen genauso wie in großen, und es gilt – was für uns äußerst wichtig ist – auch für das Betrachten von Zeichnungen oder sogar von Dias, die auf dem Tisch liegen. Es wurde bereits gesagt, daß ein Bild um so kleiner erscheint, je größer dieser Betrachtungs-Abstand ist. Ganz wichtig aber ist die Festellung: Bei gleichem Betrachtungs-Abstand erscheinen Abbildungen immer gleich groß, unabhängig davon, ob sie klein sind und dann aus der Nähe betrachtet, oder ob sie groß sind und aus entsprechender Distanz angesehen werden.

Ein Beispiel soll dies erläutern. Wir nehmen an, ein Dia werde in einem größeren Vortrags-Raum projiziert – wie in (8) – und erzeuge ein Bild auf der Leinwand mit einer größten Abmessung von 3 m. Zuschauer der letzten Reihe seien 18 m von der Leinwand entfernt. Sie sitzen folglich 6mal so weit weg wie das projizierte Bild breit ist, und damit hat unser Betrachtungs-Abstand für diese Zuschauer den Wert 6. In einem anderen Raum projiziert, erzeuge dasselbe Dia ein Bild einer Breite von 1,0 m auf der Leinwand. Der Betrachtungs-Abstand von 6 ist nunmehr gegeben für Betrachter mit einer Entfernung von 6 m zur Leinwand. In beiden Fällen erscheint das Bild gleich groß, und in beiden Fällen ist auch dieselbe Lesbarkeit gegeben.

Gehen wir einen wichtigen Schritt weiter und betrachten das Dia selbst, also ohne Projektion, schlicht auf einem weißen Blatt liegend. Die größte Abmessung der Bild-Fläche des Dias beträgt 35 mm, und somit erhält man einen Betrachtungs-Abstand von 6 in einer (allerdings unphysiologisch geringen) Entfernung von 210 mm, also 21 cm. Aus dieser Entfernung betrachtet, erscheint das Bild des Dias im Prinzip gleich wie in den beiden vorangegangenen Fällen. Durch das »im Prinzip« wird angedeutet, daß infolge der geringen Entfernung einige Einzelheiten von Akkommodation und Konvergenz vernachlässigt werden, doch die Anwendung der Methode wird dadurch nicht eingeschränkt.

Die Kenntnis des in (9) definierten größten Betrachtungs-Abstandes liefert damit den Schlüssel für die Voraussage der Wahrnehmungs-Bedingungen projizierter Bilder. Dieser Wert stellt gleichzeitig ein wichtiges Maß für die Qualität der Projektions-Bedingungen dar, wenn auch nicht das einzige. Um uns etwas vertrauter damit zu machen, wollen wir die bereits aufgeführten Beispiele der Vortrags-Räume – (4) (7) (8) – in Augenschein nehmen und voraussetzen, es handele sich bei den projizierten Bildern um die üblichen Kleinbild-Dias im Querformat. Damit kann man den größten Betrachtungs-Abstand direkt aus den Abbildungen des Buches gewinnen. Im mittelgroßen Raum (4) beträgt der Wert knapp 7, beim Büro-Beispiel (7) beträgt er knapp 3, und im großen Auditorium (8) liegt er bei knapp 4. Von diesen drei Gegebenheiten weist somit das Büro die besten und der mittelgroße Raum die schlechtesten Bedingungen für die Wahrnehmung auf. Der genannte Wert ist somit für den individuellen Raum charakteristisch.

Vergleicht man die größten **Betrachtungs-Abstände** bei den unterschiedlichsten Projektions-Räumen, wird deutlich, daß die Werte etwa zwischen 3 und 11 liegen. Werte unter 4 sind sehr gut, aber selten, solche unter 6 sind gut bis zufriedenstellend, und solche über 8 sind so schlecht, daß sie nicht vorkommen sollten. Bei der Erarbeitung bildlicher Darstellungen möchte man natürlich sicher sein, daß sie in allen geeigneten Räumen wahrgenommen werden können, und das bedeutet, sich auf die schlechtesten Bedingungen einzustellen: Mit größten Betrachtungs-Abständen von **7 muß** man, mit solchen von **8 sollte** man rechnen. Wie geschieht das in der Praxis? Erfreulich einfach: Eine Abbildung mit der größten Abmessung von 25 cm sei auf einem Blatt skizziert. Diese Abbildung betrachte man aus einer Entfernung von 8 mal 25 cm, also mit einer Distanz von 2 m zum Bild. Jetzt sieht man die Darstellung so wie jemand in der hintersten Reihe eines schlechten Vortrags-Raumes. Wie steht es um die Lesbarkeit der kleinsten Schrift-Zeichen? – Ein Bild, das diesem Test genügt, kann getrost überall vorgeführt werden.

## Die Vorbereitung der Zuhörer

Die Frage nach der Vorbereitung der Zuhörer auf den Vortrag läßt sich einfach beantworten: Sie bereiten sich **gar nicht** vor! Für den Zuhörer liegt das Attraktive des Bild-Vortrages ja gerade darin, weder eine Vorbereitung noch eine Nacharbeitung zu benötigen. Die Darbietung sollte in sich abgeschlossen sein und weder Nachschlagen noch Einsortieren noch Aufzeichnungen erforderlich machen. Manche Vortragenden gehen teilweise von anderen Vorstellungen aus. Insbesondere bei bedeutsamen Vorträgen werden die anderen Tätigkeiten des eingeladenen Redners immer mehr durch die näherrückende Präsentation (Sternchen in (10)) überdeckt und verdrängt. Unbewußt geht der Redner dann oft davon aus, für die Zuhörer gelte dasselbe, wenn auch in geringerem Maße. Doch trifft das nicht zu, weil der Vortrag für sie einen viel geringeren Stellenwert besitzt. Zuhörer heften sich ein Zettelchen an die Wand, oder sie stellen sich den Wecker, um im Eifer der Arbeit an den Vortrag erinnert zu werden. Was an Vorbereitung darüber hinausgeht, hat Seltenheitswert. Den Redner verpflichtet

**Der Zuhörer kommt unvorbereitet.**

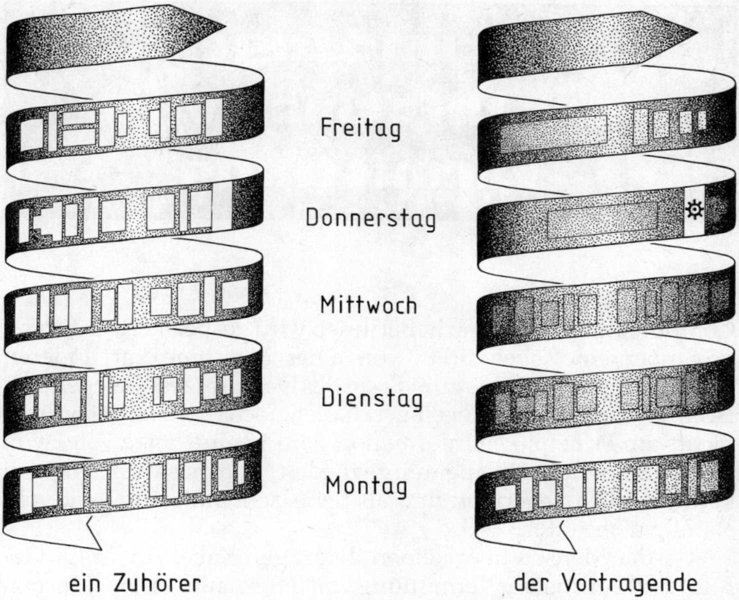


(10) Wochen-Arbeitsdiagramme:

Für Zuhörer ist der Vortrag nur ein Ereignis unter vielen

dies jedoch, an all das zu denken, was die Zuhörer an Vorbereitung erledigen würden, falls sie Zeit und Lust dazu hätten.

Zuhörer wollen etwas über den Redner erfahren, besonders, wenn er oder sie von weit her angereist kommt. Dem dient die angenehme und auch verbreitete Sitte, daß der Einladende vor der eigentlichen Darbietung den Gast kurz vorstellt, über seine Tätigkeit berichtet und auf sonstwie interessante Gesichtspunkte eingeht. Dabei kann durchaus ein Teil der Persönlichkeit des Vortragenden sichtbar werden; das Auditorium schätzt es, einen Menschen mit seinen Zielen, Vorlieben und Erfolgen durchschimmern zu sehen.

# Grundzüge der Informations-Vermittlung

Computer haben es einfach. Bei ihnen wird gespeicherte Information über ein Kabel direkt von einer Maschine zur anderen geschickt, bit für bit, bis zum Ende des Datensatzes. Gelegentlich ist ein Zwischen-Speicher eingeschaltet, doch ändert sich dadurch nichts am Prinzip: Die Information wird in eine lange Folge von einzelnen, simplen Elementen gegliedert, und diese werden dann kontinuierlich abgerufen und als Serie dem anderen Gerät vollständig übermittelt.

Da der Mensch über keinen derartigen Kabel-Anschluß verfügt, sind bei unserer Vermittlung von Informationen zwei zusätzliche Schritte erforderlich, die bei Computern entfallen: Zum einen muß die Information des Vortragenden umgewandelt werden, z. B. in Schrift, Bild oder Sprache. Zum anderen müssen die Zuhörer die auf solche Weise angebotene Information über ihre Sinnesorgane aufnehmen. Eine direkte Übermittlung der Gedächtnis-Inhalte von Mensch zu Mensch ist somit nicht möglich, stattdessen muß zwangsweise der Umweg über die verschiedenen Arten der Wahrnehmung gewählt werden. Fertige Information erhält der Mensch genauso über seine Sinnesorgane wie die unaufbereitete Erfahrung des Alltags, und damit unterscheiden wir uns von den elektronischen Rechnern: Dort erfolgt nur die ursprüngliche Eingabe über die Tastatur oder den Analog-Anschluß, während die Übernahme bereits gespeicherter Daten ohne diese peripheren Komponenten auskommt. – Der Vortragende hat folglich ungemein viel mit der Wahrnehmung der Zuhörer bzw. Zuschauer zu tun, damit bei der Übermittlung möglichst wenig verlorengeht. In den folgenden beiden Kapiteln wird etwas genauer auf diese Gesichtspunkte eingegangen.

An dieser Stelle erscheint es angebracht, nochmals kurz auf die Zielsetzung des vorliegenden Taschenbuches einzugehen, weil sich an dem Punkt teilweise **die Geister scheiden**. Hier wird von

Vortragenden ausgegangen, die über eine große Menge an Information verfügen und die einen abgegrenzten Teil davon möglichst verlustfrei an die Zuhörer weiterzugeben bemüht sind. Das mag selbstverständlich klingen, doch ist es dies keineswegs, da mit Vorträgen gelegentlich auch ganz andere Ziele verfolgt werden. Manche Vortragenden – und das sind gar nicht so wenige – wollen nämlich gar nicht, daß die Zuhörer richtig informiert werden. Sie arbeiten vielmehr gezielt darauf hin, beim Publikum den Eindruck zu vermitteln, nur der Redner verstünde die Sache und das Ganze sei im übrigen zu kompliziert für eine verständliche Darstellung. Solche Vorträge wimmeln von formalen Verständnis-Hürden wie

**Der Vortragende muß vorweg abschätzen:**

- **Wer wird zuhören?**
- **Was wissen die Zuhörer schon?**
- **Was wollen sie erfahren?**

Abkürzungen, Fach-Konventionen und Eigennamen. Die Zuhörer werden gerne durch eingebaute Gedanken-Sprünge verunsichert, deren psychologische Wirkung durch ein hingeworfenes »wie man sofort erkennt . . .« noch verstärkt wird. Beliebt ist auch das Aufbauen von Problematiken, die gar keine sind. Wie ergriffen lauscht doch das Publikum, während der Redner liebevoll darstellt, wie man zwei und drei addiert, unter Benutzung des Dezibels; wo vorher nichts war, erscheint ein imposantes Problem. Derartige vorgebliche »Notwendigkeiten« taugen mehr als Image-Korsett für manche Redner denn als Träger wesentlicher Information. Es geht daher im folgenden nicht um das Hochstilisieren einfacher Gegebenheiten oder formaler Übereinkünfte zu einer »Wissenschaft«, sondern – ganz im Gegenteil – um die schnelle und wirkungsvolle Übermittlung verwickelter und umfangreicher Sachverhalte.

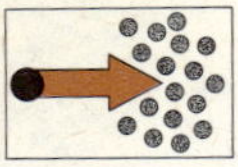

## Die zu erwartenden Zuhörer

Nehmen wir einmal an, jemand wolle über die Möglichkeiten der Verwendung von CCD referieren, also von charge coupled devices. Den meisten sagt dies gar nichts, und es liefe auf eine sehr schwierige Aufgabe hinaus, allein zu erläutern, was solche charge coupled devices eigentlich sind. Doch Elektronik-Ingenieuren bedeutet dies sehr viel, verbinden sie doch damit u. a. die Aufnahmetechnik für moderne Bildverarbeitung. Ganz offensichtlich handelt es sich um ein Thema, das viel an Vorkenntnissen verlangt und das man nicht jedem Publikum zumuten kann. Geht es um die Früh-Erkennung von Melanomen, so sind die Dermatologen ganz Ohr, und auch dies läßt sich nicht jedermann ohne weiteres erklären. Die Beziehungen zwischen den Sprachen der verschiedenen Volksgruppen auf den Molukken sind – selbstredend – auch nicht allgemein verdauliche Kost, und so geht es weiter. Hier sind zwar extreme und damit eindeutige Beispiele aufgeführt, doch ist es außerordentlich wichtig, daß jeder Vortragende über die **Kenntnisse** seiner Zuhörerschaft gut Bescheid wissen sollte.

Da steht zunächst die Grundfrage jeder Übermittlung von Information, die vorab möglichst genau geklärt sein sollte, nämlich: Was wissen die Zuhörer bereits? In vielen Fällen läßt sich dies

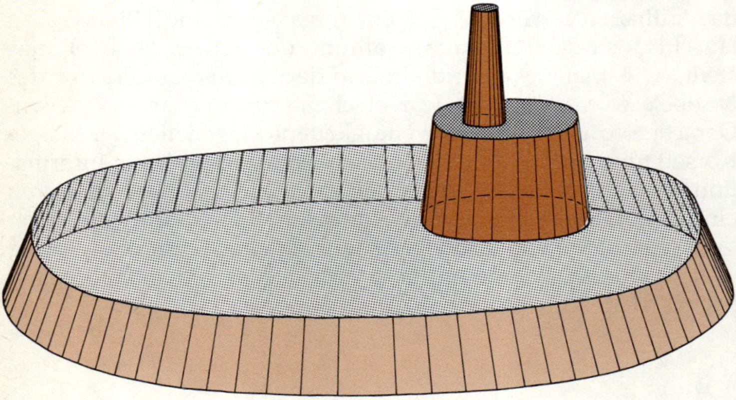

(11) Beispiel für die Topographie des Wissens und der Erfahrung der Zuhörer

nicht exakt sagen, da man vorher nicht genau weiß, wer einen Vortrag besuchen wird. Glücklicherweise bieten sich doch mancherlei Hinweise auf das zu erwartende Publikum, wobei die Formulierung des Themas sowie Ort und Art der Ankündigung die wichtigsten Gesichtspunkte darstellen. Ein Vortrag mit einem generellen Thema wie »Bergwelt Südamerikas« wird ein unvergleichlich breiteres Publikum anziehen als ein eng gefaßter der Art »Über die Temperatur-Abhängigkeit der Beziehung zwischen zyklischem Adenosin-Monophosphat und Phospho-Diesterasen«. Wird beispielsweise eine Darstellung bei Biochemikern oder Kunst-Historikern angekündigt, so ist mit einem entsprechend homogenen Fach-Publikum zu rechnen, dessen Vorkenntnisse relativ gut abzuschätzen sind, während ein Aushang im Rathaus oder gar die Ankündigung in einer Tageszeitung ein sehr heterogenes Publikum erwarten lassen. Jeder Vortragende sollte daher erfahren, wie und wo seine Präsentation bekanntgemacht wird.

Wir wollen hier wieder zu dem ganz am Anfang genannten Beispiel aus dem Bereich der Hör-Forschung zurückkehren. Das interessiert vor allem Ohren-Ärzte und Sinnes-Physiologen, also Vertreter sehr spezialisierter Gruppen. Nach einer Grundausbildung folgte – bei ihnen wie in ähnlichen Fällen – eine Fachausbildung auf einem engeren Bereich, und daran schloß sich eine noch weiter spezialisierte Ausbildung an. Diese Gegebenheiten kann man sich in der Form der Topographie des Wissens und der Erfahrung vorstellen, wie es in (11) bildlich dargestellt ist. Ein solches mehrstufiges Relief des Wissens findet sich beispielsweise auch bei Sprach-Psychologen, bei Musik-Historikern, bei Ägyptologen und sehr vielen anderen.

Bedeutsam ist dabei, nicht nur die formale Ausbildung zu berücksichtigen, sondern auch die gesamten Erfahrungen, die von immer mehr Menschen außerhalb der herkömmlichen Ausbildung gesammelt werden. Verwaltungs-Fachleute lernen viel über Auto-Technik oder Kraftwerke, Städteplaner erfahren viel über die Psychologie von Einzelnen, von Berufsgruppen, von Institutionen usw. – Besonders schwierig gestaltet sich diese Aufgabe für den Vortragenden, wenn er mit einem sehr heterogenen Publikum zu rechnen hat, das sich z. B. aus Musikern und Architekten zusammensetzt. Dadurch ergeben sich wesentlich kompliziertere Modelle für die Topographie des Wissens und der Erfahrung als im einfachen Fall von (11). Aus dem bisher Dargelegten geht hervor, daß diese Überlegungen auf Annahmen und Abschätzen der

Gegebenheiten beruhen. Dennoch kann ihre Bedeutung für eine erfolgreiche Vermittlung von Wissen kaum überbewertet werden.

Hat der eingeladene Redner abgeschätzt, wer zuhören wird und was die Zuhörer an Kenntnissen mitbringen werden, so ist das nächste Problem anzugehen; und wiederum läßt es sich nur durch Abschätzen bewältigen. Es geht um die Frage, was interessiert die Zuhörer? Natürlich hat der Redner selbst bestimmte Fakten, Angaben usw., die er übermitteln möchte, doch sollte die Art der Präsentation und die Einbettung in allgemeinere Gegebenheiten möglichst den Wünschen des Publikums entsprechen. Da die Vortrags-Kunst zu einem wesentlichen Teil darin besteht, Wichtiges auszuwählen und Unwesentliches zu vernachlässigen, ist eine Auswahl relativ weniger Fakten notwendig. Deren Zusammenstellung hat unter dem Gesichtspunkt der Interessen der Zuhörer zu erfolgen, denn sie sollen durch den Vortrag informiert werden. Man muß sich stets darüber im klaren sein, daß die Zuhörer nur zum Vortrag kommen, weil sie davon für sich selbst etwas an Einsichten und Kenntnissen erhoffen, und das ist auch gut so. Sie wollen zwar von einem Vortragenden möglichst persönlich angesprochen werden, doch kommen sie im allgemeinen wegen des Vortrages und nicht wegen des Vortragenden. Letzteres kommt zwar auch vor, doch liegt diese Berühmtheits-Schwelle – entgegen der Annahme mancher Redner – recht hoch. Geht es bei dem Vortrag allerdings um die Besetzung einer wichtigen Position, so tritt naturgemäß die Person des Redners in den Vordergrund.

Nun erst, nachdem er sozusagen festgelegt hat, wem was vermittelt werden soll, muß der Vortragende entscheiden, wie die Information möglichst wirkungsvoll weitergegeben werden kann. Dies ist außerdem der Punkt, an welchem der Vortrag im Verhältnis zum gesamten Wissen und der Erfahrung der Zuhörer gesehen werden sollte, zumal Redner generell dazu neigen, die Bedeutung ihres Vortrages zu überschätzen. Das Publikum hat häufig eine Ausbildung von zwei Jahrzehnten hinter sich, manchmal noch mehr. Auf dieser Basis ruht das Informations-Gebäude, das man bestenfalls in der einen Stunde des Vortrages zu errichten vermag (12). Zwei **Jahrzehnte** Ausbildung stehen damit in Relation zu einer **Stunde** Vortrag! Dessen muß sich der Redner bewußt sein, und er oder sie sollte den Schwerpunkt der Darstellung auf die wenigen wirklich tragenden Elemente konzentrieren.

Die Darstellung (12) führt außerdem den Wert der Topographie des Wissens vor Augen. Es wird ersichtlich, wie sorgfältig diese Gegebenheiten berücksichtigt werden müssen, soll das

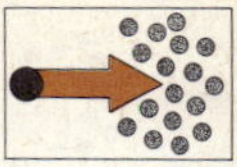

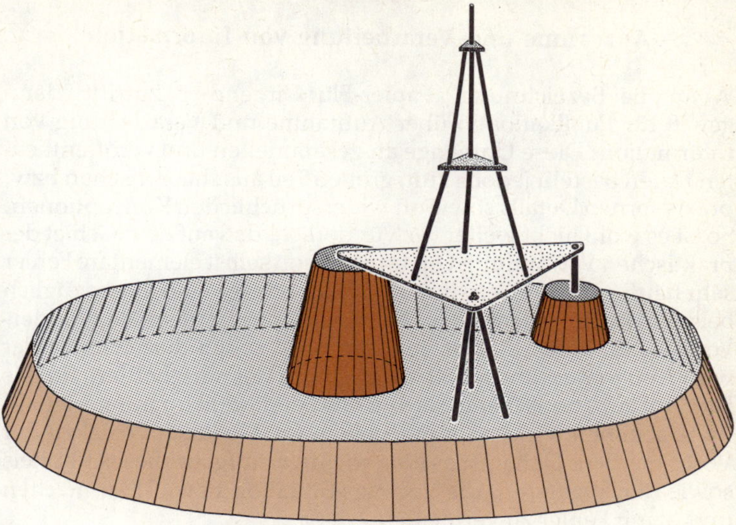

(12) Dia-Vortrag als leichter Rahmenbau

Informations-Gebäude nicht im »luftleeren« Raum hängen. Ein gelungener Vortrag kann völlig schief gehen, wenn er vor Zuhörern mit einer anderen Topographie des Wissens gehalten wird. Der »gute Vortrag aus der Schublade« wird dann zum unerwarteten Debakel. Der Redner muß sich also stets darüber Gedanken machen, wie er seine Konstruktion auf dem Relief des Wissens der Zuhörer verankert. Diese Verankerung in (12) stellt den »Adapter« dar, durch den die Vorkenntnisse der Zuschauer an die Problemstellung der Darstellung angepaßt werden. Es ist dabei offensichtlich, daß solche »Adapter« umso weniger notwendig werden, je mehr Spezialisten unter sich sind. (Allerdings waren schon die alten Griechen nicht beeindruckt von Leuten, die Eulen nach Athen trugen.) Die eindrucksvollen Möglichkeiten des Bilder-Vortrages liegen jedoch gerade darin, die engen fachlichen Grenzen zu überschreiten und ein vielfältiges Publikum anzusprechen. Gerade solche übersichtlichen Darstellungen für eine breitere Zuhörerschaft hängen völlig von sorgfältigster Planung dieses »Unterbaues« des Vortrages ab. Derartige Vorträge sind gesucht, bieten sie doch dem Zuhörer die Möglichkeit, der Papier-Flut zu entrinnen und dennoch einen »Extrakt« großer Wissens-Bereiche zu erhalten.

## Aufnahme und Verarbeitung von Information

Wenn die Bezeichnung »Papier-Flut« irgendwo zutrifft, dann gewiß für Publikationen über Aufnahme und Verarbeitung von Information. Diese Unmenge an gesammelten und veröffentlichten Daten besteht jedoch zum großen Teil aus theoretischen bzw. praxis-fernen Details sowie oft widersprüchlichen Konzeptionen. So ist es wohl nicht weiter verwunderlich, daß auf dem Gebiet der praktischen Vermittlung von Information selbst elementare Fehler sehr häufig anzutreffen sind, und Dia-Vorträge sind diesbezüglich beileibe keine Ausnahme. Personen, die berufsmäßig Bilder-Vorträge zu halten haben, machen nicht selten dieselben Fehler wie »Amateure«, und selbst Vorträge von Wissenschaftlern für das Fach Informations-Verarbeitung sind erstaunlich häufig ineffektiv. Dabei handelt es sich oft schlicht um Gedankenlosigkeit der Vortragenden. Daher ist es eine wichtige Aufgabe dieses Kapitels sowie der folgenden, die Vortrags-Situation **bewußt** zu machen und damit Fehler zu vermeiden.

Wie schon im Vorwort erwähnt, soll die vorliegende Darstellung helfen, die Effektivität der Präsentation von Dia-Vorträgen zu erhöhen. Auf eine Diskussion der verschiedenen Theorien wird folglich verzichtet – zugunsten von Hinweisen und Erfahrungswerten aus der Praxis, soweit sie diesem Ziel dienen.

Ausgehend von den Schwierigkeiten des Vortrages, kann die Aufnahme und Verarbeitung von Information wie in (13) schematisch in mehrere Abschnitte gegliedert werden. Die Unterteilung ist so gewählt, daß funktionell zusammengehörende Abschnitte entstehen, die jeweils gesondert berücksichtigt werden können und auch einzeln berücksichtigt werden sollten. Den Weg der Information bringt der große unterlegte Pfeil zum Ausdruck.

Zunächst erfolgt die **Aufnahme** der präsentierten Daten durch die Sinnesorgane, von denen die für den Vortrag wichtigsten – Auge und Ohr – bildlich dargestellt sind (13). Diese Sinnesorgane stellen regelrechte Eingangs-Filter dar, und es sollte selbstverständlich sein, daß die Kriterien für gutes Sehen und Hören angewendet werden. Dessen ungeachtet ist jeder mit der Situation vertraut, in welcher der Redner stolz verkündet: »Sie sehen hier . . .«, und man sieht genau dieses nicht. Von den Sinnesorganen wird die Information zum Gehirn geschickt, wo die weitere Verarbeitung erfolgt. Das Gehirn ist insgesamt durch die drei rechteckigen Blöcke dargestellt; sie sind untereinander verbunden durch zeichnerisch angedeutete Daten-Kanäle, die für den Transport in beiden Richtungen offenstehen. Dies entspricht selbstverständlich nicht den anatomischen Gegebenheiten, und es ist weiterhin selbstverständlich, daß unser Gehirn noch viel, viel mehr an Aufgaben bewältigt als diejenigen, die hier schematisch dargestellt sind.

Was Auge und Ohr aufnehmen, gelangt ins Gehirn (13), wird dort genauer analysiert und dabei mit Daten aus dem Gedächtnis verglichen. Unsere Sinne, zusammen mit diesem dazugehörigen Verarbeitungs-Apparat des Gehirns, sind verantwortlich für das, was als **Wahrnehmung** bezeichnet wird. In den folgenden beiden Kapiteln wird auf dieses System mit seinen Eigenheiten genauer eingegangen, soweit es für Vorträge Bedeutung hat.

Das Ergebnis der Wahrnehmung wird wiederum mit Gedächtnis-Inhalten verglichen und verknüpft, woraus im günstigen Falle das **Verständnis** resultiert, das Erkennen von Zusammenhängen und Beziehungen. In unserem Gehirn gibt es keinen solchen räumlich begrenzten Verständnis-Bereich, doch ist es sinnvoll, diese Funktion schematisch als Einheit zusammenzufassen und abzugrenzen (13). So wird die innige Beziehung des Verständnisses zur Wahrnehmung einerseits und zum Gedächtnis andererseits ersichtlich. Weiterhin wird zum Ausdruck gebracht, wie die vom Verständnis aufbereitete Information dem **Gedächtnis** sozusagen zum Abspeichern vorgeschlagen wird. – Das Gedächtnis

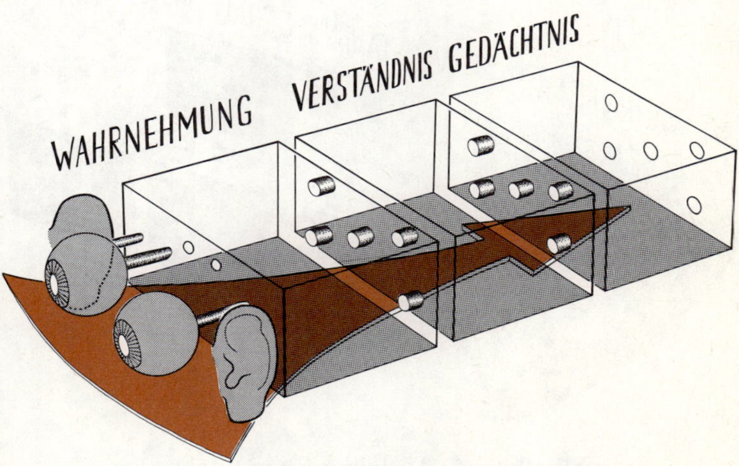


(13) Aufnahme und Verarbeitung der Information

schließlich nimmt diese angebotene, verarbeitete Information teilweise auf – oder auch nicht. Für den Vortragenden besteht die Überlegung nicht so sehr darin, ob das Gedächtnis der Zuhörer viel oder wenig des Vorgetragenen aufnimmt; wesentlich bedeutsamer ist für ihn die Frage, ob die Zuschauer gerade den Aspekt im Gedächtnis behalten, an welchem ihm am meisten gelegen ist. Darauf wird später noch genauer eingegangen.

Es mögen an dieser Stelle manche Informations-Theoretiker protestieren gegen die vorgelegte Darstellung, und sie werden gewiß auf Befunde hinweisen, die damit nicht zu erklären seien. Deshalb soll nochmals betont werden, daß es sich um ein einfaches Modell handelt, das den Zweck hat, die Informations-Vermittlung durch Bilder-Vorträge zu verbessern; und in dieser Funktion leistet es sehr gute Dienste. Die Grundstruktur des Modells basiert auf allgemein anerkannten Beziehungen und bleibt daher im Bereich des Üblichen. Es ist weder neu, noch überraschend, noch wird damit Universalität beansprucht.

Oben war bereits auf die große Bedeutung von **Ausbildung und Erfahrung** der Zuhörer hingewiesen worden, und so ist es nur verständlich, daß dies auch bei der Verarbeitung von Information zum Ausdruck kommt. In (14) ist dieser Einfluß schematisch dargestellt – unter Verwendung des bereits besprochenen Modells. Auge und Ohr sind in ihrer Funktion weitgehend

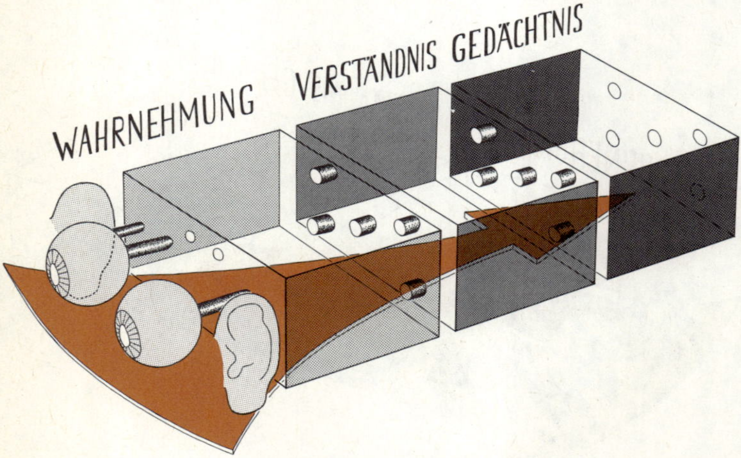


(14) Einfluß von Ausbildung und Erfahrung: je dunkler desto größer

unabhängig von Vorkenntnissen, was für die Wahrnehmung allerdings schon nicht mehr zutrifft. Man kann den Blick wie das Ohr schulen, also trainieren, wodurch die Wahrnehmung verbessert werden kann. Zwar gilt das nicht für zu dünne Striche oder zu leise Sprache, wohl aber für das Erfassen optischer wie akustischer Muster. Bereits bei der Planung – vor allem bildlicher Präsentationen – muß schon berücksichtigt werden, ob es sich um ein diesbezüglich geübtes Publikum handelt oder nicht.

Beim Verständnis ist der Einfluß der Vorkenntnisse zweifellos recht stark (14). Bereits die Alltags-Erfahrung zeigt, wie schnell und problemlos neue Sachverhalte mit ihren Wechsel-Beziehungen von Personen erfaßt werden können, die sich ständig mit verwickelten Zusammenhängen auseinandersetzen müssen, während andere damit große Schwierigkeiten haben. Das »Durchschauen« verflochtener Beziehungs-Gefüge ist eine Frage des Trainings, und der Vortragende sollte sich fragen, inwieweit das mutmaßliche Publikum darin geübt ist. Zum großen Teil besteht dieser Vorteil allerdings im geübten Umgang mit abstrakten Darstellungen: Die Vertrautheit der Darstellungsform ermöglicht dem Erfahrenen die sofortige Beschäftigung mit dem Inhalt, während der Ungeübte zunächst mit den Formalien der Darstellung zu kämpfen hat. Vor allem bei heterogener Zuhörerschaft ist dies zu berücksichtigen.

Am größten ist der Einfluß von Ausbildung und Erfahrung beim Gedächtnis (14): Diese Nuß ist sozusagen am schwierigsten zu knacken. Bei Kindern hat man es sehr leicht, da sie sich ziemlich unbesehen alles merken; manchmal mehr als erwünscht. Mit zunehmender Ausbildung gerät das Gedächtnis gewissermaßen unter immer größeren Druck, den uferlosen Informations-Fluß zu vereinfachen und zu kategorisieren, mit dem Effekt, daß es immer wählerischer wird bezüglich dessen, was es speichert. Immer mehr Information wird vom Gedächtnis als »nichts Neues« oder »nichts Wesentliches« eingestuft und damit – wenn überhaupt – nur vorübergehend gespeichert. Im Extrem-Fall kann das dazu führen, daß sich das Gedächtnis sehr stark gegen Neues wehrt. (Es ist hier, wohlgemerkt, nicht die altersbedingte Gedächtnis-Schwäche gemeint!) Dem steht die Fähigkeit solcher Personen gegenüber, sich selbst kleinste Details zu merken, falls sie als bedeutsam angesehen werden. – Vereinfachend gesagt ist es leicht, ein kaum beschriebenes Blatt zu füllen, aber sehr schwierig, neue Information in ein volles, umfangreiches und vielgliedriges Buch zu integrieren.

Das Ergebnis eines Bilder-Vortrages sind **Gedächtnis-Inhalte** für die Zuhörer, und es wurde daher schon betont, daß der Vortragende versuchen muß, den Kern der Information an das Gedächtnis der teilnehmenden Personen weiterzugeben. Dies ist um so schwieriger, je mehr Vorkenntnisse und themen-bezogene Erfahrungen schon vorhanden sind. Allen Maßnahmen, welche die Absicherung in der Erinnerung der Zuhörer fördern, kommt damit gerade in solchen Fällen eine außerordentlich große Bedeutung zu.

## Gliederung des Dia-Vortrages

Der typische Bilder-Vortrag ist dadurch geprägt, daß ein Vortragender einen kleinen Teil seines Wissens an eine Anzahl ihm meist völlig unbekannter Personen weitergeben möchte. Diese Zuhörer sollten nicht nur dem Vortrag folgen können, sondern nach Möglichkeit den Kern der Darstellung auch in Erinnerung behalten. Gewiß keine leichte Aufgabe. Aus dieser kurzen Charakterisierung ersieht man allerdings schon die Probleme, die bei der Vorbereitung zu bewältigen sind.

Im Zuge der vorausgehenden Planung hat der Vortragende abgeschätzt, wer zuhören wird. Dabei muß er im Normalfall feststellen, daß die Zuhörer wohl nicht sofort verstehen werden, worum es eigentlich geht. Folglich holt er zunächst weiter aus und führt die Zuhörer schrittweise an die Fragestellung heran, natürlich unter Berücksichtigung dessen, was sie schon wissen. Die **Einleitung** hat damit zum Ziel, eine Basis für den Kern der Präsentation zu bilden, ganz so, wie es durch die untere, kleine Plattform in (12) veranschaulicht ist. Dem geht eine weitere Aufgabe voran. Der Redner hat von müden und überanstrengten Zuhörern auszugehen – erinnern wir uns an (1) und (10) – die den Kopf noch voll haben mit anderen Problemen. Daher ist es ratsam, ganz am Anfang ihr Interesse schonend auf die Darbietung zu lenken. Völlig zwanglos ergibt sich daraus das Prinzip, die Einleitung mit allgemeineren Gegebenheiten zu beginnen und dann langsam spezialisierter und damit schwieriger zu werden (15). Am Ende der Einleitung sollte die Problematik des Themas dem Auditorium klar umrissen vor Augen stehen. Eine gelungene Einführung bringt den Zuhörern oft sehr viel an Einsichten zum Thema, wodurch bereits der Erfolg einer Präsentation begründet wird.

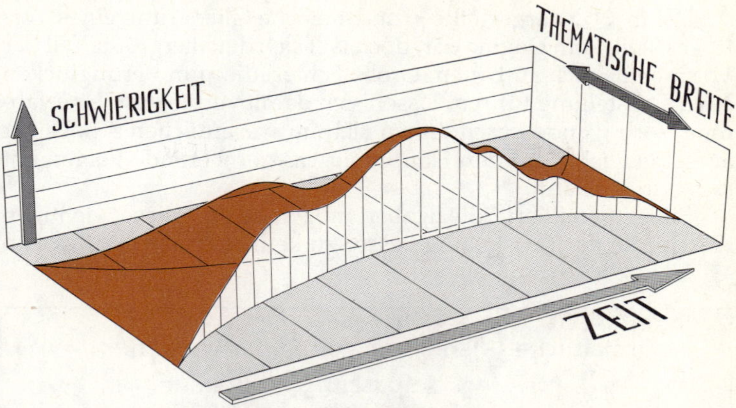


(15) Gesamtaufbau eines Dia-Vortrages

In (15) ist die Einleitung mit dem Erreichen des Zwischengipfels abgeschlossen. Wie umfangreich die Einführung zu sein hat, hängt vom Thema und von den Kenntnissen der Zuschauer ab und läßt sich folglich nicht genau festlegen. Je mehr beides voneinander abweicht, desto gründlicher muß die Vorbereitung für den Hauptteil erfolgen; die Einleitung kann bis zu einem Drittel der Vortrags-Zeit benötigen. – Handelt es sich um eine laufend fortgeführte Veranstaltung, wie z. B. eine Vorlesung oder eine Vortrags-Reihe vor gleichem Publikum, so reduziert sich die Einleitung naturgemäß sehr schnell.

Auf der Basis der Einleitung wird das eigentliche Informations-Gebäude errichtet, wie es im Zusammenhang mit (12) besprochen wurde. Dieser **Haupt-Teil** ist der komplizierte und thematisch eng gefaßte Abschnitt einer Darstellung (15), bei welchem der Schwerpunkt auf der Verständlichkeit des dargebotenen Stoffes liegen sollte. Das Auditorium hat sich bis dahin schon an den Vortragenden und seine Art gewöhnt und ist bemüht zu folgen. Der Redner muß sich aber stets darüber im klaren sein, daß jedes Verständnis nur ein mehr oder weniger kurzfristiges Phänomen darstellt, das außerordentlich schnell verblaßt. Um dem vorzubeugen, ist es notwendig, die wesentlichen Komponenten noch im Vortrag zu verarbeiten und zu vertiefen und damit dem Gedächtnis entgegenzukommen. Dies geschieht im **Schluß-Teil**, der damit zum Ziel hat, eine möglichst langfristige Sicherung des Ergebnisses bei den Zuhörern zu erreichen.

Die in (15) dargestellte grundsätzliche Gliederung eines Vortrages stellt kein Dogma dar, doch läßt sich der allergrößte Teil der Vorträge danach aufbauen. Grobe Fehler, die zum Verunglücken einer Darstellung führen, lassen sich damit vermeiden. Unerfahrene Vortragende beschränken sich im wesentlichen – oder gar ausschließlich – auf den Hauptteil, was verheerende Folgen mit sich bringen kann.

Einige detailliertere Angaben mögen helfen, diese wichtigen Abschnitte der Darstellung besser zu kennzeichnen. Wir wollen

**Inhaltliche Gliederung von Bilder-Vorträgen:**
- **Einleitung: Anpassung an die Zuhörer,**
- **Haupt-Teil: das Informations-Gebäude,**
- **Schluß-Teil: gedächtnis-gerechte Form.**

einmal annehmen, es gehe um die Sicherheit und Umwelt-Freundlichkeit von Bremsbelägen, somit um einen Teil des Asbest-Problems, und zwar für ein breites Publikum. Eine günstige Möglichkeit der **Einleitung** eines solchen Themas mit zwei Haupt-Aspekten soll kurz besprochen werden. Dazu ist in (16) eine Folge von schematisierten Dias bzw. anderer Darstellungs-Elemente abgebildet. Der Pfeil in der Mitte gibt die Lese-Richtung dieser Serie an: von oben nach unten.

Ganz gut ist es, zunächst mit einem eindrucksvollen Photo zu beginnen, um die Zuhörer auf das Thema zu lenken (16). Man könnte dazu einen schweren Lastzug vorführen, der in voller Fahrt über die Autobahn donnert. Hohes Gewicht, große Geschwindigkeit und die Notwendigkeit des Abbremsens werden deutlich, zumal jeder über die tödlichen Folgen unzureichender Bremsen zumindest schon gelesen hat. Anschließend sollte das Problem mit seinen wichtigsten Teilbereichen – Sicherheit einerseits und Umweltschutz andererseits – in einer Abbildung zusammen dargestellt werden, somit einen ersten umfassenden Überblick geben.

Daran schließen sich zwei Darstellungen an, gleichzeitig präsentiert und beide zum Bereich Sicherheit, somit zu den positiven Eigenschaften des Asbestes. Eine davon mehr theoretisch, rechts, und die andere zur Erläuterung oder Veranschauli-

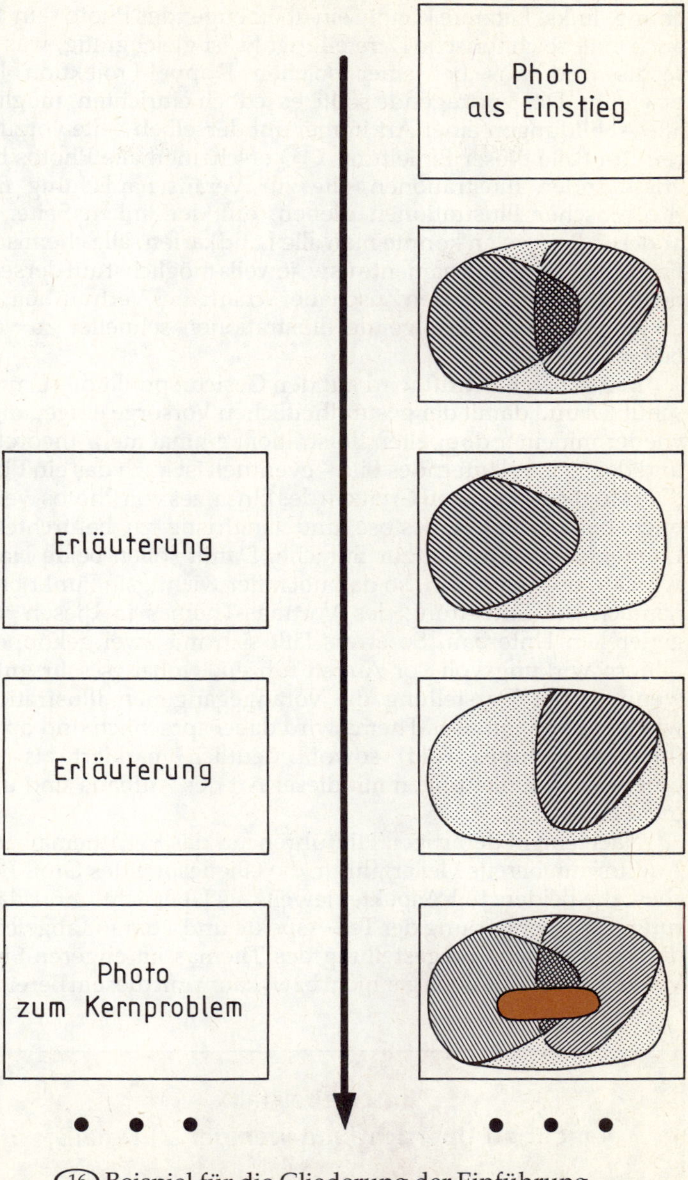


(16) Beispiel für die Gliederung der Einführung

chung, links. Letztere könnte ein überzeugendes Photo sein, aber auch eine zeichnerische Darstellung. Es ist gleichgültig, was nun rechts und was bei einer solchen Doppel-Projektion links erscheint. Der Vortragende sollte es jedoch einrichten, möglichst alle Abbildungen einer Art immer auf derselben Seite vorzuführen. Im Falle dieser Einleitung (16) erscheinen alle Photos bzw. erläuternden Illustrationen, die zur Veranschaulichung mehr theoretischer Illustrationen dienen, auf der linken Seite. (Bei anderen Beispielen könnte man alle Landkarten, alle chemischen Formeln oder alle Ornamente usw. jeweils möglichst auf derselben Seite darstellen.) Für den Zuschauer schafft dies Vertrautheit, und es hilft, aufeinanderfolgende Illustrationen schneller zu verarbeiten.

Im nächsten Schritt wird auf den Gesichtspunkt des Umweltschutzes und damit der gesundheitlichen Vorsorge eingegangen, wieder mit einer doppelten Illustration; einmal mehr theoretisch und dazu ein erläuterndes Bild – eventuell ist auch das ein Photo. (Die Möglichkeiten und Grenzen des Einsatzes von Photos werden noch behandelt.) Asbestose und langfristig zu befürchtender Lungenkrebs kommen zur Sprache. Damit sollen beide Haupt-Aspekte umrissen sein, so daß noch der wichtigste Punkt bleibt, nämlich die Einbettung des Vortrags-Themas in diesen mehr generellen Unterbau. So etwas läßt sich mit zwei gekoppelten Bildern wirkungsvoll vor Augen führen, wobei es sehr gut ist, wenn in der Darstellung die vorangegangenen Illustrationen wieder anklingen. Das Thema wird dabei sprachlich und optisch (hier als braunes Feld) sowohl deutlich markiert als auch umgrenzt. – Einleitungen mit dieser Art des Aufbaus sind ungemein häufig.

Nach einem derartigen Hinführen auf das Kernthema hat das Auditorium bereits viel erfahren: die Gliederung des Groß-Bereiches, die beiden Teil-Aspekte, jeweils als Übersicht und Erläuterung, die Überlappung der Teil-Aspekte und – daraus abgeleitet – die verständliche Fragestellung des Themas im engeren Sinne. Viele Zuhörer, die noch gar nicht bzw. kaum mit diesem Bereich zu

**Im Zweifelsfall:**
**mehr an Übersicht und weniger an Details.**

tun hatten, dürften am Abschluß einer sorgfältigen Einleitung schon recht zufrieden sein mit dem Vortrag. Wäre er dort zu Ende, hätten sie dennoch schon ein befriedigendes Maß von Neuem gehört. – Für den Vortragenden bietet solch eine Einleitung die zuverlässige Basis für die Vermittlung seines eigentlichen Anliegens, nämlich des Haupt-Teils.

Leider gehört die Einleitung zu den Punkten, die recht häufig sträflich vernachlässigt werden, und zwar insbesondere aus zwei Gründen: Vor allem Redner, die selten vortragen, gehen infolge von Betriebs-Blindheit unbewußt davon aus, im Auditorium säßen nur Personen ähnlicher Arbeitsrichtung und vergleichbarer Kenntnisse. Sie haben sich also nicht klargemacht, wer zuhören wird und was die Zuhörer an Kenntnissen mitbringen. Bei solchen Darbietungen gehen die Vortragenden nach einem flüchtigen »Guten Tag« sofort zu den Details über, und schon in den ersten Minuten ist zu erkennen, daß die Zuhörer nicht zu folgen vermögen. Der Vortragende versucht gewissermaßen, sein stolzes Informations-Gebäude ohne Fundament zu errichten, allerdings

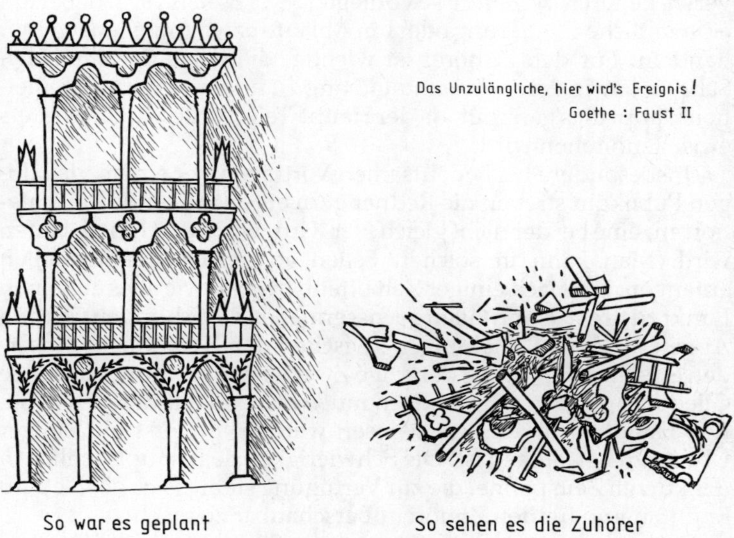


So war es geplant So sehen es die Zuhörer

(17) Auswirkung einer mangelhaften Einführung auf das Informations-Gebäude

mit entsprechenden Konsequenzen (17). Nicht selten beobachtet man diese Vorgehensweise bei Wissenschaftlern, die sich ausschließlich mit Forschung befassen und dabei durchaus erfolgreich sind. Im Labor können sie langsam den Bezug zum Wissens-Stand des Restes der Welt verlieren und dann – eingeladen zum Vortrag – ein Fiasko hervorrufen. – Ein zweiter Grund für mangelhafte Einleitungen ist falsch verstandener Zeitdruck. Jeder Vortragende muß sich kurz fassen, doch versucht mancher, den Hauptteil durch Einsparung bei der Einleitung zu verlängern. Wegen der »Folge-Schäden« (17) ist genau dies völlig verfehlt.

Das Herz des Vortragenden schlägt für den **Haupt-Teil**. Um diesen Abschnitt zu vermitteln, kam er zum Vortrag, und dort kommen seine Kenntnisse und Leistungen am klarsten zur Geltung. Was die Gliederung betrifft, so wird in den allermeisten Fällen eine lineare Anordnung der einzelnen Informations-Schritte angestrebt (18). (In beiden Teilen dieser Abbildung markiert der kurze, schwarz-weiße Pfeil den Schluß-Teil.) »Zuerst nahm man folgendes an . . . Dann wurde klar, daß auch ein weiterer Aspekt eine große Rolle spielt . . . Es folgte die zweite Umwälzung . . . Und heute hat man erkannt, welche wesentlich verwickelteren Verhältnisse vorliegen . . .« Es kann sich dabei um eine zeitliche Gliederung oder um Abläufe bzw. Vorgehensweisen handeln. Für den Zuhörer ist wichtig, die Folge der einzelnen Schritte sowie deren Zusammenhang zu erkennen. Im allgemeinen klappt dies ganz gut, da der Haupt-Teil von den Rednern stets ernst genommen wird.

Insbesondere bei bedeutsamen Vorträgen vor einem vielfältigen Publikum streben die Redner gern eine spannende Präsentation an, eine bei der nicht gleich klar wird, worauf es hinauslaufen wird. Man kann in solchen Fällen an verschiedenen Stellen anfangen; erst nach einiger Zeit offenbart sich, wie alles auf einen Punkt zustrebt. Dann fallen gewissermaßen die Schuppen von den Augen, und die Beziehungen zwischen den Komponenten werden erkennbar (18). Für derartige Zwecke findet eine netzförmige Gliederung Verwendung, doch muß warnend auf deren schwierige Handhabbarkeit hingewiesen werden, die erst mit einiger Übung zu bewältigen ist. Die Schwierigkeit liegt hauptsächlich in der kurzen Zeitspanne, die zur Verfügung steht, solch ein Netz zu knüpfen und für den Zuhörer überschaubar zu machen.

Erinnerungen sind die Spuren, die Bilder-Vorträge hinterlassen, ganz unabhängig davon, ob die Präsentation gut oder schlecht war. Man erinnert sich beispielsweise an einen Vortrag mit

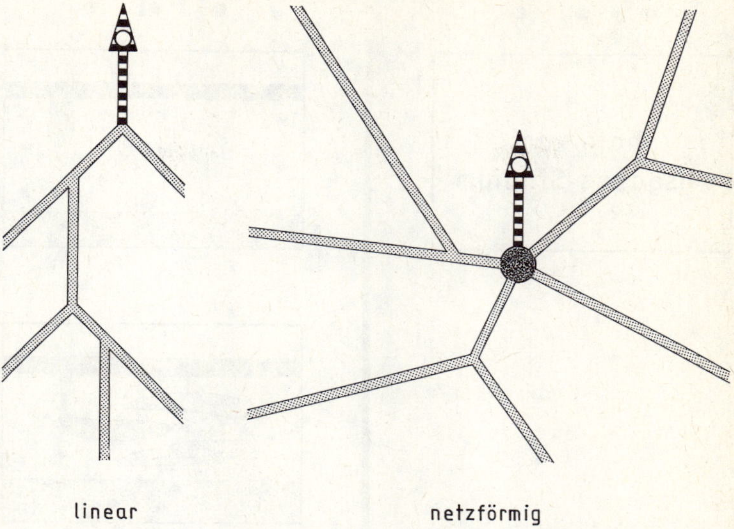


(18) Wichtigste Gliederungs-Arten des Haupt-Teils

eindrucksvollen, bunten Bildern alter Teppiche oder an den Kerl, der in speckigen Jeans und Turnschuhen daherkam, dem Publikum den Rücken zukehrte und Unverständliches vor sich hin nuschelte. Andere Teilnehmer werden von denselben Vorträgen völlig abweichende Erinnerungen haben: Der Redner hatte eine lange Narbe unter dem linken Ohr, oder ein Bild stand zunächst auf dem Kopf und als es nach mindestens fünf vergeblichen Versuchen schließlich richtig erschien, erklärte es der Vortragende für unwichtig . . . – Für denjenigen, der versucht, komplizierte Information möglichst dauerhaft zu vermitteln, ist dies naturgemäß unbefriedigend, da er ja möchte, daß die wichtigen Punkte nicht oder zumindest nicht schnell vergessen werden.

In dieser Lage braucht man keineswegs zu verzweifeln und den Vortrag mehr oder weniger im Sande verlaufen lassen, sondern man sollte einen eigenen Abschnitt der Präsentation der wichtigen Aufgabe widmen, den Kern der Darstellung im Gedächtnis der Zuhörer zu verankern. Dies ist deshalb nötig, weil für das Gedächtnis andere Gesichtspunkte im Vordergrund stehen als diejenigen, welche für das Verständnis bedeutsam sind. Im

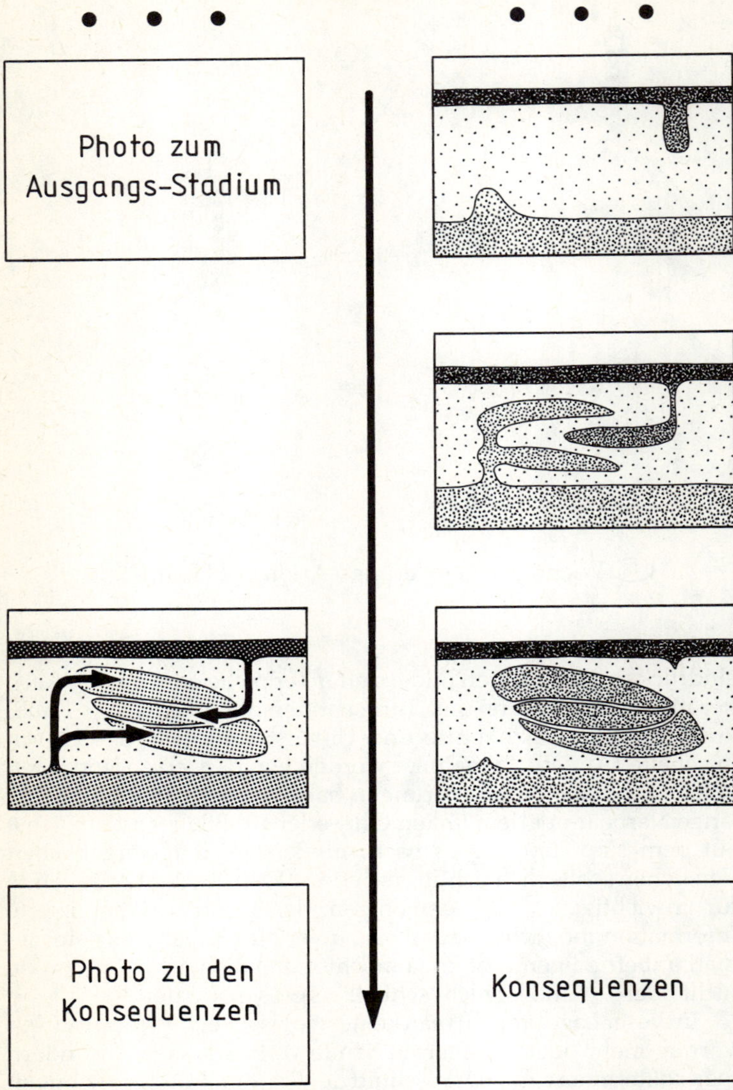


(19) Beispiel für die Gliederung des Abschlusses

Zusammenhang mit (13) und (14) wurde bereits auf solche Unterschiede hingewiesen, und später wird noch ausführlich darauf eingegangen werden. Hier ist nur zu betonen, daß der Schluß-Teil der gedächtnis-gerechten Vertiefung und Aufarbeitung dienen sollte.

Ohne hier in die Einzelheiten zu gehen, wollen wir uns ein Beispiel für einen Abschluß bzw. **Schluß-Teil** anhand von (19) ansehen. Es handelt sich wieder um eine Folge schematischer Illustrationen, und die Lese-Richtung ist – wie schon in (16) – ebenfalls durch den Pfeil in der Mitte gekennzeichnet. Die Darstellung habe die Embryonal-Entwicklung eines kleinen Organs zum Thema gehabt. Nachdem die Details präsentiert wurden, wird zunächst der Ausgangs-Zustand anhand der ersten beiden Illustrationen in vereinfachter Form nochmals vor Augen geführt. Diese Bilder sollten klare Beziehungen zum Anfang des Vortrages aufweisen, ohne mit früher gebrachten Abbildungen identisch zu sein. Es folgt eine vereinfachende Übersicht eines entscheidenden Zwischen-Stadiums – mit der Absicht, alle Aufmerksamkeit auf diese einzelne Darstellung zu konzentrieren.

Daran schließt sich das Schema des fertigen Organs an, das durch seine homogene Erscheinung ursprünglich die Verwirrung stiftete. Dies ist gekoppelt mit dem gleichzeitig dargebotenen Entwicklungs-Schema, welches seinerseits auf das daneben dargestellte Bild abgestimmt ist. Den Abschluß bilden – und für die Erinnerung ist dies bedeutsam – zwei Illustrationen, welche die Auswirkungen der gesamten Untersuchung charakterisieren sollen: Man merkt sich Befunde um so besser, je klarer deren Bedeutung erfaßt worden ist. (Unter anderem aus diesem Grunde haben die hunderte von Gedächtnis-Tests mit sinnlosen Silben kaum praktisch Verwertbares gebracht.) Durch einen derartigen Schluß-Teil wird der Stoff vertieft und neu durchgearbeitet anhand einfacher Darstellungen; dies kommt dem Gedächtnis sehr entgegen.

Zur sorgfältigen Planung der Bild-Präsentationen ist es erforderlich, daß der Vortragende den Überblick über die gesamte Darstellung gewinnt und auch behält. Dazu ist es günstig, auf einer großen, hellen Fläche – am besten einem Leuchttisch – die gesamten Illustrationen so wie geplant zusammenzustellen. Zu diesem Zeitpunkt sollte der Redner an die Zuhörer denken, an ihre Kenntnisse, ihre Wünsche und an ihre Aufnahme-Fähigkeit. Er muß sich fragen, ob er an alles gedacht hat oder ob Erläuterungen zu diesem oder jenem Punkt noch erforderlich sind. Fast stets hat sich der Vortragende dabei schweren Herzens von einigen Illustrationen zu trennen, um eine Überladung zu vermeiden, denn weniger bedeutet meistens mehr!

## Der zeitliche Rahmen

Beim Bilder-Vortrag opfern die Zuhörer ihre knappe Zeit und erwarten dafür vom Vortragenden eine in sich abgeschlossene Darstellung. In Anbetracht der kostbaren Zeit kann die alte Ermahnung an die Redner durchaus als Richtschnur gelten: »Sie können über alles reden, nur nicht über eine Stunde!« In **40 bis 50 Minuten** muß der Vortrag beendet sein, und alles, was darüber hinausgeht, ist schlecht. Nicht nur wegen des generell hohen Wertes der Zeit, sondern auch, weil die Aufnahme-Fähigkeit der Zuhörer dann erschöpft ist. Jeder Vortragende steht daher unter großem Zeitdruck, muß er doch in dieser knappen Spanne alle drei Haupt-Abschnitte einer Darstellung mit ihren verschiedenen Anforderungen absolvieren. Jeder Vortrag sollte damit von der zwingenden Notwendigkeit geprägt sein, alles wegzulassen, was nicht unabdingbar nötig ist. Durch gründliche Vorbereitung sollte erreicht werden, im Vortrag selbst keine Zeit mit Formalitäten zu verschwenden.

Es ist keine leichte Aufgabe für den Redner, während des Bilder-Vortrages den Überblick über den zeitlichen Verlauf zu behalten. Bei wichtigen Präsentationen empfiehlt es sich daher – zumindest für Ungeübte – den Vortrag probeweise daheim zu halten zur Überprüfung des Zeitbedarfs. In jedem Falle sollte sich der Vortragende bei der Gliederung des Vortrages einen zeitlichen Rahmen setzen, den er während der Präsentation an bestimmten **Kontrollstellen** überprüft. Das kann beispielsweise so aussehen: Die Einleitung muß nach 10 Minuten abgeschlossen, das Ende des Haupt-Teiles nach insgesamt 30 Minuten erreicht sein, und die letzten 10 Minuten dienen der gedächtnis-gerechten Vertiefung und Aufarbeitung. Fünf Minuten sind als stille Reserve eingeplant, für unvorhersehbare Fälle.

Sowohl der ständige Zeit-Druck als auch die Besonderheiten des Bilder-Vortrages lassen davon abraten, Illustrationen im Vortrag zu verwenden, die anderen Zwecken dienten und – beispielsweise – bei ihrem Entstehen ins Prokrustesbett einer Fach-Publikation gepreßt wurden. Für deren Verständnis sind nicht nur große Kenntnisse erforderlich, sie pflegen zudem vollgestopft zu sein mit mehr oder weniger sinnvollen Konventionen. In solchen Fällen steht dann der arme Redner vor dem Bild, mit dem Rücken zum Publikum, und fängt an zu erzählen, was man da sehe, wie das Bild gemeint sei, und natürlich, was MIP und ZIP und ZOP bedeuten, daß es nicht auf die durchgezogene Linie ankomme, sondern auf die punktierte, auch wenn die leider schlecht erkennbar sei usw. Während die Uhr läuft, verschwendet der Vortragende seine kostbare Zeit mit Formalitäten, die absolut nichts zum Verständnis des Themas beitragen. Indem er gezwungen ist, seine Darstellungen sozusagen zu übersetzen, begeht er den häufigsten Fehler schlechter Vortragender: Sie vergeuden oft mehr als die Hälfte der Vortrags-Zeit auf das unnötige Erläutern solcher Formalien! Dafür ist die Zeit der Präsentation viel zu schade. – **Gute** Redner erläutern Sachverhalte, **schlechte** erklären Abkürzungen!

Beim wirkungsvollen Vortrag sind die Illustrationen so ausgearbeitet, daß die Zuschauer sofort und ohne Mithilfe des Vortragenden erkennen, worum es geht. Der Redner ist dann frei, Zusammenhänge aufzuzeigen oder die Aufmerksamkeit der Zuhörer auf wesentliche Punkte zu lenken. Die Arbeit des Erläuterns wird in derartigen Fällen in die Vorbereitung der Illustrationen gesteckt, wodurch dieser Redner überlegene Darstellungen hat und viel Zeit gewinnt. Insgesamt läßt sich dadurch ein Mehrfaches an Information übermitteln, verglichen mit jemandem, der sich mit unbrauchbaren Illustrationen begnügt. Der große Zeitdruck beim Vortrag zwingt dazu, alles, was nur irgend geht, in die Vorbereitung zu verlagern, um dann bei der Präsentation selbst schnell und wirkungsvoll auf diese vorher komprimierte Information zurückgreifen zu können. Je kürzer die zur Verfügung stehende Vortrags-Zeit und je vielseitiger das Thema, desto größer ist dieser Zwang zu umfangreichen Vorarbeiten. Hinzu kommt, daß es die Zuhörer um so leichter haben, je mehr Arbeit der Vortragende vorweg geleistet hat.

Viele Redner sind sich über die knapp bemessene Zeit im klaren, und sie versuchen, dem auf unterschiedliche Weise zu begegnen. Am häufigsten wird schlichtweg der Zeitrahmen überschritten, d. h., der Vortragende redet einfach länger als er sollte. Die Zuhörer erkennen, daß der Redner seine unzureichende Vorbereitung auf ihre Kosten kompensiert, denn Zeit ist kostbar. Durch weniges kann man so sehr den Zorn der Zuhörer hervorrufen wie durch das Überziehen der Zeit – vor allem, wenn dies wegen des Erzählens von Nebensächlichem geschieht. Die Zuhörer haben ihre wertvolle Zeit anderweitig verplant, und sie neigen in solchen Fällen – zu Recht – zum vorzeitigen Verlassen der Darbietung. Fällt ein guter Vortrag kürzer aus als vorgesehen – was allerdings recht selten vorkommt – entstanden daraus noch nie Nachteile, ganz im Gegenteil, die Zuhörer sind angenehm überrascht.

Schlichtes Weiterreden über die vorgegebene Zeit hinaus ist natürlich unhöflich, doch ein größeres Auditorium erzeugt bei manchen Vortragenden einen ungezügelten Rededrang, dem sie mit Tricks zum Durchbruch zu verhelfen suchen. Ist die maximale Redezeit abgelaufen, hört der Redner zunächst mehr oder weniger unvermittelt auf. Mit dem Hinweis, er glaube, die Zuhörer würden gerne über folgendes Gebiet auch etwas erfahren, und er habe – ganz zufällig – dazu einige Bilder dabei, die vorzuführen er selbstverständlich bereit sei, redet er weiter. Ehe die verblüfften Zuhörer wissen, wie ihnen geschieht, sehen sie sich als Gefangene eines weiteren Vortrages, der mit dem ersten manchmal gar nichts gemein hat. Dies ist der Zeitpunkt für das Einschreiten des Einladenden bzw. Diskussions-Leiters, um derartig ungezügelte Selbst-Darstellung zu stoppen.

Nach dem Überziehen der Zeit ist das Überladen der Darstellung die zweite **schlechte Strategie**, mit der knappen Zeit zurechtzukommen. Dabei wird versucht, mehr an Information in den engen Zeit-Rahmen zu pressen, als die Zuschauer aufnehmen und verarbeiten können. Bildliche Darstellungen sind dann zu vollgepackt mit Details, um in der kurzen Zeit ihrer Präsentation im Vortrag von der Zuhörerschaft aufgenommen zu werden. Zwar läßt sich dadurch die Zeit einhalten, doch wird die Vermittlung lückenhaft oder – infolge von Mißverständnissen – gar falsch. Hinzu kommt, daß sich das Gedächtnis gegen die Übernahme zu umfangreicher, komplizierter Darstellungen wehrt.

**Der Schlüssel zum verständlichen Vortrag:**
- **nur Wesentliches vermitteln**
- **den Inhalt übersichtlich gliedern,**
- **kleine Informations-Bissen formen.**

Bilder-Vorträge gibt es in verschiedenen **Varianten**, z. B. den Kurzformen bei vielen Kongressen und Tagungen oder den

Vortrags-Serien der Vorlesungen bzw. ähnlichen Unterrichts. Auch für diese gilt das hier Dargestellte: Es ist lediglich insofern anders – und in mancher Hinsicht leichter als beim allgemeineren Vortrag –, als die Zuhörerschaft meist verhältnismäßig einheitliche Vorkenntnisse mitbringt. Damit vereinfacht sich die Einleitung stark, und auch im Hinblick auf das Gedächtnis läßt sich eine derartige Zuhörerschaft in ihrer Reaktion leichter abschätzen als ein unbekannteres Publikum. Bei den großen Kongressen mit oft mehreren hundert Vorträgen verschiedenster Thematik ist selbstverständlich die Ermüdung der Teilnehmer zu berücksichtigen. Wer bei einer solchen Groß-Veranstaltung erst am vierten oder fünften Tage vorträgt, sollte vorsorglich seine Darstellung besonders einfach gestalten.

Aus dem bisher Gesagten ist erkennbar, daß ein Vortrag in Einleitung, Haupt-Teil und Abschluß zu gliedern ist und der Zeitbedarf genau geplant werden muß. Hinzu kommt noch eine Gliederung der angebotenen Informationen in einzelne, leicht verständliche Abschnitte, die sich meist um Illustrationen gruppieren. Keinesfalls sollte man all das zusammenfassen, was man vereinigen kann. Als Beispiel dafür mögen (13) und (14) dienen. Der Inhalt beider Darstellungen ließe sich bequem in einer Illustration vereinigen. Die wäre allerdings komplizierter und vor allem heterogen. Es bliebe den Zuschauern überlassen, selbst den Aspekt »Aufnahme und Verarbeitung der Information« der vereinigten Darstellung zu entnehmen, und dasselbe gälte für den Aspekt »Einfluß von Ausbildung und Erfahrung«. Dieses Zerlegen ist für den Zuhörer mühsam, da gleichzeitig die Erklärungen des Vortragenden Aufmerksamkeit verlangen. Für den Betrachter ist es bequemer – und damit wirkungsvoller –, wenn beide Aspekte getrennt angeboten werden. Es fällt zudem unvergleichlich leichter, sich fertige Darstellungen einzuprägen – die man direkt vor Augen hat – als solche, die sich der Betrachter in aller Eile im Vortrag notdürftig selbst basteln muß.

Abschließend läßt sich sagen, daß die Vermittlung **geistiger Nahrung** – und dazu sind Dia-Vorträge zu rechnen – ganz ähnliche Merkmale aufweist wie das Speisen im Restaurant: Entscheidend ist in beiden Situationen nicht die absolute Menge des Gebotenen, sondern die Auswahl der Zutaten, die sorgfältige Vorbereitung und die manierliche Präsentation.

# Optische Wahrnehmung

Hatten wir es bislang mit den Besonderheiten der Bilder-Vorträge als Vehikel der Informations-Vermittlung zu tun, so geht es in diesem Abschnitt um die praktische **Gestaltung** optischer Information für Vorträge. Dem kommt insofern große Bedeutung zu, als die Effektivität der Darstellung ganz entscheidend von der Bebilderung abhängt und die außerordentlichen Möglichkeiten von Dia-Vorträgen nur durch optimale bildliche Darstellungen zu erreichen sind. Es bedarf dabei keiner Betonung mehr, daß die Illustrationen auf das Publikum zugeschnitten sein müssen, damit sie schnell und problemlos erfaßt werden können. So etwas ist um so leichter, je mehr man dem menschlichen Wahrnehmungs-Apparat entgegenkommt: durch Präsentation von Darstellungen, die er bequem – und damit auch schnell und zuverlässig – verarbeiten kann.

Zuerst wollen wir uns den verschiedenen Spielarten von Linien zuwenden, danach den Flächen und schließlich den Farben – stets unter dem Gesichtspunkt der Anwendbarkeit bei Bilder-Vorträgen. Streng genommen sind Schrift-Zeichen und mit Tusche gezogene Linien auch Flächen, doch weil bei ihnen die Linien-Form im Vordergrund steht und nicht so sehr der Inhalt der Fläche, wollen wir die Bezeichnung »Linien« beibehalten.

## Schrift

Schrift ist zweifellos die für uns bedeutsamste Form der Linie, und da jeder schon mit unlesbarer Beschriftung konfrontiert wurde, soll unser Augenmerk zunächst darauf gerichtet sein. Alle diesbezüglichen Schwierigkeiten resultieren daraus, daß man sich vorneweg nicht klargemacht hat, wie ein bestimmtes Bild für den Zuschauer in der letzten Reihe aussehen wird. Im Kapitel über die

Situation des Dia-Vortrages war bereits geschildert worden, wie einfach dies getestet werden kann: Ein Bild wird aus einer Entfernung betrachtet, die 8mal so groß ist wie die größte Abmessung des Bildes! Als Beispiel wollen wir eine Seite aus einem großen Atlas, mit Abmessungen von 38 cm mal 50 cm, betrachten. Um die Verwendbarkeit dieser Atlas-Seite als Vorlage für ein Dia zu überprüfen, müssen wir sie aus einer Entfernung von 8 mal 50 cm, also aus 4 m Entfernung, anschauen. Von der Beschriftung ist unter dieser Bedingung nur das allerwenigste erkennbar.

Der Schlüssel für die **Lesbarkeit** von Schrift liegt **beim Dia** nicht in der absoluten Größe der Buchstaben, sondern in ihrer Relation zur Gesamt-Größe des Bildes (20). Um dies zu demonstrieren, sind in (20) verschiedene Schrift-Größen in Relation gesetzt zu den Abmessungen der Darstellung, einmal beim normalen Bild und dann in der Größe eines Kleinbild-Dias. Selbstverständlich sollten auch diese Abbildungen aus einer Entfernung betrachtet werden, die dem 8fachen der Bildhöhe entspricht. Eine Höhe der Großbuchstaben von 1,5 % der maximalen Bild-Abmessung ist noch gut

**Wahrnehmungs-gerechte Darstellung:**
**kein Buchstabe kleiner als 1 Hundertstel der Bildgröße;**
**kein Strich dünner als 1 Tausendstel der Bildgröße.**

lesbar, in diesem Beispiel also der Name »Hannover«. Bei einer Schrifthöhe von nur einem Hundertstel kann das schon schwierig werden, weshalb wohl nicht alle Leser den Namen »Saarbrücken« unter diesen Bedingungen sicher zu entziffern vermögen. Damit ist klar: Die Höhe von Groß-Buchstaben sollte wenigstens 1 % der größten Bild-Abmessung betragen, um unter ungünstigen Bedingungen noch erkannt werden zu können!

Im genannten Beispiel der Seite aus einem Atlas wäre im ungünstigen Fall – auf den man sich aber einstellen muß – alles unleserlich, was mit einer Schrifthöhe von weniger als 5 mm gedruckt ist. Nimmt man tatsächlich einen Atlas, um dies unter den genannten Bedingungen zu überprüfen, so stellt man fest, auch etwas größere Schrift ist teilweise nicht lesbar; der Grund dafür liegt im Hintergrund der Schrift – und damit im Kontrast. In

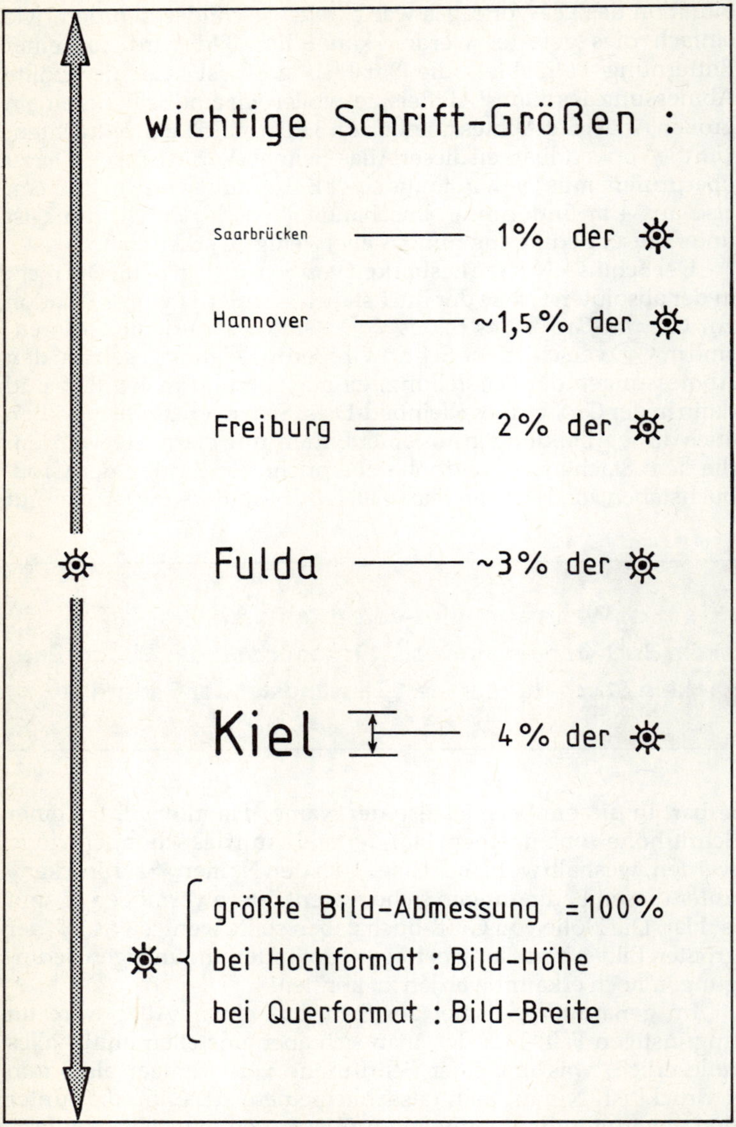


(20) Schriftgröße und Lesbarkeit

(20) Das entsprechende Dia

(20) ist der Kontrast sehr groß, da schwarze Schrift auf weißem Grund erscheint. Bei ungünstigeren Verhältnissen – z. B. bei schwarzer Schrift auf grauem Untergrund – wird die Lesbarkeit schlechter, vor allem, wenn der Hintergrund fleckig und unregelmäßig aussieht. Die Sehschärfe hängt ihrerseits von der Beleuchtung ab: Bis zu gewissen Grenzen nimmt sie mit der Helligkeit zu. Hinzu kommen noch die vielen Sehfehler, mit welchen die Zuschauer behaftet sind, sowie die Tatsache, daß Lesen kaum erkennbarer Schrift mühsam ist und viel Zeit benötigt. Solche Gesichtspunkte lassen es ratsam erscheinen, die **minimale Größe der Schrift auf etwa 1,3 % bis 1,5 % der Bild-Größe** festzulegen. Auf keinen Fall sollte dieser Grenz-Wert unter 1 % der Bildgröße liegen. Um einen Eindruck zu gewinnen, wie diese minimale Schrift-Größe für jemanden in der letzten Reihe eines schlechten Vortrags-Raumes aussieht, kann man ein normales Auto-Kennzeichen aus einer Entfernung von 64 m lesen bzw. zu lesen versuchen!

Diese Bedingungen für gute Lesbarkeit können auch anders dargestellt werden, ausgehend entweder von einem gewünschten Lese-Abstand oder von einer vorgegebenen Schrift-Größe. Sicherheitshalber sollte man – aus den eben genannten Gründen – etwas von der Sichtbarkeits-Grenze entfernt bleiben. Wieder ergibt sich damit eine erfreulich einfache Beziehung: Die Lesbarkeit von guter Schrift ist gegeben bis zum **Leseabstand** vom 500fachen der Buchstaben-Größe. (Letzterer Wert bezieht sich auf die Höhe der Groß-Buchstaben; bei guter Schrift beträgt die Strich-Dicke etwa ein Zehntel der Höhe der Groß-Buchstaben.) Es ist davon auszugehen, daß ein Auto-Aufkleber oder ein Poster, mit Buchstaben von 1 cm Höhe, nur innerhalb einer Entfernung von 5 m sicher gelesen werden kann. – Selbstverständlich gilt dies auch für Vortrags-Räume, und daher wäre es gewiß eine nette Aufmerksamkeit, wenn – davon ausgehend – neben jeder Tafel ein Schildchen angebracht wäre, das den Vortragenden über die für diesen Raum geltende minimale Zeichen-Größe informierte, für den Fall, daß er etwas anschreiben möchte.

Illustrationen verdeutlichen die Unterschiede zwischen Dia und Buch. Bei der Herstellung eines üblichen Buches wird auf möglichst einheitliche Beschriftung der Abbildungen geachtet, was bedeutet, daß eine bestimmte Schrift-Größe benutzt wird, unabhängig von der im Druck erscheinenden Endgröße des Bildes. Im Verhältnis zur Bild-Größe weisen kleine Abbildungen relativ große Beschriftungen auf und große Illustrationen entsprechend kleine. Beim Dia hingegen ist darauf zu achten, die Schrift-Größe zur Bild-Größe in Relation zu setzen, und sie vor allem nie kleiner als 1% davon werden zu lassen. Dies zeigt deutlich, daß generell Buch-Abbildungen für den Dia-Vortrag um so schlechter werden, je größer sie sind.

Manchmal möchte man gerne wissen, ob die Lesbarkeit eines vorliegenden Kleinbild-Dias – auch unter ungünstigen Verhältnissen – noch gegeben ist. Dies kann man überprüfen, indem dieses Dia vor einem hellen Hintergrund mit bloßem Auge aus 30 cm Entfernung betrachtet wird. Nur der Teil der Beschriftung, welcher dann lesbar ist, entspricht den Anforderungen an wirklich gute Dias! Obwohl es sich dabei um ein gedrucktes Dia handelt, kann man sich anhand von (20) davon ein Bild machen.

Erfreulicherweise läßt sich der Grenz-Wert von 1% bequem handhaben: Eine Zeichnung von 25 cm mal 30 cm erfordert eine minimale Schrifthöhe von 3 mm, besser noch von 3,5 bis 4,0 mm. Große Vorlagen, wie sie von Zeichnern und Graphikern geschätzt werden, verleiten zur Verwendung zu kleiner Beschriftung. Beim Zeichen-Format von 80 cm mal 100 cm beispielsweise ist eine minimale Schrift-Höhe von 10 mm erforderlich! Diese leicht zu bestimmende Größe ermöglicht es, die Lesbarkeit von Entwürfen und Dia-Vorlagen schon im Vorbeigehen recht genau abzuschätzen. Für die Verwendung als Dia-Vorlagen bringen sehr große Zeichnungen somit keine Vorteile. Ganz im Gegenteil, sie verführen nur zur inhaltlichen Überladung der Darstellung.

Eine weitere wichtige Beziehung kann man aus (20) entnehmen. Zur Beschriftung der Zeichnung wurden die üblichen genormten Tuschestifte und Schreib-Schablonen verwendet. Solche Schrift ist dadurch gekennzeichnet, daß die Strich-Dicke ein Zehntel der Höhe der Groß-Buchstaben ausmacht, was eine gute Erkennbarkeit bedingt. Aus der minimalen Buchstaben-Höhe läßt sich damit zwanglos die minimale Strich-Dicke ableiten: Sie darf ein Tausendstel der maximalen Bild-Abmessung nicht unterschreiten. Glücklicherweise ist auch dies eine leicht handhabbare Größe. Die schon genannte große Zeichnung von 80 cm mal 100 cm erfordert folglich eine minimale Strich-Dicke von 1 mm für den anzustrebenden Fall, daß die Darstellung als Dia stets erkennbar sein soll. Graphiker neigen dazu, auch ihre großen, eindrucksvollen Zeichnungen mühevoll mit dünnen Linien und kleinen Zeichen zu versehen – doch diese Arbeit kommt beim Dia kaum zur Geltung. Die Erkennbarkeit der Dia-Form einer so großen Illustration sollte zur Kontrolle aus 8 m Entfernung überprüft werden!

Es wurde schon weiter oben auf die Nützlichkeit des (relativen) Betrachtungs-Abstandes hingewiesen (9), doch soll die Bedeutung dieses Wertes anhand der beiden Teile von (21) vorgeführt werden. Wesentlich ist, daß die Schrift-Höhe in beiden Beispielen gleich ist; sie beträgt jeweils rund 3,3 % der größten Abmessung des hell erscheinenden Bereiches. Die starken Unterschiede zwischen beiden Teilen werden somit durch die Projektions-Bedingungen – und damit durch Eigenheiten des Vortrags-Raumes – verursacht.

An dieser Stelle muß noch kurz auf die genormten Schriften bzw. Schrift-Schablonen eingegangen werden. Wichtige Zeichen, wie (+), (−), (.), (:), (,), (%) usw., sind im Vergleich zu den anderen Schrift-Zeichen zu klein bzw. zu dünn. Wenn die Buchstaben gerade noch lesbar sind, können diese für das Verständnis wichtigen Elemente nicht mehr erkannt werden. (Die Lesbarkeit wird durch Normung nicht verbessert.) Bei Verwendung von kleiner Schrift müssen solche Zeichen dicker und größer ausgeführt werden, um ähnliche Erkennbarkeit zu gewährleisten wie die anderen Zeichen.

Schnelle Erfaßbarkeit von Schrift hängt allerdings nicht nur von den optischen Gegebenheiten ab. Die meisten Fach-Sprachen

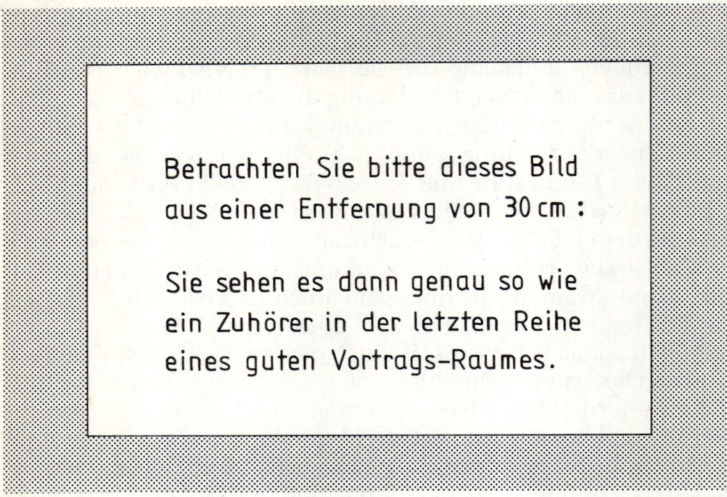


(21) Betrachtungs-Abstand 4
(Schriftgröße wie gegenüber)

– sowie die deutsche Sprache im allgemeinen – neigen zu bandwurm-artiger Verkettung von Worten und ganzen Begriffen. Da gibt es eine »Articulatio talocalcaneonavicularis« oder eine »Rauchabschnittsschutztürenmarkierungsregelung« neben vielem anderen. Manche empfinden es sicher als ein erhebendes Gefühl, ihren Zuhörern derartige Mißbildungen – regelrechte Sprach-Würmer – vorsetzen zu können. Für den Zuhörer heißt das jedoch erst einmal, diese scheinbar chaotische Folge von Buchstaben zu analysieren, um sie zu verstehen. Während dieser Zeit hört er natürlich nicht auf die Erläuterungen des Vortragenden. Da jedoch beim Vortrag alles zu vermeiden ist, was unnötigerweise Zeit kostet, muß die Beschriftung von Illustrationen so erfolgen, daß sie sofort erfaßt wird. In der Praxis heißt das, alle langen Wörter zu vermeiden oder sie optisch – durch einen Bindestrich – in Sinn-Abschnitte zu gliedern. Die Verwendung derartiger Bindestriche bedeutet gleichzeitig eine Betonung der einzelnen Komponenten: Buchstaben-Größe, Wort-Verständnis oder Dia-Vortrag lesen sich wesentlich leichter als Buchstabengröße, Wortverständnis oder Diavortrag. Trägt ein Begriff in anderem Zusammenhang keine so

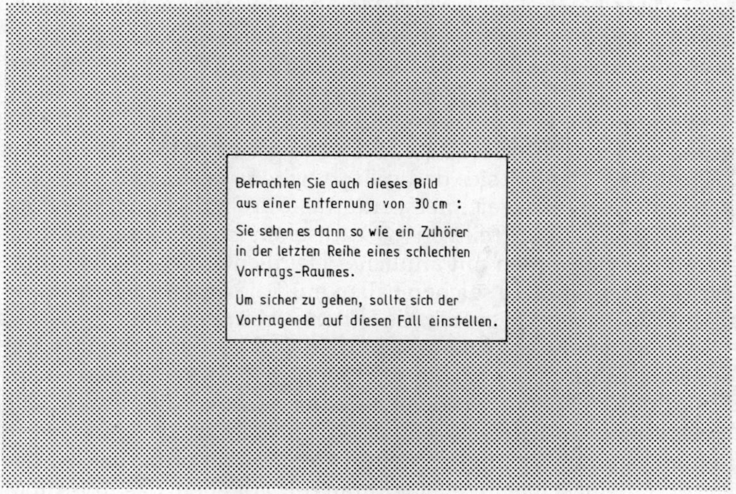


(21) Betrachtungs-Abstand 8
(Schriftgröße wie gegenüber)

große Bedeutung, ist es nicht tragisch, wenn er dann als ein Wort zusammengeschrieben wird. Das Ziel des Dia-Vortrages liegt schließlich nicht in der Demonstration einheitlicher Rechtschreibung.

## Linien und Linien-Muster

Bildliche Darstellungen treten häufig als Linien-Diagramme in Erscheinung; daher wollen wir diese anhand der beiden Teile von (22) kurz besprechen, und es soll dabei vor allem um die Linien gehen. Links ist ein typisches Diagramm abgebildet, bei dem man erkennt, daß vier verschiedene Linien verwendet werden. Eine dieser Linien ist durchgezogen, während die drei anderen unterbrochen sind – mit zunehmend größeren Lücken zwischen den kurzen, schwarzen Abschnitten. Außerdem sind die stark unterbrochenen Linien dünner. Sieht man diese Abbildung aus einiger Entfernung an, so ist nur die durchgezogene Linie deutlich erkennbar, während die anderen zunehmend verschwinden oder erst bei genauerem Betrachten überhaupt entdeckt werden: Einige

Linien der Illustration werden damit ganz offensichtlich unterdrückt, und dies ist ein weit verbreiteter Fehler. Der Zweck einer Illustration besteht natürlich in der Vermittlung von Sachverhalten und nicht in der Unterdrückung von Linien.

Es muß folglich dafür gesorgt werden, derartige Linien klar unterscheidbar, für das Auge aber etwa gleich gut wahrnehmbar zu gestalten. Das läßt sich dadurch erreichen, daß die unterbrochenen Linien dicker gezeichnet werden als durchgezogene, wie es im rechts dargestellten Teil von (22) zu sehen ist. In dieser Fassung treten die vier Linien mit ähnlicher Deutlichkeit in Erscheinung. Als Faustregel gilt: In solchen Fällen muß die unterbrochene Linie um so dicker sein, je größer die Unterbrechungen sind.

Ein weiterer Gesichtspunkt wird in (22) verdeutlicht. Das Ziel der Übermittlung von Daten soll hier durch Darstellung in einem Koordinaten-System erreicht werden, wobei die Daten das Wesentliche und die Koordination dabei hilfreich sind. Diese Reihenfolge der Wichtigkeit sollte in der Illustration berücksichtigt werden. Beim schlechten Diagramm tritt vor allem das Koordinaten-System deutlich hervor, obwohl es allein keine Information vermittelt. Die Linien als eigentliche Träger der Information

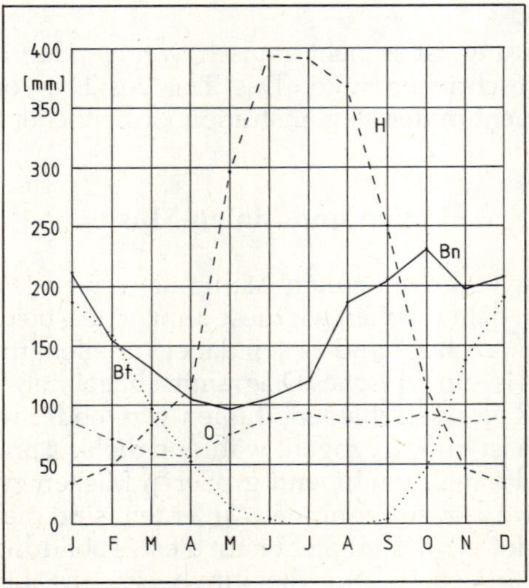


(22) Schlechtes Linien-Diagramm

bleiben dagegen zurück oder sie verschwinden gar weitgehend. Dabei handelt es sich um einen sehr häufigen Fehler. (Am deutlichsten ist links die Umrandung der gesamten Darstellung, von der manche Psychologen meinen, sie sei ein Produkt der unterschwelligen Angst, aus dem Rahmen zu fallen.) In der rechts abgebildeten Fassung von (22) treten die Koordinaten zugunsten der kräftiger gezeichneten Linien, auf die es ankommt, zurück.

Verfolgt man die vier Linien in (22) rechts, so bereitet dies keine Schwierigkeiten, da unser Wahrnehmungs-Apparat sehr leicht die Muster der unterbrochenen Linien zu erfassen, zu erkennen und auch zu verfolgen vermag. Diese **gute Muster-Erkennung** kann man sich zunutze machen durch die Verwendung seltener Muster. Eine Anordnung kurzer Linien verschiedenster Richtung und Krümmung auf engem Raum fällt sehr schnell auf, und je seltener solch ein Muster vorkommt, desto größer ist die psychologische Kopplung: Automatisch verbindet der Betrachter zwei gleichartige – aber seltene – Zeichen miteinander, und so läßt sich damit eine Verbindung von Inhalten herstellen. Ein Beispiel dafür ist – in Form eines Sternchens – in (9) zu finden. Handelt es sich um zwei gleichzeitig dargebotene Abbildungen, so kann man damit Bild-

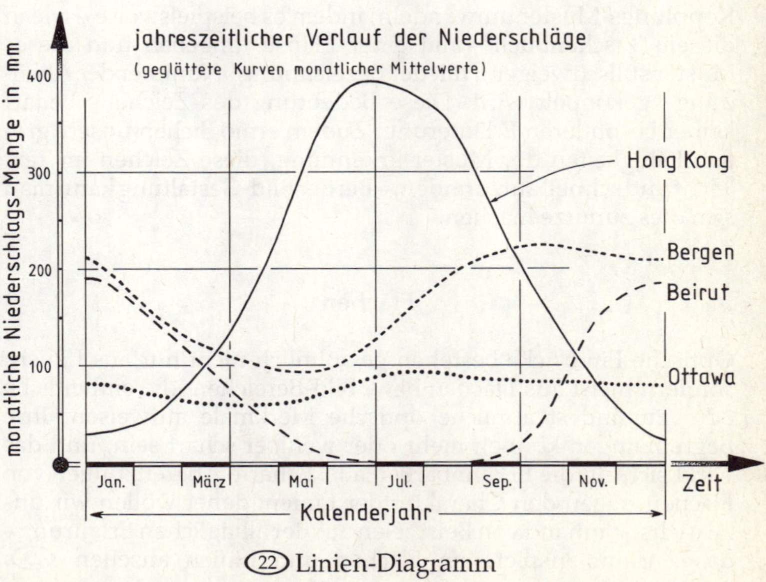


(22) Linien-Diagramm

Elemente verbinden, selbst über die Grenzen einer Illustration hinweg, siehe (44) und (45) oder (56) und (57). In (26) wurden verschiedene derartige optische Symbole verwendet, um die Darstellung freizuhalten von störenden Hinweis-Linien.

Entscheidend dafür sind Seltenheit und **Auffälligkeit der Muster**; folglich kommen Zahlen oder Buchstaben nicht in Frage, da unsere ganze Umwelt gerade davon nur so wimmelt. Beide stellen derart abgedroschene Muster dar, daß sie für solche automatischen Kopplungs-Aufgaben ungeeignet sind: Das eine »d« wird nicht selbstverständlich mit einem anderen »d« gleichgesetzt. Bei Büchern beispielsweise entstehen dadurch die üblichen

**Vorteile der Muster-Erkennung nutzen.**

Schwierigkeiten: Seiten werden mit Zahlen bezeichnet, aber auch Tafeln, Abbildungen, Kapitel, Tabellen. Das abgedroschene Linien-Muster »Zahl« läßt sich jedoch zu einem auffallenden Kopplungs-Muster umwandeln, indem es beispielsweise – wie in diesem Taschenbuch – mit einer Ellipse umgeben und dieses Muster stillschweigend mit der Bezeichnung »Nummer der Abbildung« gekoppelt wird. Diese Bedeutung des Zeichens bedarf keiner besonderen Erläuterung. Zudem ermöglichen unsere großen Fähigkeiten der Muster-Erkennung, diese Zeichen im Text leicht und schnell aufzufinden. – Bei der Bild-Gestaltung kann man sich dies zunutze machen.

## Flächen

Optische Eindrücke bestehen gewöhnlich nicht nur aus Linien, sondern meist aus Flächen bzw. Bild-Bereichen, die einheitliche oder zumindest ähnliche optische Merkmale aufweisen. Ihre Begrenzungen können mehr oder weniger scharf sein, und das wirkt sich auf die Erkennbarkeit aus. Scharfe Abgrenzungen von Flächen tragen den Charakter der Linien; daher wollen wir uns zunächst – anhand von Beispielen aus der alltäglichen Erfahrung – das Zusammenspiel von Flächen und Linien ansehen (23).

(23) Flächen und Linien

Dargestellt sind drei Blätter, von denen zwei (oben und links) durch Linien gleicher Dicke begrenzt sind. Ebenfalls bei zweien der Blätter ist die Blatt-Fläche durch eine Rasterung charakterisiert (oben und rechts), wobei derselbe Raster verwendet wurde. Als Ergebnis erhält man einmal eine gewissermaßen leere Fläche, die von einer Linie begrenzt wird; ferner eine graue Fläche, deren Umrandung linienlos ist und schließlich eine ebenfalls graue Fläche mit einer Linien-Begrenzung.

Da beim Vortrag schnelle und bequeme Erfaßbarkeit von Illustrationen entscheidend ist, wurde (23) als Dia einer großen Zahl von Zuschauern kurz vorgeführt, um danach die Eindrücke zu ermitteln. Das etwa drei Sekunden lang gezeigte Dia brachte eindrucksvolle wie unmißverständliche Ergebnisse: Die überwältigende Mehrheit gab an, das obere Blatt am schnellsten und besten erfaßt zu haben, während das Blatt unten rechts (Fläche ohne Linien-Begrenzung) am schlechtesten abschnitt. Kaum jeder zwanzigste entschied sich dafür. Wiederholt man derartige Tests mit anderen Bildern ähnlicher Gestaltung, so ergibt sich stets, daß

**Das Seh-System bevorzugt Flächen, die von Linien begrenzt sind.**

unser Seh-System Flächen bevorzugt, die von Linien begrenzt werden. Fehlt die umgrenzende Linie, sinkt die Erfaßbarkeit drastisch ab – ganz besonders bei hellen Flächen. Wir werden sehen, daß diese Feststellung auch auf bunte Flächen zutrifft. – Für die Gestaltung von Illustrationen erfordert dies Rücksichtnahme darauf und möglichst die Verwendung solcher Flächen, die von Linien begrenzt werden.

Werden Linien zur Begrenzung von Flächen benutzt, so arbeiten beide gewissermaßen zusammen, indem sie gemeinsam einen Teil des Bildes repräsentieren. Nicht selten hat man es jedoch auch mit Situationen zu tun, in denen Linien und Flächen gegeneinander antreten. Sie konkurrieren getrennt um die **Aufmerksamkeit** des Betrachters: Verhältnisse, die in (24) zum Ausdruck kommen. In ein historisches Gebäude – als reines Linien-Gefüge ausgeführt – ist ohne jeden Zusammenhang ein altes Zimmermanns-Beil als Fläche darübergezeichnet worden. Die Fläche des Beiles in der Zeichnung beträgt weniger als ein Hundertstel des von den vielen Linien strukturierten und umschlossenen Bereiches, und es stellt sich die Frage nach der schnellen Erfaßbarkeit dieser so stark unterschiedlichen Bild-Komponenten. Wird auch dieses Bild als Dia einer großen Zahl von Betrachtern kurz vorgeführt – wieder nur drei Sekunden lang –, so erfährt man, beide Komponenten werden etwa gleich gut erfaßt. Praktisch niemand übersieht eine dieser beiden; somit wird deutlich, daß die kleine, relativ dunkle Fläche für die Wahrnehmung etwa gleich viel bedeutet wie das große Linien-Gefüge.

Obwohl es recht reizvoll ist zu beobachten, mit welchem Erfolg bei verschiedenen Gegebenheiten Linien gegen Flächen um Aufmerksamkeit ringen, wollen wir es hier bei der Feststellung belassen, daß unsere Wahrnehmung – im Vergleich zu Linien – dunkle Flächen stark bevorzugt, insbesondere, sofern die Flächen relativ klein sind. (Bei großen dunklen Flächen hat das Seh-System gelegentlich Schwierigkeiten zu entscheiden, was als Bild gewertet werden soll und was als Hintergrund, wodurch Verwirrung entsteht. *Escher* hat die Wechsel-Beziehung zwischen Bild und

(24) Viele Linien gegen kleine Fläche

Hintergrund in vielen seiner Graphiken auf geniale Weise demonstriert.) Selbst relativ kleine, aber von Linien begrenzte Flächen werden sofort wahrgenommen; solche Bild-Komponenten sind damit für das Hervorheben von Illustrations-Bereichen bestens geeignet.

Nicht selten besteht ein Bild aus verschiedenen flächigen Elementen, so daß dem Problem ihres Zusammenwirkens Aufmerksamkeit zu schenken ist. Bei der Beobachtung der Effektivität derartiger Darstellungen erkennt man, wie günstig es ist, leichte, dünne Strukturen hell erscheinen zu lassen und schwere entsprechend dunkel. In (25) sind zwei – diesbezüglich unterschiedliche – Lösungen zum Vergleich zusammen abgebildet. Beim Segelboot im Vordergrund ist das Segel dunkel und der Bootsrumpf hell, während die Verhältnisse beim Segelschiff dahinter umgekehrt sind. Das führt beim Betrachten des Bootes zum Eindruck der Schwerfälligkeit, ganz im Gegensatz zum massiveren Schiff dahinter. – Zwar handelt es sich hier nicht um grobe Fehler, doch sollte man prinzipiell dem Seh-System soweit entgegenkommen, wie es bequem möglich ist.

(25) Leichte Strukturen als helle Flächen

Bei einfachen Beziehungen der Bild-Komponenten zueinander, wie beim Beispiel der Schiffe in (25), besteht keine große Notwendigkeit zur Hervorhebung dichter Strukturen. Handelt es sich aber um verwickelte, heterogene und sogar ineinander verschachtelte Strukturen – wie in (26) – werden der Aufbau des Bildes und das Verständnis der Gegebenheiten ganz wesentlich dadurch erleichtert, daß diese Komponenten – wie in (26) durchgeführt – um so dunkler erscheinen, je schwerer und dichter sie tatsächlich sind. Solche Darstellungen werden vom Betrachter ohne Erläuterung schnell verstanden – und genau dies soll ja erreicht werden. Solche Charakteristika erscheinen hier nicht zum ersten Male: Schon (4), (7) und (8) folgten diesen Prinzipien, und (45) zeigt Ähnliches, da es um die Darstellung von Strukturen geht. Davon kann man durchaus abweichen, doch sollte dies nur bewußt und damit anderer Vorteile wegen getan werden.

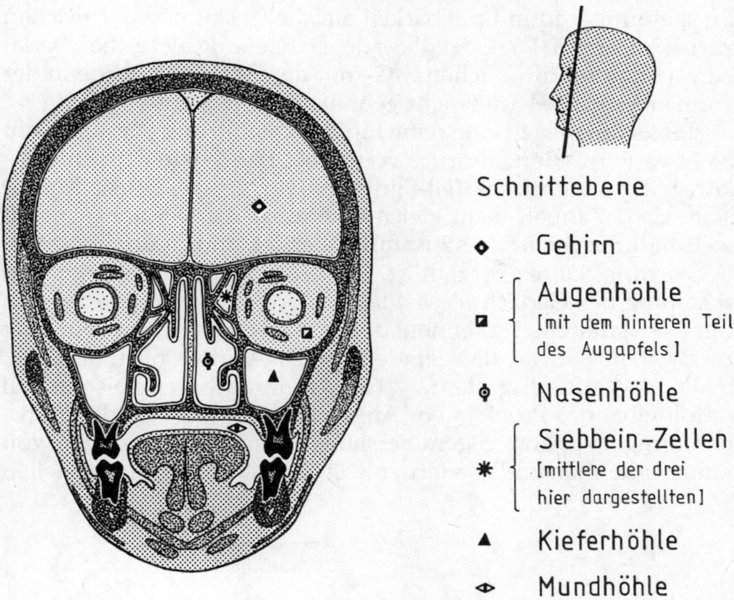


(26) Dichte Strukturen als dunkle Flächen

## Farbe

Bei den Farben haben wir es gewissermaßen mit besonderen Flächen zu tun. Zwar können Farben auch als Linien auftreten, doch führt genau diese Anwendung häufig zu Schwierigkeiten, so daß wir Farben hier deshalb in ihrer Haupt-Funktion, der Markierung von Flächen, behandeln wollen. Leider handelt es sich um einen Abschnitt, bei dem nur einige Gesichtspunkte bildlich vorgeführt werden können, da zur Vermeidung zu hoher Druck-Kosten nur wenig an Farbe zur Verfügung steht. Die modernen Farbfolien bieten hingegen dem Vortragenden bequemen Zugriff zum gesamten Farbspektrum.

Illustrationen pflegen oft vielseitig zu sein; dies bringt es mit sich, daß Linien und Flächen auftreten, wobei letztere sowohl hell-dunkel als auch bunt sein können. In (27) sind diese Möglichkeiten gegenübergestellt: durch Verwendung von Linien, die in allen drei Bild-Teilen identisch sind. Dadurch sind die Unterschiede in

Erscheinung und in Erfaßbarkeit auf die Gestaltung der Flächen zurückzuführen. Die Grundlage der Darstellung bildet die Überlagerung des Schrift-Zeichens »G« mit der Zahl »67«, beide in der Form einer heute kaum mehr gebräuchlichen Schrift.

Links unten liegt eine reine Linien-Ausführung vor, die einen recht verwirrenden Eindruck vermittelt. Führt man Betrachtern – kurzzeitig – nur dieses Teil-Bild allein vor, so melden sie Konfusion, da der Inhalt nicht gleich erkennbar ist. Der Seh-Apparat weiß natürlich nicht, was zusammengehört, und dadurch entsteht Verwirrung. Durch sorgfältige Analyse (verbunden mit der Einschaltung des Gedächtnisses) läßt sich diese Illustration zwar in ihren Bestandteilen erkennen, doch kostet dies viel Zeit. Und Zeit ist zweifellos etwas, das gerade beim Dia-Vortrag nicht im Übermaß zur Verfügung steht. – Dieses einfache Teil-Beispiel soll unmittelbar das Problem vor Augen führen, dem sich der Wahrnehmungs-Apparat gegenübersieht, wenn er eine Vielfalt von Linien erkennen und gliedern soll. Die meisten Diagramme stellen

(27) Flächen zur Formerkennung

die Wahrnehmung vor derartige Aufgaben. Solche, hier deutlich sichtbaren Schwierigkeiten mögen helfen, den Ruf nach leicht erfaßbaren Flächen zu unterstreichen: Man sollte dem Seh-System der Zuschauer mehr bieten als nur einen mehr oder weniger großen Linien-Wirrwarr!

Rechts unten in (27) wird das Auge unterstützt, indem die zusammengehörenden Komponenten als – jeweils einheitliche – Flächen markiert sind. Die Wahrnehmung fällt dabei wesentlich leichter, obwohl sich die inhaltliche Struktur des Bildes nicht geändert hat. Ein neues Merkmal kommt außerdem dadurch hinzu, daß dieses Bild aus zwei Schichten zu bestehen scheint, nämlich einmal dem tiefer liegenden »67« und dem scheinbar darüber liegenden »G«. Erreicht wird dieser Eindruck vor allem durch die dunklere Fläche der Struktur des Hintergrundes, die als Fläche nicht durch die hellere Bildkomponente des Vordergrundes hindurchscheint. Kehrt man die Verhältnisse um durch dunkle Ausführung der davor liegenden Komponente, so läuft man Gefahr, daß der Hintergrund wenig beachtet wird.

Eine derartige scheinbare Mehrschichtigkeit der Illustration ist recht angenehm für die Wahrnehmung, vorausgesetzt, die »Schichten« hängen inhaltlich zusammen. Manchmal läßt sich dies mit einfachen Mitteln erreichen, wie in (42) oder (45). Bei diesen Illustrationen liegen die Hinweislinien der Beschriftung scheinbar über der Zeichnung. Es wird dies schlicht durch die Vermeidung von »Kreuzungen« zwischen den Bild-Strukturen und den Hinweislinien erreicht. Letztere erhalten sozusagen Vorfahrt, was durch einen hellen Rand zum Ausdruck kommt – auf Kosten der darunter liegenden Struktur. Im Zusammenhang mit diesen flächigen, tiefer liegenden Bild-Bereichen wird dies vom Betrachter ohne Erläuterung erfaßt. Das Bild selbst kann damit schneller erkannt und verarbeitet werden.

Kommen wir zurück zu (27), und zwar zum oben dargestellten Teil, so muß wohl nicht mehr darauf hingewiesen werden, wie stark solche Farb-Flächen die Wahrnehmung der Bild-Komponenten fördern. Damit keine Rivalität zwischen bunten Bereichen aufkommt, sollten Farben sparsam verwendet werden, denn nur unter hell-dunklen Bereichen ist die Farbe König. Das, worum es schwerpunktmäßig geht, sollte durch Farbe unterstützt werden, soweit dies problemlos möglich ist. Im Anschluß an die besprochenen Linien-Muster ist am Beispiel von (27) darauf hinzuweisen, daß unser Seh-System auch flächenhafte Muster sehr leicht erfaßt; Muster-Erkennung ist eben eine seiner Spezialitäten.

# LINIEN IN FARBE

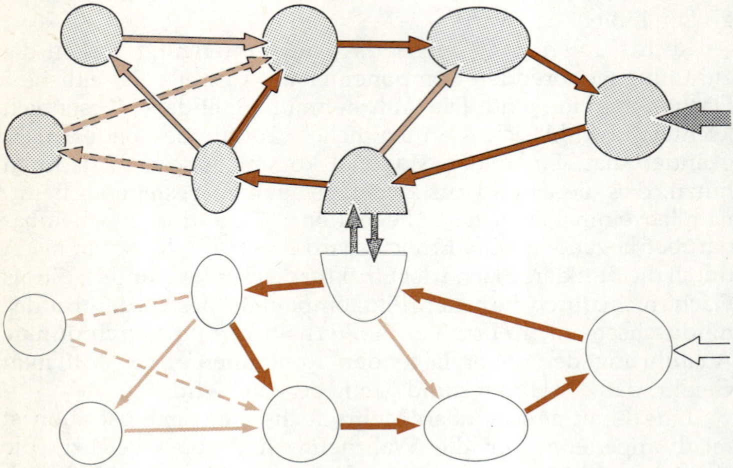

(28) Linien in Farbe

**Bunte Linien** werden nicht nur in Bilder-Vorträgen, sondern auch in Büchern gern verwendet, doch kann es da Schwierigkeiten geben. In (28) findet man ein Netzwerk abgebildet, in dem Linien ein Beziehungsgefüge zum Ausdruck bringen sollen. Im unteren Teil der Illustration sind diese linien-artigen Pfeile nur in Farbe ausgeführt und lediglich von mittelmäßiger Breite, während sie im oberen Teil breiter und zusätzlich mit einer Linie als Umrandung versehen sind. Schon beim flüchtigen Hinsehen wird deutlich, daß nur der obere Abschnitt mühelos und damit schnell erfaßt wird. Die Linien heller Farbe, besonders die unterbrochenen, kommen unten schlecht zur Geltung, und der Vergleich innerhalb des Bildes zeigt, daß es an der Farbe allein nicht liegen kann.

Wie bei anderen Flächen auch, kommen bunte Bereiche erst durch Linien-Begrenzung klar zur Geltung, vor allem solche mit blassen Farben. Durch die schwarze Umrandung wird gleichzeitig der Kontrast gegenüber der Farbe erhöht. Sind die bunten Bereiche

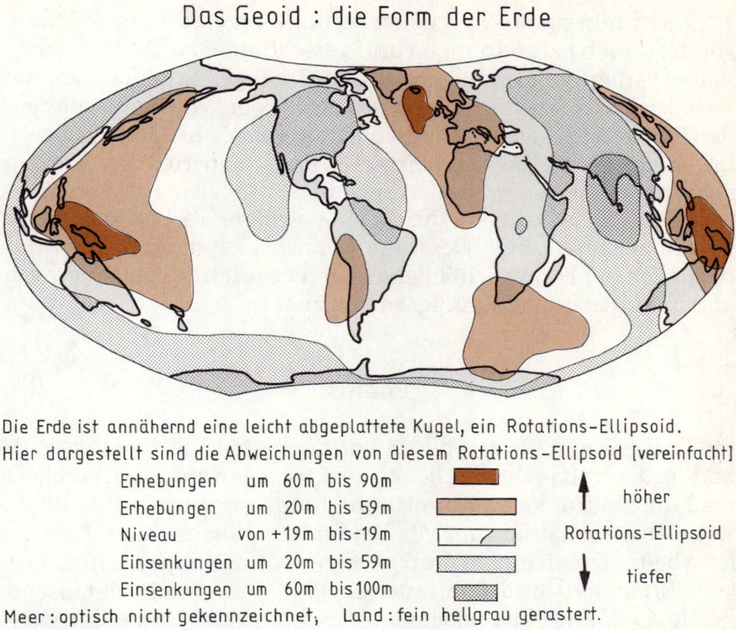


(29) Flächen in Farbe

zu klein (Linien zu dünn oder gar nur Punkte), so werden diese nicht nur schlecht erkannt, sondern es kommt hinzu, daß der Farb-Eindruck kaum entsteht. Farbe benötigt daher Fläche, sowohl für die Wahrnehmung als auch für das Erkennen einer bestimmten Farbe. Selbst kräftige Farben wirken als Linien blaß! Zum raschen Erfassen sollten Farben daher nur in Form nicht zu kleiner Flächen verwendet und zudem von Linien begrenzt werden. Dünne, bunte Linien sind dafür ungeeignet.

Welche bedeutsame Rolle die Begrenzung kleiner farbiger Flächen spielt, ist der Beschriftung oben in (28) zu entnehmen. Die einfachen Buchstaben sind in hellerer bzw. dunklerer Farbe wiedergegeben, jedoch ist die Umrandung recht verschiedenartig. Die Prägnanz der Schrift-Zeichen hängt unmittelbar von der Umrandung ab. – Insgesamt läßt diese Illustration deutlich werden, wie freudig der Wahrnehmungs-Apparat von Linien begrenzte Flächen entgegennimmt.

Nicht nur bei solchen einfachen und regelmäßigen Flächen, sondern auch bei vielseitigen und verschlungenen Darstellungen helfen Farben der Erfassung von Zusammengehörigem (29). Beim Vermitteln der Abweichungen des Erdkörpers von einer rotierenden Ellipse ist die Farbe sehr dienlich zur Markierung der größeren Erhebungen. In diesem Beispiel würde man für den Vortrag allerdings eine Illustration verwenden, in welcher die entsprechenden Einsenkungen durch eine weitere Farbe, z. B. Blau, gekennzeichnet sind. Derartige Bereiche kann man nicht nur bezüglich der Form leicht überschauen, sondern sie zeichnen sich zudem durch große Einprägsamkeit aus.

## Photos

Photos scheinen für den Bilder-Vortrag bestens geeignet, vermitteln sie doch oft recht wirklichkeits-getreue Eindrücke. Überblickt man die übliche Verwendung von Photos, so wird aber deutlich, wie wenig sie häufig zum Verständnis des Inhaltes einer Darstellung beitragen, manchmal zur großen Überraschung des Redners. Gewiß, ein Bild – und damit auch ein Photo – sagt mehr als tausend Worte (30), doch bedeutsamer als deren Menge ist die Entscheidung, ob dies auch die richtigen Worte sind!

Das Photo der Versuchs-Anordnung in (30) vermittelt einen gewissen Eindruck des Aufbaus. Mechanik steht offenbar im Vordergrund wegen der Halterungen und der Stäbe; alles hat wahrscheinlich auf einem Tisch Platz, und das meiste scheint aus Metall zu bestehen. Irgend etwas wird geprüft, darauf deuten die Meßgeräte hin, doch was sie anzeigen, ist nicht ersichtlich. Worum es aber dabei geht und wie der Aufbau funktioniert, bleibt unklar: Das Photo bietet dem **Verständnis** so gut wie gar nichts, obgleich eine Fülle von Details erkennbar ist. – Vortragende pflegen derartige Photos mit einem mutigen »Wie man sieht . . .« zu kommentieren, und viele sind sicher überzeugt, man sähe, was sie meinen, nur weil es eine Photographie ist.

Gewiß handelt es sich um ein spezialisiertes Photo, doch die einfacheren, allgemeineren sind diesbezüglich kaum anders. Stellen wir uns ein Photo eines wiesenartigen und blumenbewachsenen Tales vor, durch das ein Bach fließt, gesäumt von einigen Bäumen und Sträuchern, ganz so, wie es jeder von Bild-Kalendern her kennt. Einige Betrachter finden Ähnlichkeit mit ihrem vorletzten Urlaubsort, andere rätseln, welcher Busch das

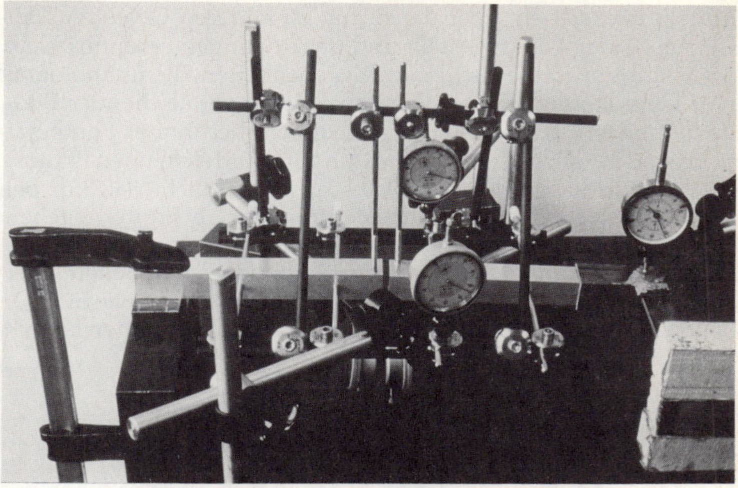

(30) Photo mit unbewerteter Vielfalt

wohl sei, rechts vorne, wieder andere suchen nach Anzeichen des Waldsterbens, oder sie vermuten Bachforellen in dem Gewässer. Jedem sagt das Photo sehr viel, doch eben nur das, was er darin sehen möchte. Dem Vortragenden geht es hingegen um die Demonstration der Möglichkeiten – und der Schwierigkeiten – des Einsatzes eines 400-mm-Tele-Objektives. Sich selbst überlassen, vermag solch ein Photo die vorgesehene Botschaft nicht zu überbringen. – Naturgetreue Zeichnungen gewinnen mit zunehmender Perfektion allmählich Eigenschaften von Photographien, was sich auf den Verständnis-Wert allerdings meist nachteilig auswirkt.

Photos, welche natürliche Beziehungen abbilden und dennoch aus sich selbst heraus verständlich werden, sind meist nur unter größeren Anstrengungen zu erhalten. Der inhaltliche Kern soll im

**Ein Bild sagt mehr als tausend Worte, doch prüfen Sie, ob es die richtigen sind.**

Mittelpunkt stehen, aber der Bezug zu anderen Objekten oder Gegenständen soll ungestellt und ungezwungen erkennbar sein (31). Mühsam ist die Suche nach Gegebenheiten, die als Photographie keine störenden, ablenkenden oder gar verfälschenden Bild-Inhalte bieten. Bildbände mit Aufnahmen berühmter Photographen sind meist voll von solchen mühsam zu erreichenden Photos. – Vergleicht man (30) mit (31), so wird deutlich, daß nur bei letzterem ein sofort erkennbares Zentrum der Abbildung gegeben ist, nämlich die Digitalis-Pflanze, also der Fingerhut. Photos von Maschinen, vom eröffneten Brustkorb oder von Seiten alter Folianten pflegen eine unbewertete Vielfalt zu zeigen wie in (30), denen das Verständnis der Zuschauer wenig abgewinnen kann.

(31) Photo mit klarem inhaltlichem Schwerpunkt

Unter diesem Gesichtspunkt ist auf die Vielzahl der neurologischen und psychologischen Befunde hinzuweisen, die darauf hindeuten, daß die beiden Hemisphären unseres Großhirns verschieden spezialisiert sind (*Springer* u. *Deutsch*): Analysen werden im Normalfall vorwiegend in der linken Hemisphäre ausgeführt, während die rechte mehr mit emotionalen und künstlerischen Bewertungen zu tun hat. Offensichtlich wollen aber beide Hemisphären voll am Bilder-Vortrag teilhaben.

In einem Punkt sind Photos aber den Zeichnungen weit überlegen, nämlich im Vermitteln von Stimmungen und von **Emotionen** (32). Das fröhliche Spielen kleiner Kinder bringt das Photo optimal zur Geltung, aber auch die Verzweiflung hungernder Menschen oder die Angst Eingeschlossener. Nichts charakterisiert heitere Unbeschwertheit so wie ein Photo eines schönen, ruhigen, tropischen Strandes, und die Urgewalt der Natur kommt durch Abbildungen von Wirbelstürmen oder reißenden Fluten in ihrer ganzen Bedrohlichkeit zum Ausdruck. Solche drastischen Beispiele verdeutlichen das Prinzip, doch ist wichtig zu erkennen, daß es völlig gefühls-freie Vermittlung von Sachverhalten nicht gibt: An jeder Information klebt Emotion.

(32) Photo als Vermittler von Stimmung

Photos als Emotions-Träger sind weit verbreitet, man denke nur an die Werbung, bei der fast ausschließlich an Gefühlswerte appelliert wird. Gelegentlich werden zwar im Begleit-Text scheinbar Verstand und Einsicht angesprochen, doch zeigt die Gestaltung der Photos bzw. Filme, was im Vordergrund steht, vor allem dann, wenn gar nicht mehr mit abgeschlossenen Bild-Folgen, sondern nur noch mit fragmentarischen Film-Schnipseln gearbeitet wird, die jeglichen Rest von Verständnis auslöschen.

Wie bei anderen Mitteln der Darstellung muß man sich beim Einsatz von Photos über deren Vor- und Nachteile im klaren sein, um sich darauf einstellen zu können. Die Zuhörer wünschen zweifellos nicht nur nackte Information, sondern auch Eindrücke und die mit dem Thema verbundene emotionale Wertung. Daher ist es günstig, abstrakte Darstellungen mit Photos zu koppeln: Mit dem einen wird mehr das Verständnis angesprochen, während mit dem anderen Eindrücke vermittelt werden sowie die damit verbundenen Gefühle. Bei schwierigen und verwickelten Thematiken sollte man sich daher vor der Verwendung zu vieler Photos hüten. – Ein Photo abgestorbener Bäume oder zerfetzter Verkehrs-Opfer wirkt für sich allein trostlos und bedrückend. In Verbindung mit abstrakten Darstellungen bezüglich der Ursachen oder der Möglichkeiten zur Vermeidung solcher Folgen helfen derartige Bilder, die Bedeutung des Problems einzuordnen und dem Gedächtnis einprägsame optische Erinnerungen zur Verfügung zu stellen.

# Sprache und Hören

Dia-Vorträge leben ohne Zweifel von sorgfältig aufbereiteten Illustrationen, und diese können den größten Teil der Information vermitteln. Die Sprache ist allerdings nicht nur der Zement für diese Illustrations-Bausteine, sondern sie stellt neben dem Bild den zweiten, gleich-berechtigten Träger des Vortrags-Inhaltes dar. Vieles, was für die Gestaltung von Abbildungen bedeutsam ist, muß auch bezüglich der Sprache berücksichtigt werden. Dabei betreffen die Schwierigkeiten hier weniger die Wahrnehmung, sondern mehr das Verständnis, womit gleichzeitig eine Überleitung zum folgenden, größeren Abschnitt über das Verständnis gegeben ist.

Befassen wir uns zunächst mit der Wahrnehmung, so ist jedem klar, daß der Redner laut genug zu sprechen hat, um auch in der hintersten Reihe noch deutlich gehört zu werden. Ein voll besetzter Raum schluckt sehr viel Schall, und daher muß unter diesen – erfreulichen – Gegebenheiten lauter gesprochen werden. Die Wahrnehmung von Sprache hängt zudem von der Geschwindigkeit des Vortragens ab, was eine Verpflichtung zu langsamerem Reden bedeutet. Früher war schon auf das Problem des Lippenlesens durch Schwerhörige hingewiesen worden; aus all dem ergibt sich die Notwendigkeit, zum Publikum zu sprechen und nicht zu den Abbildungen.

In großen Auditorien muß der Raum-Akustik große Aufmerksamkeit geschenkt werden, insbesondere im Zusammenhang mit der Installation von Lautsprechern. Doch da solche Räume meist sorgfältig geplant und ausgeführt werden, sei hier nicht weiter darauf eingegangen; nur die Mikrophone verdienen besondere Erwähnung. Vortragsräume für sehr viele Zuhörer pflegen mit am Pult befestigten Schall-Empfängern ausgerüstet zu sein, sehr oft zum Nachteil für die Redner. Bei einem schwungvollen Vortrag mit vielen Bildern halten es die Vortragenden meist nicht aus, die ganze Zeit über brav und konstant 20 cm hinter dem Rednerpult zu stehen. Sie benötigen gewissermaßen Auslauf, und dies ist am besten durch ansteckbare Mikrophone mit Antenne zu erreichen.

## Sprache und Bild

Der Bilder-Vortrag ist durch das Zusammenwirken der Sprache mit der optisch dargebotenen Information geprägt (33), um die beste Wirkung zu gewährleisten. Dabei wird offenkundig, daß Sprache eine geschriebene und eine gesprochene Version aufweist, die deutlich voneinander abweichen. **Geschriebener Text** wird in Ruhe durchgearbeitet und oft in mehreren Anläufen schrittweise in die Endfassung gebracht, zumindest bei wichtigeren Texten. Es entsteht so ein – oft fein abgestimmtes – System sprachlicher Charakterisierungen und formaler Bezüge. Bei der freien Rede muß der Sprechende gleichzeitig den Inhalt und die sprachliche Form bewältigen. So ist es verständlich, daß die gesprochene Sprache inhaltlich wie formal weniger verschachtelt wird, die Grammatik folglich zurücktritt und dem Inhalt gewissermaßen den Vortritt läßt. Außerdem bringt die freie Rede die Tendenz zu deutlicheren – manchmal auch drastischeren – Umschreibungen.

**Wünschenswerte Technik der Präsentation:**

- **klare, einfache Sprache verwenden,**
- **den Zuhörern ins Gesicht sehen.**

Dadurch wird die Sprache griffiger: Manches, in der Hetze des Vortrages Gesagte, würde man in geschriebener Form nicht veröffentlichen. Sind die Verhältnisse so verwickelt, daß der Redner sie ohne Manuskript nicht im Griff hat, sollte er keinen Vortrag halten, da die Zuhörer dem ohnehin nicht folgen könnten.

Für die Zuhörer bringt die Verwendung unkomplizierter Sprache große Vorteile, können sie doch einem Vortrag in freier Rede besser und bequemer folgen als dem schriftlich ausgearbeiteten Manuskript, gleichgültig, ob es abgelesen oder gar auswendig gelernt und dann vorgetragen wird. Die Konstruktion solcher

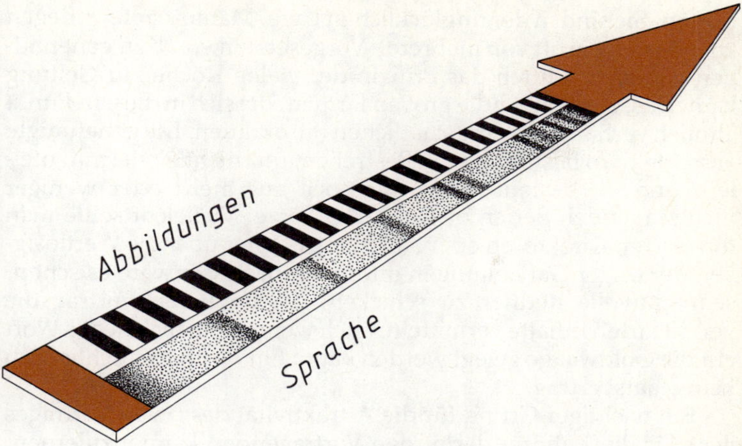


(33) Beziehung zwischen Sprache und Abbildungen

Manuskripte vermag infolge ihrer Kompliziertheit die Aufmerksamkeit der Zuhörer durch die Analyse des verwickelten Gefüges sprachlicher Bezüge zu erschöpfen. Die Schwierigkeit mit der Bewältigung des formalen Aufbaus führt zu einem Mangel an Zeit für das Verarbeiten des Inhaltes, zumal der Vortragende ständig in dieser Art weiterredet. Gleichzeitig gebotene Illustrationen (33) werden entweder nur wenig beachtet, oder sie ziehen die Aufmerksamkeit in einer Weise auf sich, welche den mühsam erarbeiteten Text kaum zur Geltung kommen läßt. – **Freie Rede** bringt andererseits schon mal ein kurzes Stocken des Vortragenden mit sich, wenn dieser entweder nach einer passenden Wendung suchen muß oder die Grammatik in der zweiten Hälfte eines längeren Satzes ins Schlingern gerät. Die Zuhörer merken, wie sich der Vortragende um die Sprache bemüht – und das macht ihn sympathisch, da sie sich vorstellen, welche Schwierigkeiten sie selbst in einer derartigen Situation hätten. Es ist ein weit verbreiteter Irrglaube, die Zuhörer wollten nur glatte, durchkonstruierte und formal fehlerlose Vorträge. Nein, sie wollen möglichst viel vom Vorgetragenen verstehen und behalten, und dazu ist die einfachere Struktur und die deutlichere Art der freien Rede ein optimales Werkzeug.

Mitarbeiter von Behörden oder gar Ministerien erhalten kaum die Erlaubnis zu freien Vorträgen, falls sie überhaupt auftreten dürfen. Sie sind in der unglücklichen Lage, Manuskripte vorlegen zu müssen, die oft von mehreren Vorgesetzten vorab zu genehmigen waren, wodurch das Prinzip der vielen Köche zur Geltung kam. Dasselbe gilt für die großen Firmen, die sich in diesem Punkt ähnlich verhalten wie die staatlichen Bürokratien. Die genehmigte Fassung wird bestimmt vom Bestreben, nur nicht zuviel mitzuteilen, und sie besteht meist nur noch aus mehr oder weniger nichtssagenden Serien oft-benutzter Sätze. Vielleicht sollte man die Herren Direktoren oder Abteilungs-Leiter über die Wertlosigkeit derartiger Darstellungen informieren. Besser wäre es schon, schwungvolle Redner zu schicken, die im freien Vortrag die vereinbarten Inhalte vermitteln, auch wenn dann nicht jedes Wort auf die Goldwaage gelegt werden kann: Ein Vortrag ist schließlich kein Staatsvertrag.

Ein wichtiger Grund für die Attraktivität des freien Vortrages liegt für die Zuhörer darin, den Vortragenden kennenzulernen, denn die Ausdrucksweise bringt **die Person** zum Vorschein, den schon früher erwähnten Menschen aus Fleisch und Blut. Ängstlichkeit, Nachlässigkeit, Sorgfalt, Draufgängertum, all das verdeutlicht die Redeweise bei freiem Vortrag, und daher wird jeder Zuhörer einen Redner und seine Arbeit nach einer solchen Präsentation viel wirklichkeits-getreuer einschätzen als zuvor. Manche seiner Vorlieben und Abneigungen werden erkennbar, wie beispielsweise die Art, ein Problem anzupacken und zu bewältigen. – Beim Ablesen eines ausgefeilten Manuskriptes gehen die Zuhörer in dieser Hinsicht leer aus, da genau solche menschlichen Faktoren der Überarbeitung des Manuskriptes zum Opfer fallen.

Wie in anderen Bereichen ist auch beim Bilder-Vortrag der persönliche Kontakt erwünscht und erstrebenswert. Der Redner erreicht dies, indem er die Zuschauer ansieht, ihnen beim Umherschweifen seines Blickes in die Augen sieht. Durch diesen – wenn auch nur kurzen Blick-Kontakt – wird eine persönliche Beziehung zwischen dem Redner und dem Publikum aufgebaut. Ablesen bedeutet in diesem Zusammenhang eine Vernachlässigung der Zuhörer. Indem der Vortragende bei freier Rede seine Zuhörer im Auge hat, kann er sehr frühzeitig Anzeichen von Verwirrung oder gar Langeweile feststellen und damit auch gegen diese angehen. Beim optimalen Dia-Vortrag, bei dem der Redner seine Zuhörer begeistert, sind alle Augen auf ihn gerichtet. Je mehr Leute woanders hinsehen, gar etwas lesen oder sich unterhalten, desto schlechter ist die Präsentation. – Es bedarf selbstverständlich einiger Übung, bis es gelingt, den Vortrag im Griff zu haben und gleichzeitig die Zuhörer und ihre Reaktion zu beobachten, doch verschafft diese Rück-Kopplung dem Redner unschätzbare Vorteile.

Bei komplizierten Gegebenheiten ist es gelegentlich unerläßlich, präzise Formulierungen zu verwenden, insbesondere dann, wenn sich die Zuhörer diese Charakterisierungen einprägen sollen. Solche **sprachlichen Anker** werden selten aus dem Ärmel

**Der Vortrag lebt von freier Rede mit wenigen vor-formulierten Merk-Sätzen.**

geschüttelt, sondern sie müssen vorweg sorgfältig ausformuliert und in der optimalen Form verwendet werden. Der Redner sollte sich diese entsprechend merken, um sie an der richtigen Stelle einsetzen zu können. Meist wird es sich nur um zwei oder drei Kern-Sätze handeln. – Berücksichtigt man diese Gesichtspunkte, so können wir festhalten: Der Vortrag sollte in freier Rede gehalten werden – mit wenigen eingestreuten, vor-formulierten Kern-Sätzen als sprachlichen Ankern.

Einprägsame Formulierungen werden am besten zusammen mit Illustrationen verwendet: Die Verbindung von Wort und Bild – sorgfältig formuliert bzw. ausgeführt – unterstützt die Merkfähigkeit. Die Kombination muß abgestimmt sein (33), doch sollten derartige Doubletten nicht zu häufig auftreten. Es ist ratsam, am Ende der Einleitung die Problemstellung auf diese Art zu verdeutlichen, dann den Kern des Haupt-Teils derart zu umreißen und schließlich – am besten auf beides zurückgreifend – die Zusammenfassung für die Erinnerung auf diese Weise zu verstärken.

Kann der Vortragende – außer Auge und Ohr – noch weitere Sinne der Zuhörer ansprechen, so führt das zur Vertiefung des Inhaltes und damit auch zu besserer Verankerung im Gedächtnis. Für einen Vortrag über asiatische Schnitzerei kann der Redner eine mitgebrachte Probe des stark duftenden Sandelholzes von Hand zu Hand – oder besser: von Nase zu Nase – gehen lassen; der Vergleich zwischen glatten und rutsch-sicheren Kacheln kann durch Betasten bereitgestellter Muster demonstriert werden, um nur zwei Beispiele zu nennen, obwohl gerade bei solchen mitgebrachten **Überraschungen** für die Zuhörer der Phantasie der Vortragenden kaum Grenzen gesetzt sind. In diesem Punkt sind Vorträge den Büchern und Filmen überlegen, da sich beim Zuhörer die so vermittelte persönliche Erfahrung sehr tief eingräbt: Wer vergißt einen Vortrag, in dem der Redner – plötzlich und von irgendwoher – eine riesige Vogelspinne in seine nackte Hand laufen läßt, um seine Zuhörer mit dem Subjekt des Themas bekannt zu machen.

Nicht nur durch Sprache und Vortragsweise äußert sich der Redner den Zuhörern gegenüber, sondern auch durch die Kleidung. Das äußere Erscheinungsbild des Vortragenden deutet auf seine Bereitwilligkeit hin, auf die Zuhörer und deren Erwartungen einzugehen. Die Kleidung sollte sich folglich nach der Art des Vortrages richten. Nachlässiges oder gar schlampiges Aussehen weist auf eine geringe Wertschätzung der Zuhörerschaft hin, ein Phänomen, das mit geistigen Scheuklappen einherzugehen scheint.

## Sprachliche Barrieren

Die Sprache ist sicher unser bedeutsamstes Mittel der Verständigung, sie ist in vielen Fällen aber auch die größte Barriere für die Vermittlung von Sachverhalten. Die umfassende Bezeichnung »Sprache« beinhaltet sowohl die allgemein verständliche Form mündlicher oder schriftlicher Kommunikation als auch sehr spezialisierte Teilbereiche, welche auf Konventionen, Gewohnheiten und Erfahrungen aufbauen, die oft nur wenigen vertraut und zugänglich sind. Solche Fach-Sprachen findet man überall: bei Bergleuten wie bei Jägern, bei Fliegern wie bei Studenten. Ihre ganze, all-umfassende Vielfalt entwickeln sie vor allem aber in den Bereichen von Wissenschaft und Verwaltung. Zur Verständigung von Personen ähnlicher Bereiche und Aufgaben sind die spezialisierten Formen der Sprache nützlich, da sie eine schnelle und klare Übermittlung ermöglichen. Versuchen hingegen Personen unterschiedlicher Bereiche mit ihren jeweiligen Fach-Sprachen sich zu verständigen, so scheitern sie kläglich.

Was den Bilder-Vortrag betrifft, sind die Verhältnisse klar: Der Vortragende versucht, seinen Zuhörern Information zu vermitteln, und er muß in puncto Sprache dasselbe tun wie bei den Illustrationen, sich nämlich möglichst optimal auf das Publikum einstellen. Zum wirkungsvollen Vortrag gehört die für jeden

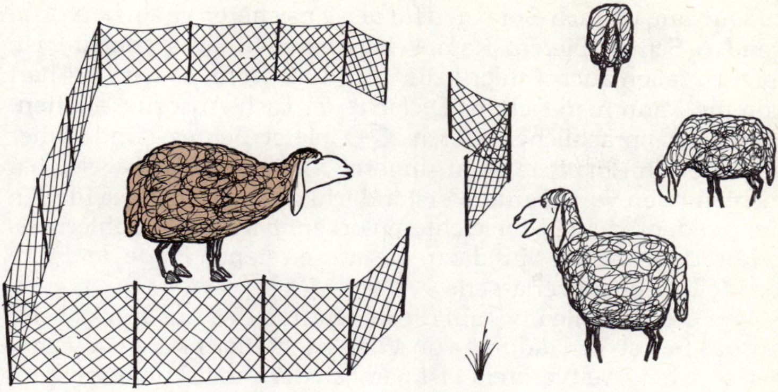

"Hör auf mit Deiner prioritär entrierten, binnenmarktkonformen, acyklischen und normgerechten Strukturproteinproduktion – und komm endlich raus."

(34) Der sprachliche Pferch

**Raus aus dem sprachlichen Pferch!**

Zuhörer verständliche Sprache genauso wie das für jeden deutlich wahrnehmbare Bild. Was selbstverständlich und für alle nachvollziehbar sein sollte, wird dennoch sehr häufig falsch gemacht. Solche Redner vermeiden nicht nur, auf ihr Publikum einzugehen, sie verlangen von den **vielen** Zuhörern, sich auf den **einen** Vortragenden und seine mysteriöse Ausdrucksweise einzustellen, weil sie zum sinnvolleren Gegenteil nicht in der Lage sind. Da kommt ein Redner zum Vortrag angereist, hält sich für klug und weise, ist aber unfähig mitzuteilen, was er eigentlich meint: Gewohnheit ist oft stärker als Vernunft.

Gewiß kommt hier der Einwand, man könne vieles gar nicht anders vermitteln als durch Fach-Kauderwelsch, doch handelt es sich um die Denkrichtung der Trägen und der Unsicheren. Man muß nur den Willen und den Mut aufbringen, Sachverhalte verständlich darzustellen. Der Hinweis auf die Tapferkeit ist bedeutsam, da Fach-Sprachen für alle Unsicheren einen hervorragenden Schutz bieten: Kaum einer versteht, was gemeint ist; folglich fallen auch Fehler kaum auf, und wenn es hart auf hart kommt, kann man sich ins Dickicht der Fach-Ausdrücke retten. Solch ein sprachlicher Pferch (34) bietet Schutz, und daher verlassen ihn manche recht ungern. Klare Ausdrucksweise hat nicht nur den Vorteil guter Verständlichkeit, sondern auch für den Redner den Nachteil der leichteren Erkennbarkeit von Fehlern. Es gehört daher schon Mut dazu, die ausgetretenen Pfade der Fach-Darstellungen zu verlassen.

An dieser Stelle muß auf die Bedeutung der Ausdrucksweise für das Selbst-Verständnis von Wissenschaftlern kurz eingegangen werden. Weitverbreitet ist nämlich der – meist unausgesprochene – Glaube an die Unverständlichkeit von Wissenschaft. Sobald eine Sache verständlich wird, gilt sie in deren Augen nicht mehr als Wissenschaft, und darin liegt sicher die Wurzel für manche mysteriöse Darstellung. Ursache dafür ist zumindest teilweise der allgemein zu beobachtende Effekt, daß der gewohnte Umgang mit schwierigeren Dingen zu deren verminderter Wertschätzung führt. Vortragende pflegen daher ihre eigenen Kenntnisse und Fähigkeiten zu unterschätzen, während sie diejenigen der Zuhörer meist zu hoch bewerten. Diese (verständliche) **Fehl-Einschätzung** veranlaßt viele, sich gewissermaßen eine sprachliche Rüstung zuzulegen. Alles wird gespickt mit Fremdwörtern, die Ausdrucksweise wird geschraubt und gespreizt, und – ganz charakteristisch – verbissener Ernst wie ständige Angst um die eigene Würde prägen jede Äußerung. Vorträge dieser Art erweisen sich für die Zuhörer als recht ungenießbar, sie erzeugen Abneigung, und letztlich bringen sie die Wissenschaft damit in Verruf.

## Ziel

Aus all dem läßt sich deutlich folgendes Ziel erkennen: Ein Vortrag sollte in einer klaren und jedermann verständlichen Sprache gehalten werden, möglichst in freier Rede. Die Zuschauer wünschen eine schwungvolle Darbietung, durchaus aufgelockert durch gelegentliche Ironie und auch mal gepfeffert mit einem markigen Spruch. Sie schätzen Redner, die von ihrem Thema begeistert sind, die sich damit identifizieren und dies auch zeigen. Vor allem aber haben sie Achtung vor demjenigen, welcher ihnen komplizierte Verhältnisse verständlich macht, denn dafür haben sie ihre Zeit geopfert.

# Verständnis

Die vorangegangenen Kapitel befaßten sich mit der Wahrnehmung und damit gewissermaßen mit den Buchstaben der Informations-Vermittlung. Bleiben wir bei diesem Vergleich, so haben wir es beim Verständnis mit den Wörtern und Sätzen zu tun, und es wird deutlich, daß die Wahrnehmung die Grundlage jeder weiteren Verarbeitung darstellt. Um ein Verständnis zu erreichen, sind Erläuterungen notwendig, und diese kosten viel Zeit. Es gibt für den Vortragenden keine Möglichkeit, die Arbeit des sorgfältigen Erklärens zu vermeiden, wenn die gewünschte Information wirklich vermittelt werden soll.

Erfreulicherweise können die Zuhörer außerordentlich viel aufnehmen, vorausgesetzt, die Präsentation ist verständnisgerecht. Der Vortragende muß daher die langwierige und mühsame Arbeit des Erläuterns in die Vorbereitung verlagern und im Vortrag selbst vor allem Wesentliches bewußtmachen und betonen. Nirgendwo kommen die Vorteile des Bilder-Vortrages so zur Geltung wie hier. Durch umfangreiches Sammeln von Daten, durch Gliedern, Verarbeiten, Kondensieren und schließlich durch optische Aufarbeitung kann eine außerordentliche Fülle von Information in kürzester Zeit übermittelt werden, ohne die Zuhörer zu überlasten. Wie schon im Titelbild zum Ausdruck gebracht, kann manchmal der inhaltliche Kern vieler Bände in wenigen Illustrationen vereinigt werden. – Das ist keine leichte Aufgabe, wenn man bedenkt, daß für den Haupt-Teil einer Darstellung nur 25 bis 30 Minuten an Zeit zur Verfügung stehen.

Zur Erreichung dieses hohen Zieles muß alles Zeitaufwendige vermieden werden: Der Redner darf sich nicht mit der Erläuterung von Formalien aufhalten. Den Zuschauern müssen Illustrationen geboten werden, die wahrnehmungs-gerecht sind, damit schnell erfaßt werden können, und die in ihrer Grund-Aussage selbsterklärend sind. Der Vortragende sollte dabei nicht nur Wertungen anbieten (». . . prinzipiell so . . ., . . . seltene, aber hoch-interessante Beziehung . . ., . . . mit einer Ausnahme . . .«), er muß insbesondere den Unterschied zwischen **»wahrnehmen«** und **»bewußtwerden«** berücksichtigen. Ein Alltags-Beispiel soll helfen, diese Begriffe zu verdeutlichen und gegeneinander abzugrenzen. Abgesehen von Erblindeten hat jeder schon millionen-mal seine eigenen Hände gesehen, wirklich in allen Lebenslagen. Fragt man eine größere Anzahl von Personen, welcher ihrer eigenen Finger – nach dem Mittelfinger – bei ausgestreckter Hand am weitesten herausragt, hört man nur von etwa jedem Vierten richtige Angaben. (Bei den allermeisten ist der Ringfinger der zweit-längste.) Ohne Zweifel haben alle anderen ihre Finger gut wahrgenommen, nur ist ihnen dieses Merkmal nicht bewußt geworden! – Dieser Punkt ist bedeutsam, da es nicht reicht, sehr gute Illustrationen anzubieten; der Vortragende muß vielmehr wichtige Beziehungen seinen Zuschauern **ins Bewußtsein heben.**

## Diagramme und Tabellen

Voraussetzung des Verständnisses ist die Verfügbarkeit von Daten, des Rohmaterials der Information, und die müssen zuerst vermittelt werden. Oft handelt es sich um Zahlen-Angaben, und da diese gerne als Diagramme oder Tabellen angeboten werden, wollen wir näher darauf eingehen anhand von praktischen Beispielen.

Hat man Zahlenwerte, die sich in Gruppen oder Klassen gliedern lassen, so kann man sie als **Säulen-Diagramm** (35) abbilden. Bei der Vorbereitung einer solchen Illustration ist zunächst dafür zu sorgen, daß der Zuschauer schon beim ersten Hinsehen erkennt, worum es dabei geht. Die Abbildung enthält daher eine Überschrift, die zum Bild selbst gehört und die mit großen Buchstaben ausgeführt ist. Inhaltlich stehen die Komponenten »Verkehr« und »Unfälle« im Vordergrund, und beide Begriffe werden – der schnellen Erfaßbarkeit halber – durch einen Bindestrich zu »Verkehrs-Unfällen« verbunden. Die Angaben beziehen sich auf die Bundesrepublik Deutschland, was auch im Bild steht, aber etwas kleiner, da es in (35) vor allem um die Alters-Struktur der Verkehrs-Opfer geht. Bei der Vorbereitung muß der Wunsch der Zuhörer vorausgesehen werden, zu erfahren, wie viele Menschen dem Straßen-Verkehr in dem Jahr zum Opfer fielen. Die entsprechende Angabe ist ins Bild eingefügt.

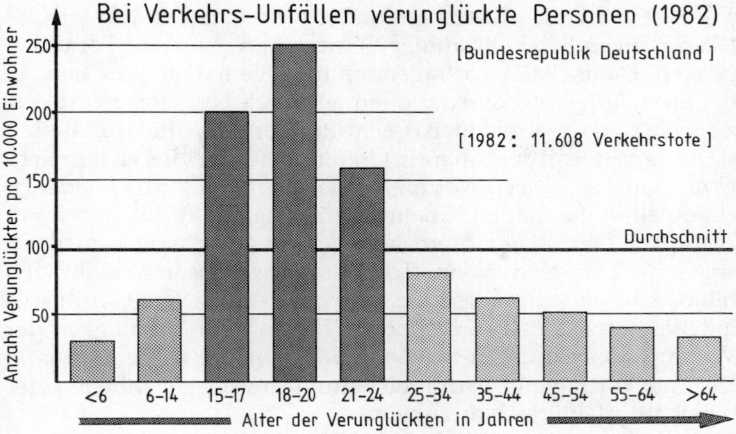


(35) Säulen-Diagramm

Im Mittelpunkt stehen die Säulen, die als Flächen ausgeführt sind und von Linien umgrenzt werden (35). Die horizontal verlaufenden Linien der Koordinaten treten hinter die Säulen zurück, da sie dort unterbrochen sind; das entspricht ihrer Funktion als Hilfs-Linien. Sicher wollen die Zuhörer den Durchschnitts-Wert kennenlernen, und weil dies abzusehen ist, wird auch diese Angabe in den Aufbau der Illustration integriert. Wie erwähnt, steht das Alter der Verkehrs-Opfer im Mittelpunkt, und somit ist der horizontale Pfeil, unten im Bild, als auffallende Fläche mit Linien-Begrenzung gestaltet. Bleibt noch die Beschriftung der Koordinaten, die wohl jedem verständlich ist. – Die genannten Aufgaben werden alle im Zuge der Vorbereitung erledigt. Für den Vortragenden ergeben sich daraus nur Vorteile: Er hat diese Angaben im Vortrag nicht zu vermitteln, er kann sie auch in der Eile nicht vergessen, und er muß sie nicht einmal auswendig lernen. Der Zuschauer hat alle Angaben vor Augen, während der gesamten Zeit, in der das Dia gezeigt wird. Bei mündlichen Erklärungen stehen diese Daten den Zuschauern nur ganz kurz zur Verfügung, und danach beginnt das Rätsel-Raten: Bezog sich das auf München, oder waren es 70 000 Tote, und um welchen Zeitraum geht es überhaupt?

Das Diagramm in (35) ist noch in anderer Hinsicht aufschlußreich, zeigt es doch Besonderheiten, die bei Dias kaum vorkommen, obwohl die Zuschauer dafür sehr dankbar wären: Das Diagramm enthält vollständige, in sich abgeschlossene Formulierungen! Die meisten Vortragenden hingegen klammern sich bei der Gestaltung von Illustrationen geradezu besessen an Abkürzungen, und sie verwenden Beschriftungen so spärlich, als hätten sie diese mitten in der Sahara in Granit zu meißeln. Bei vielen reicht es nicht mal zu ganzen Worten, sondern zu VC/X3', zu PIP oder zu einem all-umfassenden J. Beim Vortrag hampeln sie dann unter Zeitdruck herum, erläutern anfangs einiges davon, um dann später die Zuhörer den ohne Erklärungen wertlosen Abbildungen hilflos auszuliefern. Diese Art der Unverständlichkeit hat nichts mit Wissenschaft zu tun, sondern nur mit der Unfähigkeit der Vortragenden, anderen Personen Sachverhalte zu vermitteln. – Der gute Vortragende vermittelt Befunde und Gegebenheiten, der schlechte erläutert Abkürzungen!

Eine Illustration, die mit einer Überschrift versehen ist, schafft beim Zuschauer Vertrauen, da er sogleich weiß, worum es geht. Es ist nicht erforderlich, sie über das Bild zu schreiben, sie kann auch unten stehen, wie in (57) und (58), oder sie kann gelegentlich bequem in die Darstellung selbst eingebaut werden, wie in (60). Folgen Abbildungen ähnlicher Struktur, aber verschiedenen Inhaltes aufeinander, wie bei Reihen histologischer oder elektronen-mikroskopischer Bilder, sind solche eingefügten Kurz-Beschreibungen besonders wichtig. Liegen komplizierte Sche-

**Illustrationen brauchen eine Überschrift und eine Beschriftung, die jedem verständlich ist.**

mata oder Übersichten vor, so weist diese Überschrift auf das Wesentliche, wodurch der Betrachter erfährt, worauf er beim Analysieren der Illustration besonders zu achten hat. – Die Verwendung solcher Überschriften ist kein Dogma, doch sollte sich der Vortragende über die Nachteile ihres Fehlens klar sein und sie nur dann weglassen, wenn dadurch andere Vorteile überwiegen.

Vielleicht wird sich mancher fragen, worüber der Vortragende denn überhaupt referieren soll bei Verwendung von Bildern, die selbst-erklärend gestaltet sind. Das ist einfach: Er gewinnt damit die Freiheit, sich mit dem **Inhalt** und dessen Bezügen zu befassen. Zunächst muß das gefährliche Alter, nämlich das Jahrzehnt zwischen 15 und 24 Jahren, bewußt gemacht werden, was in (35) zeichnerisch durch etwas dunklere Flächen betont ist. Der bedrohte Lebensabschnitt umfaßt Beginn und Anfangszeit der aktiven Teilnahme am motorisierten Straßen-Verkehr. Dann könnte der Redner auf Fahr-Unterricht und die Überwachung des Verkehrs zu sprechen kommen, oder er könnte berichten, daß die Japaner – ein kluges Volk – ihre schweren Motorräder im eigenen Land fast gar nicht zulassen, sondern diese lieber exportieren. Es ließe sich auch die Frage aufwerfen, ob gelegentlich der geistige Horizont mit dem Rallye-Streifen zusammenfällt . . .

Oft gilt es, die Verteilung zahlenmäßiger Daten zu verdeutlichen, und dazu bieten sich **Sektoren-Diagramme** an. In (36) geht es um eine Übersicht bezüglich der verschiedenen Anteile der Luft-Verschmutzung. Genaugenommen handelt es sich um zwei Darstellungen, nämlich einmal um die Verhältnisse der einzelnen Schad-Stoffe zueinander, zum anderen um die Gesamt-Menge. Da sofort mit der Frage nach dem Pro-Kopf-Anteil zu rechnen ist, wurde auch dieser Wert in die Darstellung eingefügt. Gewiß könnten die Zuhörer mit Hilfe der dargestellten Angaben diese Zahl selbst ermitteln, doch sie sollen dem Vortrag folgen und nicht

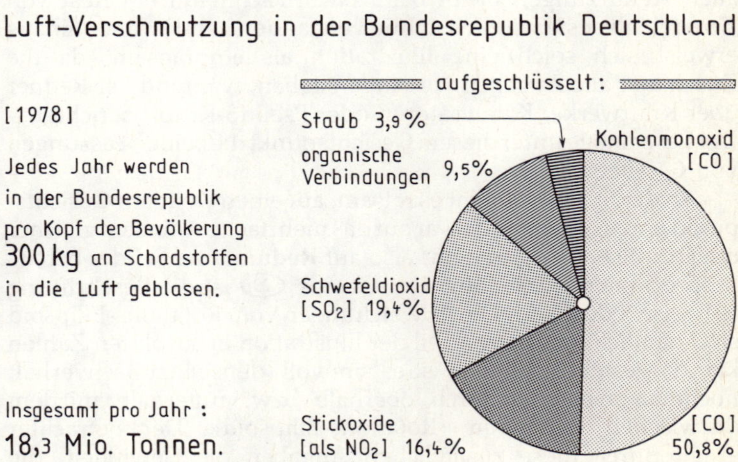


(36) Sektoren-Diagramm

rechnen. Solches Entgegenkommen muß für den Vortragenden selbstverständlich sein.

In diesem Beispiel (36) sind die einzelnen Sektoren so dargestellt, daß sie sich leicht unterscheiden lassen. Stünde hingegen ein bestimmter Schadstoff im Mittelpunkt des Interesses, so müßte der durch dunkleren Raster oder durch Farbe hervorgehoben werden. Berücksichtigt man die Schwierigkeiten mit den Erhebungen und Hochrechnungen, auf denen die Angaben für diese Darstellung beruhen, so wird klar, daß bei den Prozent-Werten die

**Vergleichende Maße anstelle vieler Zahlen:**
**... größer als ... kalkiger als ... schwerer als ...**

Ziffern hinter dem Komma weitgehend bedeutungslos sind. Um sie nicht ganz zu unterschlagen, sind sie relativ klein geschrieben. Die Beschriftung folgt demselben Prinzip wie im vorangegangenen Beispiel, wobei wieder klar verständliche Formulierungen benutzt wurden. Für den Zuschauer bedeuten klare Bezeichnungen auch die Gewißheit, den Inhalt richtig erfaßt zu haben. Bei allen Abkürzungen bleibt beim Nicht-Fachmann ein Rest von Zweifel, ob er sie wirklich richtig verstanden hat. Darüber hinaus erweist sich solch eine Illustration als einprägsam, da die Zuschauer alle Angaben vor Augen haben, während der Redner über Kraftwerke, Katalysatoren oder Pseudo-Krupp berichtet. – Der Leser möge unter diesem Gesichtspunkt die beiden Fassungen von (22) vergleichen.

An der Stelle erscheint es ratsam, auf einen weiteren Gesichtspunkt einzugehen, und zwar auf das mehrfache Anbieten gleicher oder ähnlicher Information, also auf **Redundanz**. Bei der bereits besprochenen Darstellung des Geoids (29) ist die Beschriftung teilweise redundant. Die Abweichungen vom Rotations-Ellipsoid sind nämlich im unteren Teil der Illustration in absoluten Zahlen klar dargestellt. Dennoch ist es sinnvoll, denselben Sachverhalt nochmals zu betonen durch »oberhalb« bzw. »unterhalb« mit dem dazwischen stehenden »Rotations-Ellipsoid«. Der Betrachter erhält durch diese zusätzlichen Angaben die Gewißheit, die Darstellung richtig verstanden zu haben; es ist dies also ein Fall der viel-zitierten vertrauens-bildenden Maßnahmen. Auf die Vorbe-

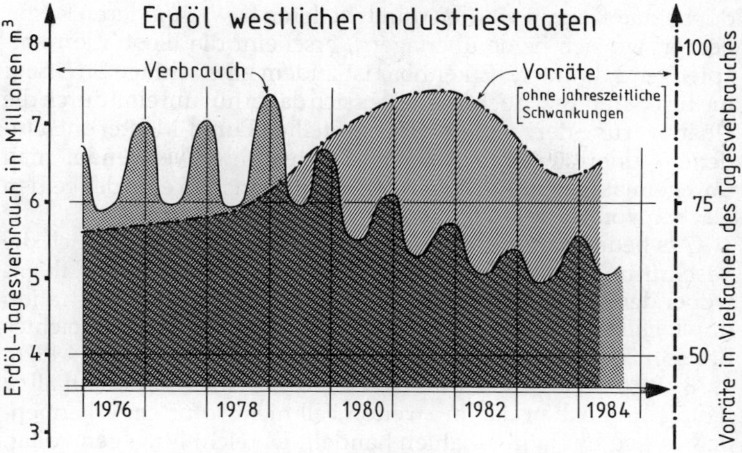


(37) Integrierte Linien-Flächen-Diagramme

reitung wirkt sich dies praktisch nicht aus, steckt doch in einer derartigen Illustration soviel Arbeit, daß diese wenigen Wörter keine Rolle mehr spielen. Auch die Zeit-Achse der ausgearbeiteten Fassung von (22) weist aus demselben Grunde Redundanz auf. – Die Verwendung von Information, die nicht unbedingt erforderlich ist, findet man häufiger als man glaubt. P rade-Bei pi l fü so che Re un anz i t se bs verst ndlich un ere Spr che, wi di ser Sa z ver eu lic en s ll.

Die beiden vorangegangenen Abbildungen beruhten auf Daten, die zwar schwer zu erhalten, in ihrer Struktur aber verhältnismäßig einfach sind. Oft hat es der Vortragende aber mit komplizierteren Gegebenheiten zu tun, beispielsweise mit dem Zusammenspiel verschiedener Vorgänge. Dabei gilt es, beide Abläufe zu illustrieren und zudem ihre Wechselbeziehung erkennbar zu machen. Verbrauch und Vorrats-Haltung von Erdöl in den westlichen Industriestaaten sollen diese Darstellungsweise demonstrieren (37). Zwei Diagramme sind dabei zu einer Illustration vereinigt, und zwar durch eine gemeinsame (horizontal gezeichnete) Zeit-Achse. Die vertikalen Koordinaten sind verschieden: links diejenige für den Verbrauch, rechts die Angaben über die Vorräte. Dem Auge wird dadurch geholfen, daß die jeweilige Kurve sowie die dazugehörige vertikale Koordinate mit demselben Linien-Muster dargestellt sind. Die Flächen unterhalb der beiden Kurven werden durch helleren bzw. dunkleren Raster betont; wo sich beide überlagern, erscheint die Illustration entsprechend dunkler. (Erkennbar ist zudem eine schräge Streifung im dunkleren Teil, doch handelt es sich dabei nur um eine durch die Überlagerung der maschinell hergestellten Punkt-Muster entstandene – unerwünschte – Begleit-Erscheinung. Verwendet man unregelmäßige Punkt-Muster oder punktiert man eine der beiden Flächen von Hand, treten solche Phänomene nicht auf.)

Als bedeutsam für das Verständnis erweist sich natürlich die Beschriftung. Unten in (37) stehen zunächst die Jahres-Zahlen, wobei der Zeitraum der einzelnen Jahre auch in der Illustration durch Hilfs-Linien deutlich begrenzt wird. Wesentlich für leichtes Erfassen ist die Verwendung ganzer Jahres-Zahlen, also 1976, 1978, 1980, und nicht etwa '76, '77, '78, 79, '80. Da Zahlen allzu häufig auftauchen, ist im zweiten Fall nicht sofort zu erkennen, daß es sich um Jahres-Zahlen handelt. Es reicht hingegen völlig, jede zweite Jahres-Zahl anzugeben, die aber vollständig. Zur Beschriftung der vertikalen Koordinaten dienen klare, jedem verständliche Bezeichnungen. Zwar ist das Lesen solcher Beschriftung – von unten nach oben – nicht ganz so bequem, doch bei der Abwägung zwischen horizontal geschriebenen, unverständlichen Abkürzungen einerseits und vertikal geschriebener, aber leicht verständlicher Beschriftung andererseits sollte sich der Vortragende stets für letztere Möglichkeit entscheiden: Gerade beim Bilder-Vortrag müssen Klarheit und Un-Mißverständlichkeit immer Vorrang bekommen.

Jeder, der sich gelegentlich über Erdöl, dessen Gewinnung, Verarbeitung oder den Verbrauch der davon abgeleiteten Produkte informiert, wird in (37) etwas vermissen, nämlich die »barrels«. Bei diesen barrels handelt es sich um regelrechte Dinosaurier aus der grauen und chaotischen Vorzeit des Messens. Sie stammen aus der Zeit, da Klafter, Elle und Scheffel im Gebrauch waren; doch während letztere durch einheitliche metrische Maße verdrängt wurden, blieben die Barrels am Leben. Nun gehört Abschreiben und Kopieren seit jeher zu den sehr beliebten Tätigkeiten, was fast alle – gedankenlos – zum barrel greifen läßt, wenn es um Erdöl geht: Banken, Fernsehen, Zeitungen usw. Bei genauerer Beschäftigung mit dem barrel stellt man zudem mit Erstaunen fest, es gibt davon ganz unterschiedliche, je nachdem, um welches Produkt es sich handelt. – Beim Vortrag sollte der Redner gewiß nicht auf dieses schillernde Phänomen eines Maßes zurückgreifen, sondern er hat sich der Mühe zu unterziehen, die ursprünglichen barrel-Angaben in Kubik-Meter umzurechnen (1 barrel Erdöl entspricht rund 159 Litern, also 0,159 Kubik-Metern) und damit einen Anschluß an die den Zuhörern vertrauten Maße herzustellen. Zwar werden nur wenige Vorträge über Erdöl gehalten, doch enthalten fast alle Darstellungen ihre »barrels« in Form anderer Pferdefüße.

Oben war gesagt worden, (37) sei ein Diagramm, doch könnte man auch sagen, es sei nur die obere Hälfte davon, weil die vertikalen Koordinaten nicht bei Null, sondern gewissermaßen auf halber Höhe beginnen. Diese Anordnung wurde gewählt, um die jahreszeitlichen Schwankungen des Verbrauches besser darstellen zu können. Solche Sonder-Verhältnisse werden im Bild durch die – samt Beschriftung – tiefer herabreichenden vertikalen Koordinaten klargemacht. Der Betrachter erkennt dadurch sofort, daß die Darstellung nicht beim Wert Null beginnt. – Inhaltlich verdeutlicht (37) zunächst einmal die starken jahreszeitlichen Schwankungen des Verbrauchs sowie den Verbrauchs-Rückgang, der – unabhängig davon – nach der sogenannten Ölkrise auftrat.

Tabelle 5

| | Trans-F | LG | ref. $X_2$ | abs. | KUEHNELL (1981) |
|---|---|---|---|---|---|
| AF-$U_1$ | 0,193 | 37,4 | 19,25 | 148 | 93 |
| SK | 0,231 | 52,2 | 16,53 | 183 | 121 |
| $M\alpha_2$ | 3,2 | ---- | 3,9 | $5,8 \cdot 10^5$ | $3,1 \cdot 10^5$ |
| $M\alpha_3$ | 4,7 | ---- | 5,0 | $6,9 \cdot 10^5$ | ---- |
| $kt^y$ | y=0,422 | ---- | y=0,951 | $2,7 \cdot 10^6$ | $9,8 \cdot 10^5$ |
| LOC | 2 | 34 | (?) | 95 | ---- |

(38) Tabelle: verständnis-feindlich und gedächtnis-widrig

**Tabellen gehören nicht in den Vortrag.**
**Sie enthalten bestenfalls Roh-Material für Bilder.**

Dieser geringere Verbrauch führte zum allmählichen Auffüllen der Vorräte, die teilweise für einen ungeminderten Verbrauch von 90 Tagen ausreichten.

Anhand der Illustrationen von (35) bis (37) war gezeigt worden, wie **Zahlen** beim Dia-Vortrag vermittelt werden können. Der Schlüssel dazu liegt in der Tatsache, daß der Mensch aufbereitete optische Information schnell und bequem zu analysieren vermag. Auf die Weise wird nicht nur dem Verständnis, sondern auch dem Gedächtnis geholfen, denn solche Darstellungen sind einprägsam. Es wurde aber auch deutlich, wie viel an Vorbereitung hinter den Darstellungen steckt. Vielfache, leidvolle Erfahrung zeigt, daß allzu viele Redner gar nicht erst versuchen, die Zahlen für ihr Publikum aufzubereiten. Sie machen es sich bequem, indem sie diese als **Tabelle** präsentieren, wie in (38) oder ähnlich. Nun sind Zahlen für das Verständnis etwas extrem Ungeliebtes. Die vorangegangenen drei Darstellungen basieren zwar auf – teilweise außerordentlich umfangreichem – Zahlenmaterial, doch enthalten die fertigen Illustrationen nur sehr wenige Zahlen. Ja, der Inhalt wird im wesentlichen ohne die Zahlen verständlich! – Darauf beruht die Attraktivität solcher Darstellungen.

Unsere Sinnesorgane sind nur in geringem Maße in der Lage, die absoluten Werte von Reizen festzustellen, da sie sich an die Umgebungs-Verhältnisse anpassen, sie adaptieren. Dagegen gelingt es ihnen bestens, Veränderungen wahrzunehmen, also beispielsweise Schwankungen der Helligkeiten oder der Lautstärke. Daher ist es wohl nicht verwunderlich, daß unser Gehirn, welches seine Information zunächst über die Sinnesorgane bezieht, ganz ähnlich funktioniert. Es prägt sich die Unterschiede ein, also das, was größer oder kleiner ist, und auch den Sachverhalt, ob zwei Dinge bezüglich der Größe nur wenig oder sehr stark differieren. Dieses bequeme Erfassen **relativer** Unterschiede macht Darstellungen wie (35) bis (37) für den Vortrag effektiv. Zahlen hingegen sind **absolute** Größen, mit denen wir recht wenig anfangen können; vor allem unser Gedächtnis wehrt sich gegen diese gewissermaßen glitschigen Angaben, indem es sie ignoriert, wo es nur geht.

Das Ziel des Vortrages ist es, den Zuhörern Gedächtnis-Inhalte zu vermitteln. Daher wird dem Leser zur Verdeutlichung des Wertes von Tabellen ein schlichter Versuch empfohlen: Er oder sie möge die Abbildungen (35) bis (38) ihren Bekannten oder Kollegen in Ruhe vorführen und sie einen oder zwei Tage später wieder dazu befragen. Was blieb von den drei ausgearbeiteten

Abbildungen in Erinnerung und was von der Tabelle (38)? (Vermutlich wird dies kaum jemand unternehmen, da fast jeder das diesbezügliche Versagen der Tabelle voraussehen dürfte.) Zahlen werden nur dann länger behalten, wenn sie jemanden persönlich betreffen oder betreffen könnten und somit gelegentlich benötigt bzw. wiederholt werden. Der Leser kann sich natürlich auch selbst fragen, welche Tabellen-Inhalte er von Vorträgen in Erinnerung behalten hat. Dazu sollte er oder sie alle Vorträge der letzten Jahre vor das geistige Auge rufen. Wie viele Zahlen sind dabei – und zwar aus Bereichen, mit denen er nicht selbst zu tun hat? Für den Vortrag sind Zahlen bestenfalls das Roh-Material, aus dem der Vortragende etwas Effektives gestalten muß. Tabellen wie in (38) sind regelrechte Monumente der Unfähigkeit, Information durch Dia-Vorträge zu vermitteln. – Kehren wir zum oben erwähnten Vergleich zwischen Vortrag und Restaurant zurück. Ein Koch geht über den Wochenmarkt, kauft von jedem Stand zwei Hände voll, wirft alles in einen Korb und schüttet diesen abends, so wie er ist, vor seinen Gästen aus. Er bietet damit das kulinarische Äquivalent zur Verwendung von Tabellen wie (38). – Die Begeisterung der Gäste dürfte übrigens in beiden Fällen recht ähnlich ausfallen.

Mathematische **Formeln** stellen weitere Stolpersteine dar, falls die Zuhörer mit deren Umgang nicht gut vertraut sind. Auch Personen, welche gelernt haben, mit ihnen umzugehen, haben meist eine Abneigung dagegen. Es ist daher ratsam, auf Formeln weitgehend zu verzichten. Oft reicht die Verwendung von Teil-Funktionen, wodurch es sich erübrigt, die ungeliebten mathematischen Gebilde in ihrer Gesamtheit vorzuführen. So kann der Hinweis genügen, das Quadrat der Entfernung von einer Drehachse sei das bedeutsamste Maß, da die anderen Faktoren linear wirkten und damit sehr viel weniger Einfluß ausübten. Hinzu kommt, daß unser Gedächtnis die Formeln, die nicht benötigt werden, fast gar nicht akzeptiert. – Chemische Formeln wirken auf Nicht-Chemiker in ähnlicher Weise.

Mit den Tabellen sind **Abkürzungen** untrennbar verbunden, und es wurde bereits betont, daß ihre Wurzel oft in der Unsicherheit der Vortragenden liegt (39). Wir wollen es damit aber nicht auf sich beruhen lassen, sondern uns ansehen, wie sich Abkürzungen bei der Vermittlung von Information auswirken: Auf der Leinwand sei ein Bild mit der – leider üblichen – Beschriftung in Form von Abkürzungen. Im Bilde stehe »PV«, und der Vortragende erläutert, dies sei die Stimmlippe, die »Plica vocalis« genannt

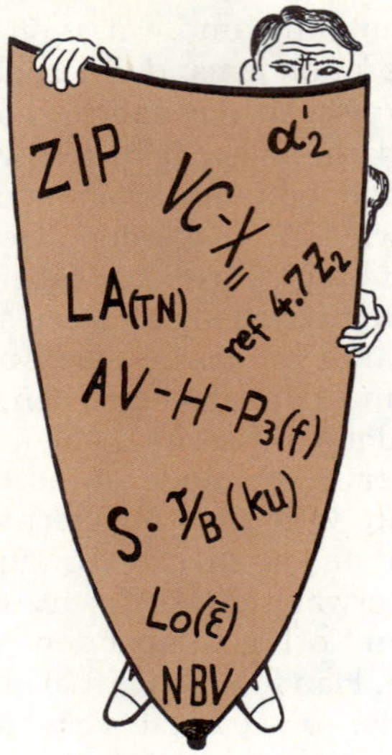


(39) Abkürzungen: Schild der Unsicheren

**Unverständliche Abkürzungen sind Gift für jede Darstellung.**

werde, daher »PV«. Dann stehe da »VL«, und die Zuhörer werden belehrt, es handele sich dabei um den »Ventriculus laryngis«, einen Hohlraum oberhalb der Stimmlippen. Das »Ep« bedeute Kehldeckel, und mit »Hy« sei das Zungenbein gemeint. Sehen wir von der vergeudeten Zeit ab und fragen einen fach-fremden Betrachter an dem Punkt, was denn das (schon genannte) »PV« bedeute, so ist ihm dies in aller Regel bereits wieder entfallen. Solche Abkürzungen schieben sich als gewaltiges Hindernis zwischen die dargestellten Strukturen und die erforderlichen Erläuterungen.

Aufmerksamkeit und Gedächtnis der Zuhörer werden mit Aufgaben beschäftigt, die nichts mit dem Thema zu tun haben und die absolut gar nichts zum Verständnis beitragen. – Aus dem

Gesagten geht hervor, daß nur solche Abkürzungen zu vermeiden sind, welche nicht allen Zuhörern geläufig sind. Sind sie jedem bekannt (beispielsweise m für Meter oder kg für Kilogramm), so können sie getrost und ohne Nachteile verwendet werden.

Unter dem Gesichtspunkt mysteriöser Kürzel sind manchmal wahre Exzesse zu beobachten. Einige Redner schaffen es nämlich in einem Vortrag, die Zuhörer mit bis zu hundert unverständlichen Abkürzungen und mehreren hundert Zahlen zu bombardieren. Solchen Phantasten muß gesagt werden, daß Vorträge zur Information derjenigen gehalten werden, die mit den Sachverhalten – und damit auch mit den formalen Konventionen – nicht vertraut sind. Das völlige Verkriechen solcher Leute in der fachlichen Röhre führt offenbar zu ihrer Überzeugung, alle Menschen säßen da und ein Leben außerhalb derselben sei schlicht undenkbar. Man sollte diesen welt-fremden Rednern einmal dieselbe Anzahl von **Verständnis-Hürden** – allerdings aus anderen Bereichen – innerhalb einer Stunde vorsetzen, dabei unentwegt reden und am Ende des Tests überprüfen, was übrig geblieben ist. – Was Du nicht willst, daß man Dir tu, das füg' auch keinem andern zu!

Für den Betrachter ist die Verwendung unverständlicher Abkürzungen vergleichbar dem Vorgehen des Vortragenden, der den Schlüssel zum Verständnis der Darstellung in einer rostigen Ölsardinen-Dose hinter dem alten Forsthaus vergräbt und dann die Zuschauer auffordert, ihn dort zu holen – oder besser: zu suchen. Gewiß, man kann das so machen, doch stellt sich die Frage, ob es sinnvoll und erstrebenswert sei. Sachverhalte dieser Art können auch im Klartext vermittelt werden (45) – ohne Einschaltung derartiger Runen. Abkürzungen repräsentieren weniger eine Notwendigkeit der Darstellung als ein psychologisches Problem der Vortragenden.

## Bewältigung verwickelter Daten

Sollen umfangreiche Daten und verwickelte Sachverhalte vermittelt werden, ist es wesentlich, darauf zu achten, nicht zu viel gleichzeitig anzubieten. Einer der häufigsten Fehler ist es, fachfremden Zuhörern durch inhaltliches Überladen der Darstellungen die Übersicht zu nehmen. Dies passiert deshalb, weil der Vortragende sich selbst als Maßstab nimmt, statt sich auf die Zuhörer einzustellen. Solange **er** sich halbwegs in einer Illustration auskennt, nimmt er an, sie sei für jeden verdaulich – und dort liegt das Problem. Der Vortrag sollte darauf abzielen, das Wichtigste der Gegebenheiten zu vermitteln und nicht uferlos viel an Information anzubieten.

Glücklicherweise ist die Aufnahme-Fähigkeit des Menschen sehr groß, wenn die Information sorgfältig aufbereitet und richtig präsentiert wird. Wir wollen hier annehmen, es halte jemand vor einem nicht-spezialisierten Publikum einen Vortrag über die Schwingungs-Weise von platten-artigen Komponenten bei einigen Musik-Instrumenten. Diese Schwingungen lassen sich beispielsweise durch Interferenz-Holographie, ein kompliziertes optisches Verfahren, sichtbar machen. Nach einem allgemein gehaltenen Einstieg muß der Redner in diesem Fall zwei Aufgaben lösen. Einmal ist zu erläutern, was – physikalisch gesehen – Musik-Instrumente eigentlich sind und welche Bedeutung schwingenden Platten für die Erzeugung der Musik zukommt. Außerdem hat der Redner zu zeigen, an welchen Instrumenten er experimentiert und gemessen hat. Diese Informationen gehören zwar zusammen, sie sind jedoch zu umfangreich und zu verschiedenartig, um sie zu einer Illustration zu vereinigen.

In solchen Fällen bietet es sich an, für die beiden Probleme zwei inhaltlich zusammenhängende, sozusagen verwandte Illustrationen gleichzeitig zu präsentieren – (40) und (41). Beide Abbildun-

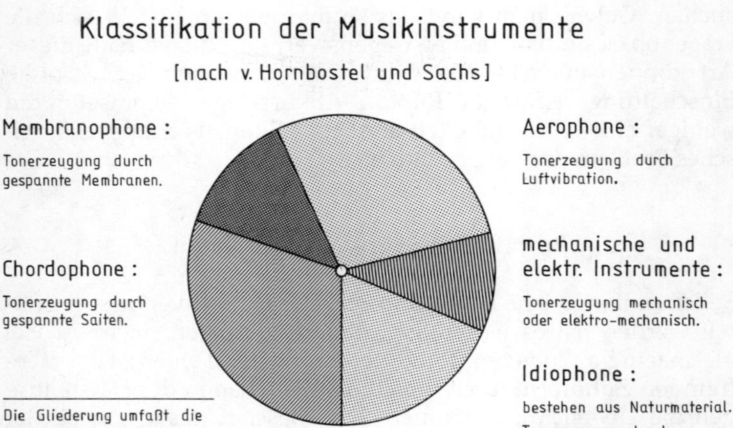


(40) Allgemeine Übersicht

gen verdeutlichen gemeinsam die Wirkung der Doppel-Projektion. Anhand von (40) wird die Gliederung der Musik-Instrumente besprochen, wobei die Bedeutung der schwingenden Platten für die Abstrahlung des Schalles umrissen wird. Eingefügt ist die Angabe, die Gliederung umfasse 86 Haupt-Arten von Instrumenten und gehe auf *v. Hornbostel* und *Sachs* zurück. In (41) wird das Vorkommen schwingender Platten skizziert; der Bereich ist durch eine farbige Fläche markiert, und die drei Instrumente, an denen gemessen wurde, sind durch kräftige Punkte angedeutet: Untersucht wurden folglich zwei Chordophone und ein mechanisches (bzw. elektro-mechanisches) Instrument. Als Platten wurden nur solche mit geringer oder unwesentlicher Krümmung gewertet, worauf die Beschriftung hinweist. – Der Grund-Aufbau beider gekoppelter Abbildungen ist identisch. Beim Betrachter schafft dies Vertrauen – er kennt das schon –, und es spart Zeit und Aufmerksamkeit, da das »Einsehen« bei der zweiten Abbildung nicht mehr erforderlich ist. Er kann bequem von einem Bild zum anderen übergehen – auch mehrfach – und somit den Eindruck vertiefen.

Manchmal sind die Verhältnisse noch verwickelter, wie bei den Sehnen und Sehnenscheiden im Bereich unseres Handrückens. Für eine halbwegs allgemein-verständliche Darstellung liegt es

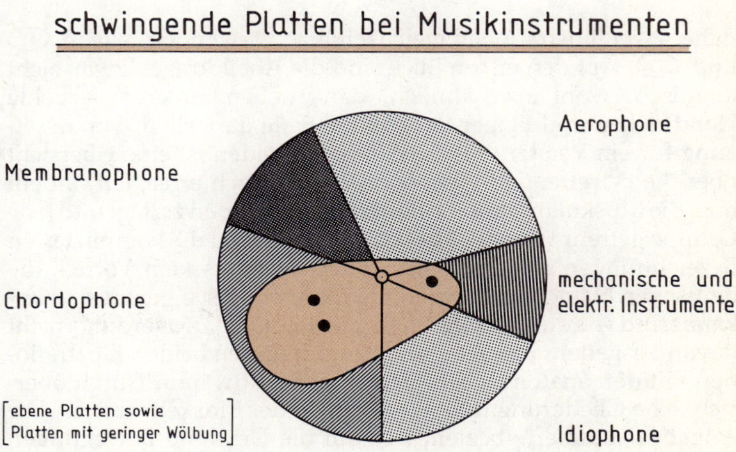


(41) Weiterführende Angaben zum Thema

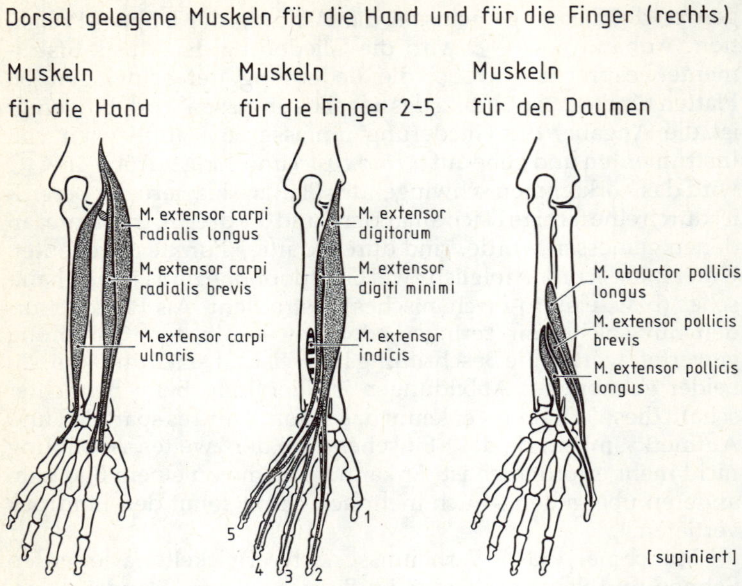


(42) Zerlegen und Gruppieren der Information

nahe, zwei Illustrationen gleichzeitig zu verwenden, wie in (42) und (43). Auf den ersten Blick sind die Abbildungen zwar nicht identisch, wohl aber ähnlich, da – neben anderem – beide Handrücken und Finger der rechten Seite darstellen. Voraussetzung für ein Verständnis der Sehnenscheiden ist eine Übersicht über die betreffende Muskulatur. Sie läßt sich erreichen, indem man die Muskulatur je nach Funktion in Gruppen zerlegt und jede Gruppe getrennt darstellt (42). Ungünstig sind die komplizierten Bezeichnungen dieser Muskeln, doch wäre es kein Vorteil, die deutschen Namen anzugeben, da diese praktisch genauso unbekannt sind wie die anatomischen. Der Redner darf allerdings nicht davon ausgehen, daß die Zuhörer nach diesen beiden Illustrationen mit den anatomischen Namen vertraut wären. Durch übersichtliche Gliederung treten die Namen der Muskeln zurück. Die Angabe »supiniert« bezieht sich auf die Umwend-Bewegungen des Unterarmes: Hängen Arm und Hand locker herab, zeigt dabei die Hand-Fläche nach vorn und der Daumen nach außen.

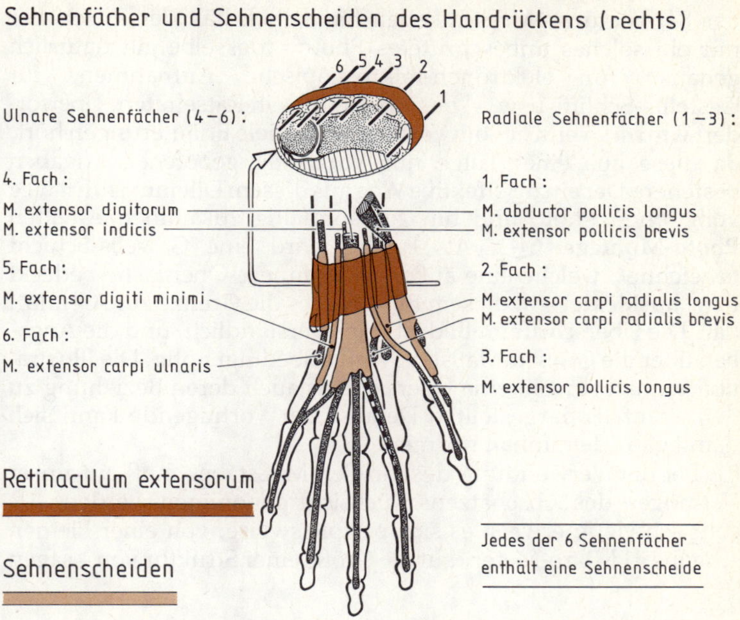


(43) Integration von Text und Bild

Die zweite dieser Abbildungen (43) zeigt Handrücken und Finger, wobei alle in (42) dargestellten Muskeln – bzw. deren Sehnen – auftauchen, allerdings in merkwürdiger Anordnung. Die Sehnen dürfen von dem gewölbten Handrücken nicht seitlich abgleiten, und sie dürfen sich auch nicht vom Handrücken lösen. Beides wird verhindert durch eine Führung der Sehnen, nämlich einen Band-Apparat, das »Retinaculum extensorum«. Bei vielen Bewegungen werden die Sehnen in diesem Bereich umgeleitet; die dabei entstehende Reibung wird durch die Sehnenscheiden herabgesetzt. – Ein schematischer Schnitt durch den Bereich des genannten Band-Apparates ist oben in (43) eingebaut und das Ganze mit einer gemeinsamen Beschriftung versehen. Illustration und Beschriftung bilden eine Einheit, wobei die Übersicht über die dazugehörige Muskulatur in (42) zu finden ist.

Schwierigkeiten treten regelmäßig bei Verwendung von histologischen Präparaten auf, und zwar deshalb, weil es sich um photographische Aufnahmen mit der damit verbundenen Vielfalt der Betrachtungs-Möglichkeiten handelt. Erhält der Zuschauer nur ein solches unbeschriftetes Photo – dasselbe gilt natürlich genauso für elektronen-mikroskopische Aufnahmen, für Gesteins-Schliffe usw. –, beginnt für ihn ein Rätselraten. Überfordert wird er, wenn er vom Vortragenden viele Erläuterungen hört, da diese aus einer Folge nur kurzzeitig gebotener Angaben bestehen. Der einzig effektive Weg aus diesem Dilemma führt weg vom rohen Photo und hin zur sorgfältig zusammengestellten **Photo-Montage** (44). Als Epithel wird eine Gewebs-Schicht bezeichnet, welche eine äußere oder innere Oberfläche bedeckt bzw. auskleidet – in diesem Bild stellt es die Grenze zur Atemluft dar. Die Überschrift im Bild ist selbstverständlich, und die Angaben über die Größen-Maßstäbe sind unbedingt nötig. Die Illustration enthält sowohl eine Übersicht als auch deren Beziehung zu den ebenfalls dargestellten Details. Der Vortragende kann sich damit ganz dem Inhalt widmen.

Bei der Verwendung des Größen-Maßstabes muß auf unser Vermögen des Abschätzens Rücksicht genommen werden. Als sehr schwierig erweist es sich beispielsweise, von einer kleinen Angabe »1 Mikro-Meter« auf die Größe einer Struktur von – sagen

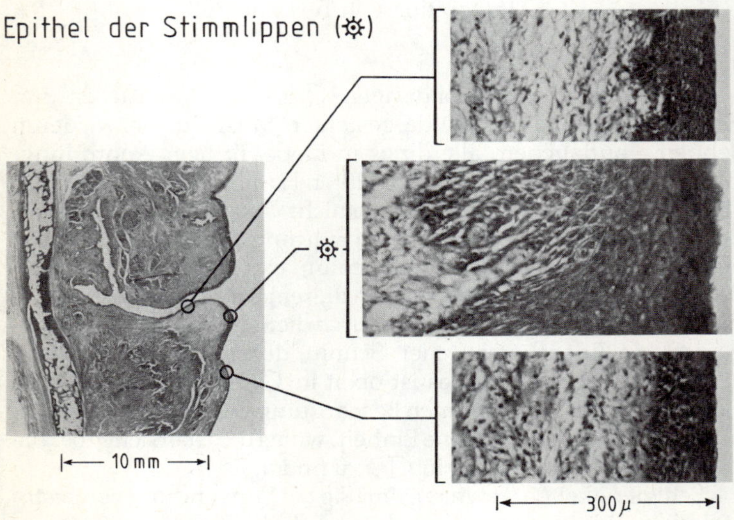


(44) Histologisches Präparat

wir – 30 Mikro-Meter zu schließen. Andererseits ist es leicht, ausgehend von einer Angabe »10 Mikro-Meter« die Größe einer Struktur von etwa 3 Mikro-Meter abzuschätzen. Dies sollte man sich zunutze machen, indem eine Größen-Angabe gewählt wird, die relativ groß ist im Vergleich zur Struktur, um die es geht. Ein fast punkt-förmig kleiner »1-Mikro-Meter-Balken« ist so gut wie wertlos. Die Dicke des Epithels läßt sich in allen drei Beispielen von (44) durch den eingefügten, relativ großen Maßstab bequem abschätzen.

Wie schon bei früheren Beispielen ist es auch hier sehr nützlich, dem nicht-spezialisierten Publikum gleichzeitig mit dem histologischen Bild eine erläuternde Übersicht anzubieten (45). Dichte Strukturen sind wieder dunkel ausgeführt. An sich wäre es sinnvoll, das Epithel farbig wiederzugeben, doch da dieses an den meisten Stellen so dünn ist, daß es auf der Übersicht kaum sichtbar wäre, wurde stattdessen die Muskulatur durch Farbe hervorgehoben. Als Hilfe für Orientierung und Verständnis ist die Richtung der beim Einatmen einströmenden Luft eingezeichnet. Zudem findet sich der Bereich markiert, welcher auf der gegenüberliegenden Seite (44) als Übersicht und Detail erscheint.

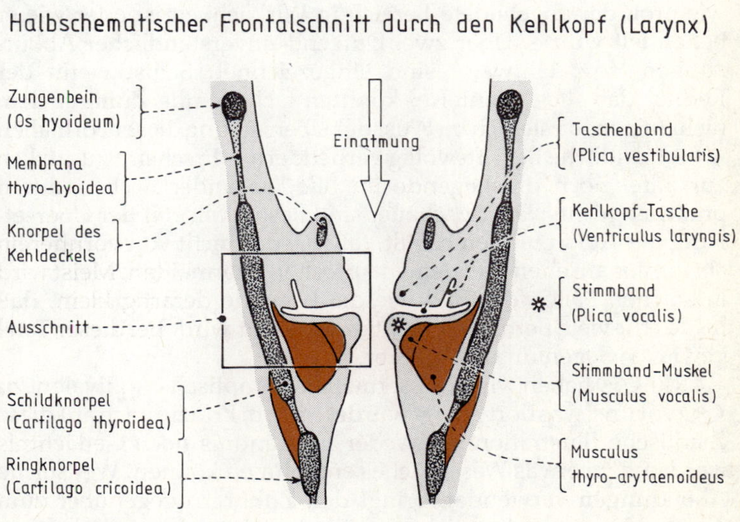


(45) Erläuterungen zum Histologie-Präparat

Ein Kehlkopfpräparat – wie in (44) – zeigt fast stets nur eine Seite einer **symmetrischen Struktur**. Erfahrungs-gemäß bedarf es längerer Übung, symmetrische Gebilde auch dann schnell zu erfassen, wenn nur eine Hälfte davon abgebildet ist. Daher ist es unbedingt ratsam, beim Vortrag symmetrische Gebilde ganz abzubilden und nicht nur eine Hälfte, die für den Vortragenden selbst ausreicht. Aus diesem Grunde zeigt (45) einen Schnitt durch den gesamten Kehlkopf. Zusätzlich bietet sich dadurch die Möglichkeit der übersichtlichen Kennzeichnung. Die Begrenzung des Kehlkopfes ist links im Bild beschriftet, die übrigen Strukturen sind rechts aufgeführt. Dadurch wird schnelles Erfassen gefördert.

Das formale Gegenstück zu (44) und (45) tritt uns in (46) entgegen. Ganz offensichtlich handelt es sich um eine **Tafel**, die in irgend einer Fach-Zeitschrift veröffentlicht wurde und die nun im Vortrag den Zuhörern vor die Füße geworfen wird – denn anbieten wäre bei einem solchen Produkt im Rahmen eines Vortrages sicherlich die falsche Formulierung. Es ist beim besten Willen nicht möglich, Nicht-Fachleuten eine solche Tafel während eines Vortrages zu erläutern.

Neun Illustrationen sind in (46) zu einem Bild zusammengepreßt, alle ohne irgendwelche Angaben, worum es sich handelt, wie groß der abgebildete Bereich in Wirklichkeit ist oder wie er behandelt wurde. Über zwei Dutzend unverständlicher Abkürzungen bzw. Hinweise sind eingezeichnet. Selbst wenn der Redner das alles erläuterte, könnten fach-fremde Zuhörer dem nicht folgen, da sie sich im Wust der Übersetzung dieser Formalien in verständliche Begriffe völlig verheddern. – Erscheint zusätzlich zur Tafel noch die Legende im Bild, so ändert sich dadurch praktisch nichts: Die Zuschauer sind bestenfalls mit der Übersetzung der Abkürzungen befaßt, falls sie das nicht von vornherein als sinnlos ansehen und dementsprechend vermeiden. Meist wird in solchen Fällen das Bild wie die Legende derartig klein, daß beides für viele Betrachter nicht mehr lesbar wird. Bei dieser Tafel gewiß ein Segen für die Zuhörer.

Mit (46) haben wir gewissermaßen das optische Äquivalent zu (38) vor uns; was dort gesagt wurde, trifft im Prinzip auch auf diese chaotische Illustration zu: Weder Verständnis noch Gedächtnis werden dem etwas Wesentliches entnehmen können. Wer solche Abbildungen verwendet, bringt den Zuhörern gegenüber zum Ausdruck, entweder nicht in der Lage zu sein, denjenigen Sachverhalte zu vermitteln, die mit ihnen noch nicht vertraut sind

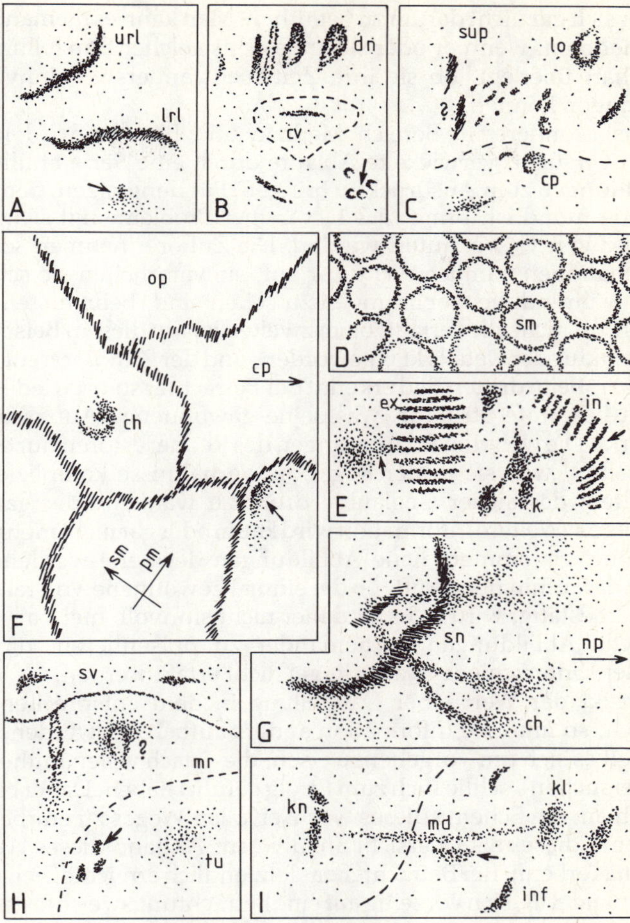


(46) Vielfach zusammengesetzte Tafel:
Friß, Vogel, oder stirb!

**Keine zusammen-gestoppelten Tafeln.**

– oder sich gar nicht darum zu bemühen. Man kann es niemandem übelnehmen, wenn er oder sie angesichts solcher Darstellungen ernsthaft überlegt, ob sie ihre Zeit nicht anderswo sinnvoller verbringen können.

Insbesondere im Bereich Medizin und Biologie wird nicht selten versucht, verwickelte Abläufe durch eine **Serie** ähnlicher Abbildungen zum Ausdruck zu bringen. Für denjenigen, dem die Materie fremd ist, bringt das fast immer Probleme mit sich, die anhand von (47) erläutert werden. Die Zuhörer nehmen solche Informationen nämlich nicht nur auf, sie verarbeiten sie schon, noch während die Abbildungen zu sehen sind. Beim ersten Dia wird noch nicht alles erfaßt, beim zweiten ist – in diesem Beispiel – die Struktur der Details klar geworden, und der Zuhörer freut sich darüber. Beim dritten Bild erkennt der Betrachter sofort wieder die schon bekannte Struktur, was seine gewonnene »Auffassung« bestärkt. Die weiteren Erläuterungen des Redners stören nur diese »Einsicht«, weil sie in der Regel die Verhältnisse komplizierter gestalten; das sicher Geglaubte droht zu wanken oder gar zu verfliegen. Weitere Information wird kaum oder gar nicht mehr zur Kenntnis genommen; neue Abbildungen der Serie werden vor allem daraufhin überprüft, ob die einmal gewonnene Vorstellung erneut bestätigt wird. – Es ist daher nicht sinnvoll, mehr als drei ähnliche Abbildungen nacheinander zu präsentieren, da die subtilen Unterschiede in aller Regel nicht erfaßt werden.

Steckt der Wert einer Darstellung in dem entsprechenden Bereich, so muß die Information anders aufbereitet werden. Oft handelt es sich um Vorgehensweisen, die – nach vielen mühevollen Versuchen – schließlich zum Erfolg geführt haben. Daher bietet es sich an, ein Schema dieses wechselvollen Weges zu erarbeiten (48) und dieses als Übersicht anzubieten. Anhand dieses Wegeschemas erkennt der Betrachter das letztendlich erreichte Ziel, und er vermeidet es, sich vorzeitig auf eine Betrachtungsweise festzulegen. Im allgemeinen ist es nämlich verhältnismäßig leicht, sich eine Meinung zu einer bestimmten Gegebenheit zu bilden, doch erweist es sich als psychologisch ungemein schwierig, eine bereits gefaßte Meinung wieder aufzugeben und gegen eine andere auszutauschen. Beim Vortrag muß der Redner vor allem solche Gesichtspunkte vorsichtig abhandeln, deren Wertung sich im Laufe der Präsentation noch ändern wird. Übersichts-Darstellungen – wie in (48) – sind bestens geeignet, Zwischen-Schritte als solche kenntlich zu machen und unerwünschtes »Umdenken« zu vermeiden. Jeweils gekoppelt mit einer solchen Übersicht vermag

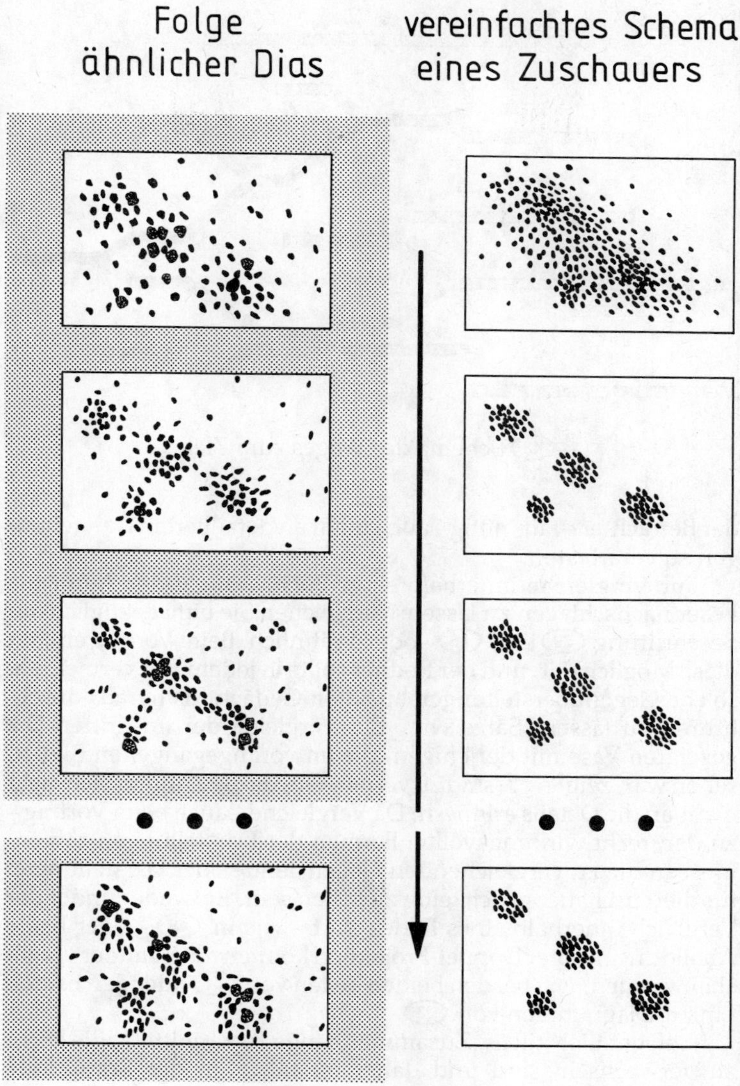


(47) Wirkung einer Folge ähnlicher Bilder auf den Zuhörer

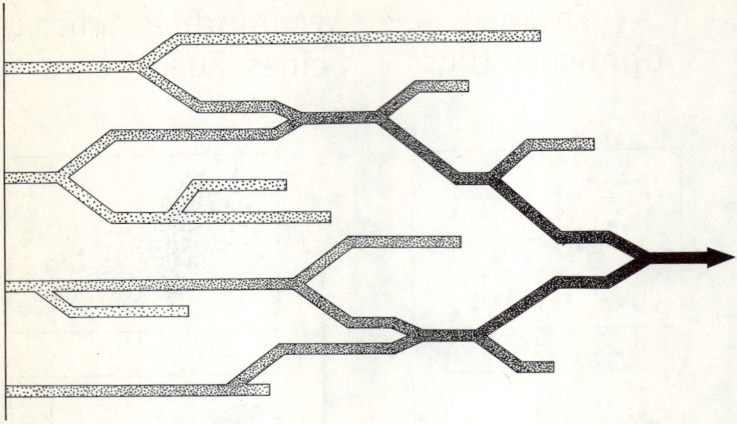

(48) Schema des Weges zum Ziel

der Betrachter – falls nötig – auch mehr an detaillierten Darstellungen zu verarbeiten.

Für **Vergleiche** innerhalb eines Buches pflegt der Autor die Leser nachschlagen zu lassen: Vergleichen Sie bitte bezüglich der Beschriftung (29) und (46) – oder so ähnlich. Beim Vortrag entfällt diese Möglichkeit, und der Redner sollte in jedem Fall vermeiden, solche Gegenüberstellungen aus dem Gedächtnis heraus durchführen zu lassen. Sätze wie »Ein Vergleich der im dritten Dia gezeigten Vase mit derjenigen, die im vorangegangenen Bild zu sehen war, zeigt . . .« sind zu vermeiden, da die Zuhörer sich nicht mehr an die Details erinnern. Da Vergleiche – auch beim Vortrag – zu den recht wirkungsvollen Formen der Darstellungen zählen, müssen die zu vergleichenden Gegenstände oder Darstellungen für die Zuschauer gleichzeitig zu sehen sein. Entweder findet der Vergleich innerhalb eines Bildes statt – wie in (49) – oder beide Abbildungen einer Doppel-Projektion können miteinander verglichen werden, wie bei den beiden Teilen von (21) oder den beiden Linien-Diagrammen von (22).

Gelegentlich gilt es, Zusammenhänge zu vermitteln, die leicht zu verwechseln sind und daher oft falsch in der Erinnerung bleiben. Dem kann beispielsweise durch Übertragen in eine andere Form der Darstellung begegnet werden. Das Vermögen einer Schall-Welle, Information weiter zu tragen, hängt – wie bei anderen Wellen auch – von deren Frequenz ab. Je höher die

Frequenz, desto größer ist die Menge der Information, die damit vermittelt werden kann. Von diesem Sachverhalt bleibt erfahrungs-gemäß nur übrig, die Frequenz habe irgendwie damit zu tun. Der Grund dafür liegt sicher in der mangelnden Anschaulichkeit der Begriffe »Informations-Gehalt« und »Frequenz«. Um dem abzuhelfen, kann man den Sachverhalt **ins Optische übertragen**: Die Frequenz wird gleichgesetzt mit der Zahl der Punkte bzw. mit der Dichte der Punkte (50).

Jeder erkennt anhand von (50) sofort, daß eine größere Anzahl von Punkten (rechts) ein genaueres, deutlicheres Bild ergibt, also mehr an Information vermittelt. Der Betrachter merkt sich die Kette der Begriffe: viele Punkte – viele Schwingungen – viel Information. (Solch eine Darstellung sieht zwar einfach aus, doch erweist es sich als schwierig, gleichzeitig sowohl die Zahl der Punkte als auch das Aussehen der Darstellungen im Griff zu behalten.) Die Beziehung zur Akustik wird durch die Ohrmuschel hergestellt, die offenbar einprägsam ist, denn durch eine früher erfolgte Präsentation einer ähnlichen Abbildung ist ihre Wirksamkeit erwiesen. Wiederum wurde eine klar verständliche Beschrif-

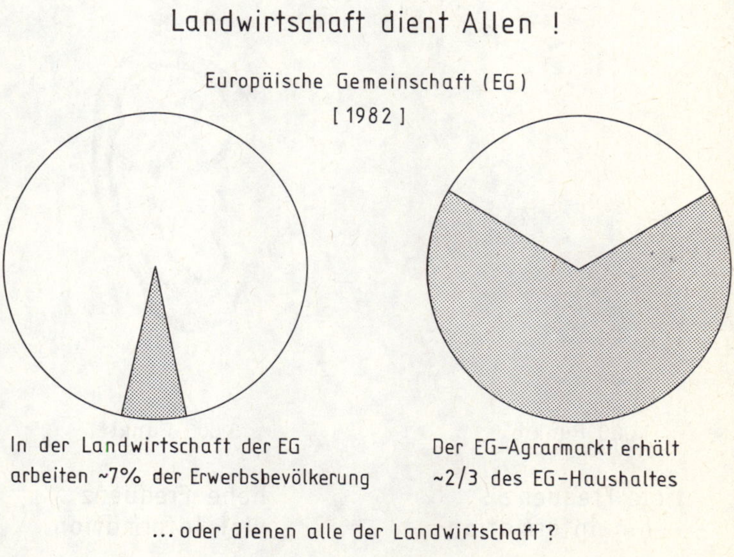


(49) Vergleich innerhalb eines Bildes

tung mit optischer Information gekoppelt. Die Abbildung beruht darauf, den abstrakten Sachverhalt den Zuhörern vor Augen zu führen, nach dem alten Grundsatz: Sehen heißt glauben.

Im Zeitalter des Umweltschutzes versuchen viele auch in der Bundesrepublik, das Fahrrad als Nah-Verkehrsmittel wieder so populär zu machen, wie es in den Niederlanden oder in Dänemark schon seit eh und je der Fall ist. Dazu gibt es inzwischen viele Untersuchungen und eine umfangreiche Literatur, doch zeigen sich überall Schwierigkeiten, das Problem der Nutzung des Fahrrades in seiner Gesamtheit zu sehen. Stadtväter glauben gewöhnlich, mit dem Bau einiger Radwege sei alles getan. Die Ergebnisse zahlreicher Studien sind in (51) zu einem Funktions-Modell zusammengefaßt, wobei gerade die Beziehungen der verschiedenen Einflüsse untereinander im Vordergrund stehen. Man sieht, wie die Maßnahmen zur Verbesserung der Wertschätzung des Fahrrades durch verschiedenste »Lecks« verrinnen, und es wird klar, welche geringe Bedeutung das Stopfen nur eines dieser Löcher bezüglich der Wertschätzung mit sich bringt. – Vieles muß sich ändern, um das Fahrrad wieder attraktiv zu machen.

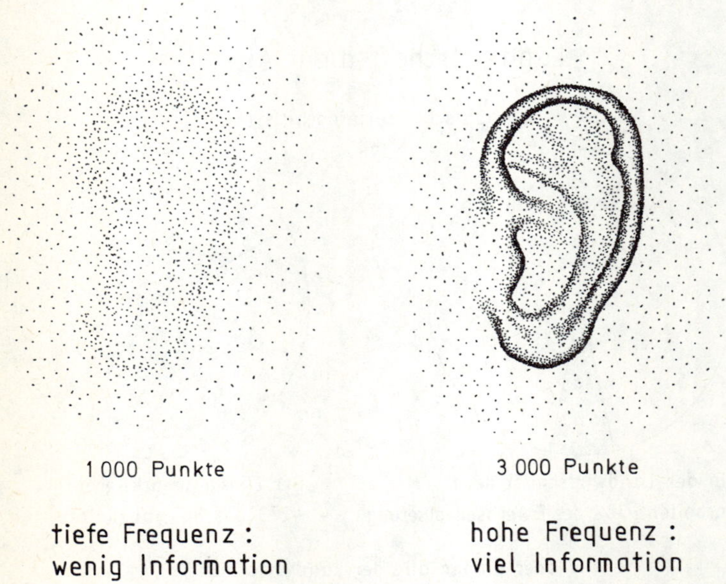


(50) Übertragung ins Optische

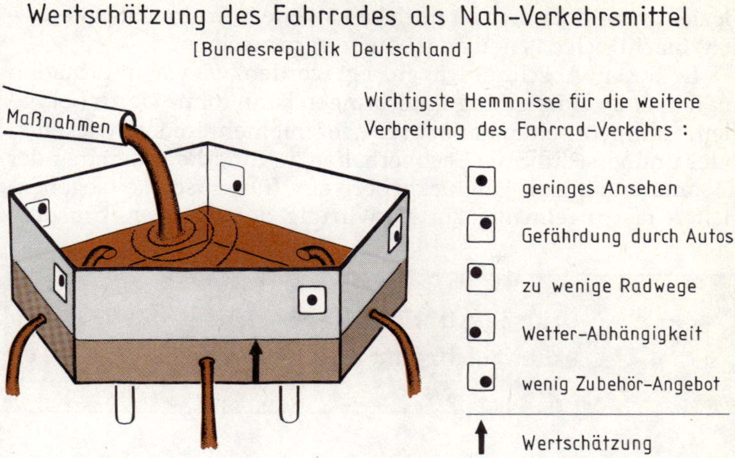


(51) Verständnis durch Funktions-Modell

Die Illustration (51) soll zeigen, wie man Zusammenhänge durch ein Modell schnell und einprägsam sichtbar machen kann. Dicke Studien vermitteln solche Beziehungen auch, doch ist dort das Ergebnis über viele Seiten verteilt. Hinzu kommt der größte Unterschied: Der allgegenwärtige Zeitmangel führt dazu, daß dicke Studien praktisch nicht mehr gelesen werden, schon gar nicht von Leuten, die in der Lage wären, etwas zu verändern. Ein einprägsames Bild bei einem Vortrag kann hingegen Sachverhalte bequem vermitteln, gerade für sehr Beschäftigte.

Darstellungen wie (51) sind auch unter einem anderen Gesichtspunkt recht wirkungsvoll. Personen, die trainiert sind im Umgang mit verwickelten Beziehungen und Sachverhalten, denken fast immer in **Modellen**, da sie auf diese Art mit relativ wenigen Gedächtnis-Inhalten viel an Information zu bewältigen vermögen. Neu auftauchende Daten werden mit dem vorhandenen Modell verglichen und wenn dieses den Sachverhalt im Prinzip erklärt, ist das Gedächtnis nicht weiter daran interessiert. Es sagt sich statt dessen: »Es war ja zu erwarten.« Modell-Vorstellungen sind schwer zu erarbeiten, und daher werden sie, soweit sie halbwegs einleuchtend erscheinen, gerne übernommen; darin liegt die große Möglichkeit solcher anschaulichen

Beziehungs-Modelle: Wer noch keins – oder nur ein schlechteres – hat, macht sich das neu angebotene gern zu eigen.

In diesem Abschnitt war gezeigt worden, wieviel Information man in einer Darstellung unterbringen kann, ohne sie zu überladen. Gar nicht selten hat man es aber mit mehreren verwickelten oder unübersichtlichen Sachverhalten zu tun, die untereinander zusammenhängen. Unglücklicherweise führen solche Gegebenheiten fast regelmäßig zur Verwirrung der Zuhörer. Um dem

**Nur Illustrationen vergleichen, die gleichzeitig zu sehen sind.**

vorzubeugen, ist es ratsam, in eine detaillierte Darstellung eine Kurzform der übergeordneten Beziehungen einzufügen. Ein Beispiel aus dem Bereich der Steuerung unserer Augen möge dies verdeutlichen (52).

Wenn wir beispielsweise eine Landschaft betrachten und uns danach einen nahegelegenen Punkt oder Gegenstand genau ansehen, werden zunächst die Sehlinien beider Augen darauf gerichtet, was als Konvergenz bezeichnet wird. Weiterhin muß die Brechkraft des Auges auf die Entfernung dieses Punktes eingestellt werden (Akkommodation). Zudem unterdrücken die Augen die optischen Randstrahlen durch Verengung der Pupillen (Miosis), wodurch sich die Tiefen-Schärfe erhöht. Von diesen drei Funktionen zeigt (52) nur eine davon im Detail, nämlich die Akkommodation, doch erkennt der Betrachter, wie diese beim Einstellen des Auges auf nahe gelegene Gegenstände mit den genannten anderen beiden Funktionen zusammenarbeiten. Das gestattet es den Betrachtern, jederzeit gewissermaßen **innerhalb des Bildes nachzuschlagen** und dies ohne jedes Zutun des Vortragenden. Verwirrung bezüglich der aufgeführten Begriffe kommt damit nicht auf.

Die Evolution hat uns einen merkwürdigen Mechanismus zur Einstellung der Brechkraft der Linse beschert. Wenn wir weit entfernte Gegenstände scharf sehen – unten in (52) –, wird die Linse durch die Spannung der Aderhaut abgeflacht, wodurch dann die geringe Brechkraft erreicht wird, mit der wir entfernt gelegene Gegenstände scharf sehen. Der gelee-artige, inkompres-

## Einstellung der Augen auf nahe Gegenstände:

- Akkommodation : Erhöhung der Brechkraft der Linsen.
- Konvergenz : Konvergieren der Sehachsen beider Augen.
- Miosis : Verengung der Pupillen.

---

## Akkommodation: [vereinfachte Schemata]

Nah-Akkommodation (Scharfsehen naher Objekte):

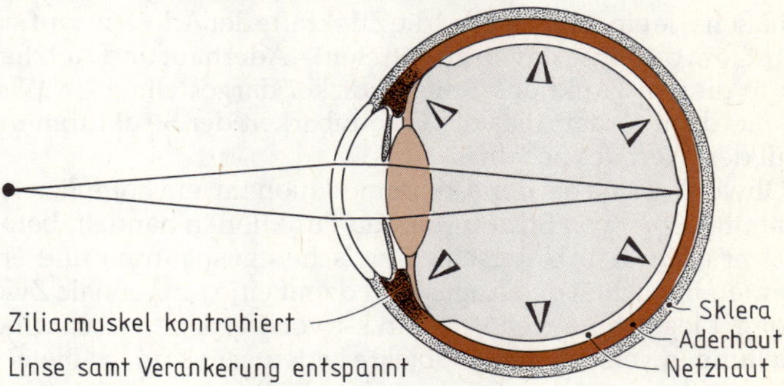


Fern-Akkommodation (Scharfsehen entfernter Objekte):

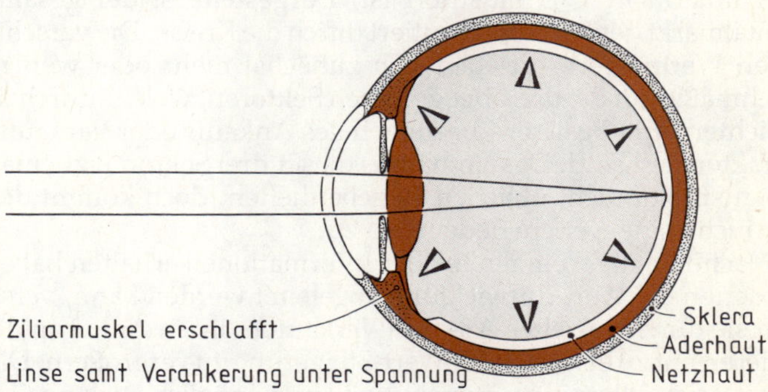


---

entspannt gespannt

(52) Übersicht und Detail integriert

sible Glaskörper (grau gerastert in beiden Teil-Illustrationen) drückt dabei Netzhaut und Aderhaut nach außen, was jeweils durch die sechs radiär gerichteten Pfeile zum Ausdruck gebracht wird. Richtet sich jetzt unser Interesse auf einen nahe gelegenen Punkt (oben im Bild), so muß sich die Linse abrunden, um die erforderliche größere Brechkraft zu erreichen. Dies geschieht durch Kontraktion eines Muskels, des Ziliarmuskels. Dabei drückt dieser Muskel nicht etwa die Linse zusammen, sondern er nimmt den Zug der Aderhaut auf, wodurch die Linse entspannt wird. Infolge ihrer eigenen Elastizität rundet sich die Linse ab, und sie erhöht damit ihre Brechkraft. Der Ziliarmuskel wirkt dabei gewissermaßen wie ein Kavalier, der die Zugkräfte der Aderhaut auf sich nimmt, um die Linse davon zu befreien. – Aderhaut und Netzhaut sind in diesem Funktions-Schema dicker dargestellt als in Wirklichkeit, doch fördert dies die Erkennbarkeit der Strukturen und damit den Wert des Schemas.

Obwohl es sich bei der Akkommodation um ein kompliziertes Zusammenspiel von Strukturen und Funktionen handelt, betont (52) vor allem den Unterschied zwischen gespannten und entspannten Bereichen des Auges und damit eine funktionale Zwei-Teilung. Liegen hingegen Verhältnisse vor, bei denen wechselnde Verteilungen verschiedener Objekte bedeutsam sind, so bietet es sich an, diese unübersichtlichen Verschiebungen in überschaubare Schritte zu zerlegen, wie das an einem Beispiel aus dem Kapitalmarkt in (53) illustriert ist. Dargestellt ist der gesamte Kapitalmarkt, jeweils repräsentiert durch die Kreise. Die verschiedenen Wertpapiere verteilen sich zunächst mehr oder weniger gleichmäßig auf die drei abgegrenzten Sektoren, welche durch die Absichten ihrer Besitzer – bezüglich des Ankaufs oder Verkaufs – charakterisiert sind. Das Verhältnis dieser drei Sektoren zueinander entspricht nicht üblichen Gegebenheiten, doch kommt dem hier auch keine weitere Bedeutung zu.

Nachdem die wenigen Insider Informationen erhalten haben, aus denen die Wert-Entwicklung abgeleitet werden kann, versuchen sie durch gezieltes An- und Verkaufen, ihren Anteil an den Papieren mit zu erwartender Wert-Steigerung zu vergrößern. Dies erweist sich allerdings nur sinnvoll und möglich, solange die Mehrheit nicht über diese Information verfügt und die zukünftig wertvollen Papiere auch verkauft. Durch schnelles und rechtzeitiges Handeln schaffen sie schließlich, im Endergebnis eine für sie recht günstige Verteilung zu erreichen.

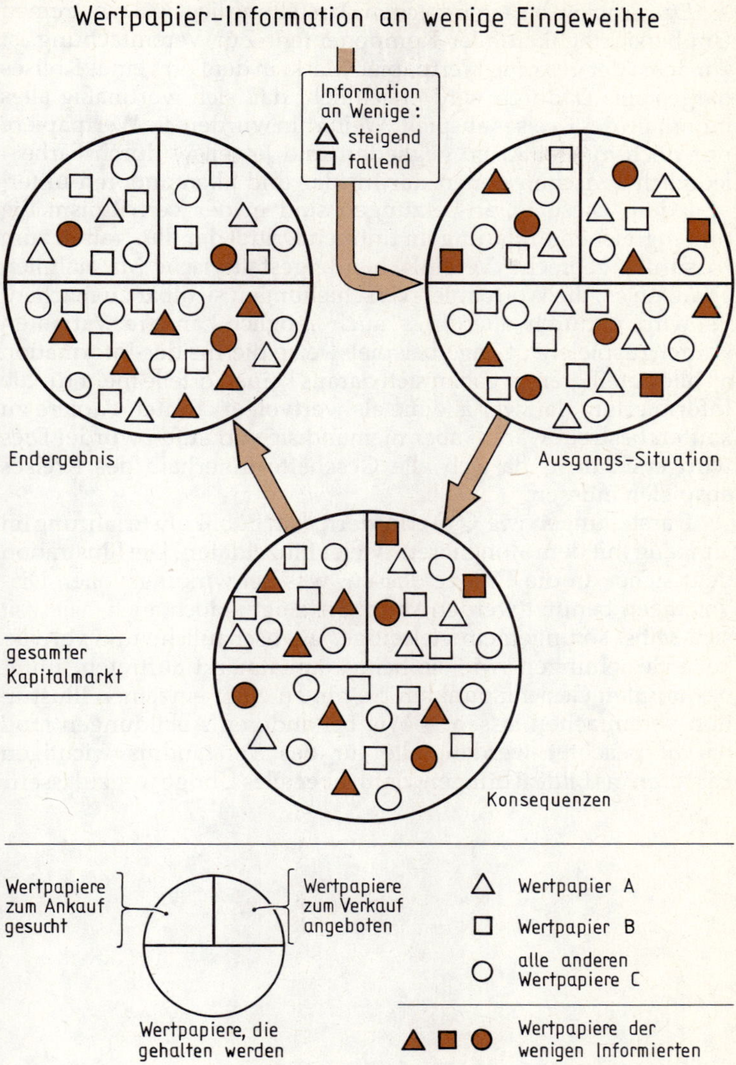


(53) Abläufe – in Schritte zerlegt

Das Problem bei einer solchen Darstellung liegt in der extremen Unübersichtlichkeit aller Komponenten. Zur Vereinfachung ist zunächst der gesamte Wertpapier-Markt in der Form eines Kreises dargestellt. Dadurch wird ersichtlich, daß sich wertmäßig alles innerhalb des Kreises abspielt. Weiterhin wurden die Wertpapiere nur noch in drei Arten gegliedert und jeweils – durch Farbe – lediglich zwischen denen der Insider und allen anderen unterschieden. Diese Voraussetzungen sind in der verhältnismäßig umfangreichen Erklärung im unteren Drittel der Illustration zum Ausdruck gebracht. Vereinfachende gestalterische Maßnahmen erlauben es, die Wertpapier-Verschiebungen sichtbar zu machen. Es wird dadurch allerdings auch möglich, andere Varianten »durchzuspielen«: Ginge beispielsweise die Insider-Information an alle Beteiligten, ergäben sich daraus keine Vorteile mehr für die Informierten, da zwar alle die als wertvoll erkannten Papiere zu kaufen bestrebt wären, aber niemand sie verkaufen würde. Dies wird ersichtlich, da sich alle Geschäfte innerhalb des Kreises abspielen müssen.

Darstellungen wie (53) erfordern vom Publikum Erfahrung im Umgang mit dem »Jonglieren« vieler Einzeldaten. Die Illustration geht sicher an die Grenze dessen, was bei wirkungsvollen Dia-Vorträgen benutzt werden kann. Sie zeigt jedoch auch, wieweit sich selbst so ungemein vielseitige, unanschauliche und verwikkelte Beziehungen, wie sie beim Kapitalmarkt auftreten, unter bestimmten Gesichtspunkten bis hin zu einer einzelnen Illustration vereinfachen lassen. – Wie bei anderen Abbildungen muß darauf geachtet werden, alle für das Verständnis wichtigen Faktoren ins Bild zu bringen, dafür aber alles Übrige wegzulassen.

# Gedächtnis

Die Spuren von Vorträgen sind Gedächtnis-Inhalte, um derentwillen die Zuhörer kommen und ihre wertvolle Zeit opfern. Beim Vortrag steht damit – im Gegensatz zum Buch – das Problem im Vordergrund, die wesentlichen Elemente der Darstellung durch eine entsprechende Aufbereitung möglichst vielen Zuhörern möglichst gut im Gedächtnis zu verankern. Der Wichtigkeit dieses Zieles entsprechend, sollte ein Teil der Präsentation, nämlich der Schluß-Teil, genau dieser Aufgabe gewidmet sein. Ehe uns Einzelheiten beschäftigen, wollen wir uns alltägliche Erfahrungen mit dem Gedächtnis vor Augen führen, ohne ins Dickicht der Gedächtnis-Forschung zu geraten. Wir wollen nur klarmachen und betonen, daß es sich im Zusammenhang mit der hier gegebenen Darstellung immer um das sogenannte Langzeit-Gedächtnis handelt, das Information über Wochen und Jahre, ja sogar über viele Jahrzehnte hin zu speichern vermag. (Aus der Fachliteratur sei hier die Lektüre des Buches von *Neisser* empfohlen.)

Unsere Erinnerung hat sehr viele, zutiefst menschliche Züge, und in vieler Hinsicht läßt sich auch umgekehrt sagen, daß menschliche Eigenarten auf Besonderheiten des Gedächtnisses zurückzuführen sind. Ein Baum entlang des Weges zur Arbeit möge die Funktionsweise des Gedächtnisses verdeutlichen. Es stehe in einem kleinen Park eine alte Eiche mit tief gefurchter Rinde, mächtigen ausladenden Ästen und einer hölzernen Bank um den Stamm herum. Solch ein Baum fällt auf, und jeder, der gelegentlich durch den Park spaziert oder nur daran vorbei fährt, kennt ihn; doch woran erinnern wir uns wirklich? Da ist zunächst der Standort eines solchen, heutzutage sehr selten gewordenen Natur-Denkmals, der jedem vertraut ist. Vom Baum selbst mit all seinen Ästen, Zweigen und der enormen Zahl der Blätter findet sich kaum etwas in der Erinnerung, abgesehen von den besonders weit unten vom Stamm abzweigenden, kräftigen Ästen und einer groben Vorstellung vom Umriß des Baumes insgesamt. Bei den meisten Leuten bleibt vor allem der Sommer-Eindruck haften, soweit es sich nicht um Begebenheiten handelt, die speziell mit anderen Jahreszeiten verknüpft sind. Von der außerordentlich großen Zahl der Details ergreift die Erinnerung nur ganz wenige: Generell ist unser Gedächtnis ein Experte im Vereinfachen.

Was von dem Baum in Erinnerung bleibt, wird gewissermaßen nicht unter demselben Stichwort abgespeichert. – Unterhält man sich mit Besuchern über Feste, so kann jemandem einfallen, daß in jedem Herbst ein Plakat über die Kirmes dort angeheftet wird; üblicherweise mit blauen Farben. – In Sachen Gefährlichkeit des Verkehrs fällt einem anderen sofort wieder ein, wie vergangenen Sommer ein Motorradfahrer ins Schleudern geriet, von der Straße abkam und schließlich gegen den Stamm der Eiche prallte. Wenn die Bank nicht davor gestanden und einen Teil des Aufpralls aufgefangen hätte, wäre der Fahrer sicher sofort tot gewesen. – Als es vor einigen Jahren einen schneereichen Winter gab, da brach etwas weiter oben ein dicker Ast ab und erschlug einen kleinen Dackel . . .

Geht man in Gedanken durch eine bekannte Stadt und versucht dabei, sich an möglichst vieles zu erinnern, so stellt man fest, die Straßen um so besser zu kennen, je öfter man dort gewesen ist. Die Gebäude, in denen man ab und zu etwas zu erledigen hat, in denen man gelegentlich einkauft oder in denen Bekannte wohnen, kennt man verhältnismäßig gut. Andere bleiben überhaupt nicht in Erinnerung, da eine Beziehung dazu fehlt und da sie auch äußerlich nicht auffallen. Es gibt – wie man gelegentlich bemerkt – ganze Straßen mit gleichförmigen, nichts-sagenden Gebäuden, deren Existenz einem noch gar nicht bewußt geworden ist, obwohl man durchaus schon in dieser Gegend war. – Weicht etwas stark vom Üblichen ab, so fällt es auf; es prägt sich auch ein, wie beispielsweise das verwahrloste Haus in einer Nebenstraße, vor dem mit Tauwerk ein großer Mast verankert ist, an dem eine schwarze Seeräuber-Fahne flattert, komplett mit weißem Totenkopf und gekreuzten Säbeln. Die verbreitete Redeweise »Bekannt wie ein bunter Hund« drückt die allgemeine Gültigkeit dieses Sachverhaltes in nur fünf Wörtern aus.

Weitere Beispiele sind hier überflüssig, da jeder tagtäglich mit solchen Gegebenheiten konfrontiert wird. Die kurz angesprochenen Eigenschaften des Gedächtnisses sollen nur **bewußt gemacht** werden und damit dem Vortragenden die Möglichkeit eröffnen, sie bei Dia-Vorträgen sinnvoll einzusetzen. Unter diesem Gesichtspunkt wollen wir nochmals zu (13) und (14) zurückkehren und die Welt sozusagen vom Standpunkt des Gedächtnisses aus betrachten. Bei allen Aktivitäten ist das Gedächtnis ständig beteiligt, natürlich auch beim Besuch eines Vortrages. Das Ohr schickt Signale zum Gehirn, die dort analysiert und als Sprache erkannt werden. Gedächtnis und Verständnis erledigen zusammen die Zerlegung in Wörter und Sätze sowie die Erarbeitung des Inhaltes, unter ständigem Vergleich mit bereits gespeicherter Information.

**Das Gedächtnis läßt sich nicht zwingen – aber ködern.**

Dabei wird sofort überprüft, ob die Information neu oder zumindest auffallend ist. Gleichzeitig mit der Sprache sind Illustrationen samt ihrer Beschriftung aufzunehmen und zu verarbeiten. Schrift wird ebenfalls zerlegt und daraufhin der Inhalt mit gespeicherten Daten vergleichend überprüft, und Ähnliches gilt für die optische Information der Illustrationen. Auch diese wird ständig mit Gedächtnis-Inhalten verglichen. Anschließend müssen die Inhalte dieser drei Formen der Information – Sprache, Schrift und Illustration – zu einer Gesamt-Aussage vereinigt werden.

Hinzu kommen Neben-Aufgaben für das Gedächtnis, die auch erledigt sein wollen: Mithelfen beim Feststellen, wer von den Bekannten auch zuhört, wonach das Parfüm der Nachbarin riecht, ob es sich bei der Musik, die aus dem Flur dringt, wirklich um die Ouvertüre des »Fidelio« handelt usw. – All das wird im Prinzip gleichzeitig erledigt. Zwar sind es teilweise recht unterschiedliche Bereiche des Gehirns, denen die Haupt-Last der einzelnen Aufgaben zufällt, doch über deren Verknüpfungen ist die Gesamtheit des Erinnerungs-Vermögens stark gefordert.

Die geschilderte Hektik bildet normale Alltags-Routine für das Gedächtnis, dabei wurde in diesem Beispiel nur die Hälfte seiner Aufgaben angesprochen, nämlich die Auswertung einlaufender Information und damit die Zuarbeit für das Verständnis. Neben dieser laufenden Aufgabe der Auswertung muß das Gedächtnis der Zuhörer aber noch **neue** Information aufnehmen, eben das, was von einem Vortrag letztlich übrig bleibt. Das oben geschilderte Beispiel macht deutlich, daß unser Gedächtnis durch die Beteiligung an den ständig ablaufenden Analysen ungemein belastet ist und für Neu-Aufnahmen kaum Zeit findet. Hinzu kommt die begrenzte Speicher-Kapazität des Gedächtnisses, und das bedeutet eine harte Auswahl unter den unvorstellbar großen Mengen einlaufender Daten. Die Auswahl wird dem Gedächtnis durch seine Monopol-Stellung auf diesem Gebiet erleichtert, denn seine Entscheidungen sind unanfechtbar. – Ihm allein bleibt es überlassen, was es als Erinnerung akzeptiert und was zu speichern abgelehnt wird. – Der Vortragende muß sich folglich mit dem Gedächtnis seiner Zuhörer gut stellen, er sollte ihm soweit wie möglich entgegen gehen, damit es ihm und seiner Information nicht die kalte Schulter zeigt.

## Illustrationen für das Gedächtnis

Um die Zwänge unseres Gedächtnisses zu verstehen, ist es hilfreich, die Verarbeitung der Information durch unser Gehirn in menschliche Arbeits-Bereiche zu übertragen. In einem großen Raum säßen dann zusammen Wahrnehmung, Verständnis und Gedächtnis, jeweils an Schreibtischen und umgeben von Telephonen, Fernschreibern, Bildschirmen usw. Gemeinsam arbeiten sie konzentriert daran, die ständig einlaufende Flut von Informationen sofort zu verarbeiten. Solch hektischer Streß erlaubt es dem Gedächtnis nur, mal zwischendurch eine Neu-Aufnahme zu erledigen. Kommt daher etwas Kompliziertes, Verwickeltes über den Tisch dieser mit wirklich diktatorischen Vollmachten ausgestatteten, aber gehetzten Instanz, so wird es weggeworfen. Das Gedächtnis ist viel zu beschäftigt, derartiges zu katalogisieren, denn dem müßte eine Analyse vorangehen, wofür die Zeit fehlt. Außerdem – das Gedächtnis hat schließlich Erfahrung – will das Verständnis später solch einen Wirrwarr ohnehin nicht mehr haben; es möchte die wertvollen Speicher nicht mit Schrott füllen. – Erhält das Gedächtnis Darstellungen wie (30) (38) oder (46), so werden sie wortlos weggeworfen. Unter diesem Gesichtspunkt ist es völlig falsch, am Ende eines Vortrages eine Darstellung anzubieten, in die buchstäblich der gesamte Inhalt der Präsentation gepreßt wurde. Der Vortragende ist zwar recht stolz darauf, alles in dem kleinen Rechteck untergebracht zu haben, doch das Gedächtnis der Zuhörer lehnt diese viel zu komplizierte und verwirrende Darstellung ab. Es läßt sich eben nicht zwingen, allzu komplizierte Sachverhalte abzuspeichern.

Erscheinungsbild der Stele von Seibal

Priesterkönig der Mayas
[Stele der Stadt Seibal; 849 n. Chr.]

(54) Gedächtnis-gerechte Vereinfachung

Wir wollen annehmen, in einem Vortrag werde über die Mayas berichtet, das in vieler Hinsicht rätselhafte Indianer-Volk Mittel-Amerikas, und dabei bilde, beispielhaft für die vielen anderen, die berühmte Stele von Seibal – (54), linke Hälfte – einen Schwerpunkt. Das Aussehen dieser in Stein gehauenen, denkmal-artigen Zeitmarke enthält für das Gedächtnis gar zu viele Details. Erschwerend kommt die Gleichförmigkeit des Aussehens hinzu: Der Betrachter erkennt nicht, was inhaltlich zusammengehört. Für das Gedächtnis muß solch eine Illustration überarbeitet werden, um eine Vereinfachung und ein schnelles Erfassen der inhaltlichen Komponenten zu erreichen – rechts in (54). Die Kleidung des Priesterkönigs wird sofort erfaßt, einschließlich des dominierenden Kopfschmucks. Er hält die Doppelschlange als Zeichen der Königs-Würde in den Händen, wobei diese durch die Ausführung in Schwarz hervorgehoben ist. Am linken Rand der Stele erscheinen 20 in etwa quadratische Flächen mit Zeit-Angaben; schließlich handelte es sich bei den Mayas um wahre Kalender-Fetischisten. Die im Bild stehende Beschriftung enthält die wichtigsten Angaben für den Betrachter.

Wird solch ein Bild präsentiert, so freuen sich Wahrnehmung und Verständnis, und beide bitten, diese Darstellung zu speichern. Das Gedächtnis kommt diesen Empfehlungen nach, denn **die drei arbeiten miteinander** und nicht gegeneinander. Es hat auch nicht lange nach Stichworten zu suchen; es stellt dankbar fest, daß diese bereits zur Illustration mitgeliefert wurden. Also ab in die Registratur, Zugriff unter den Stichworten »Mayas«, »Priesterkönige«, »Stele« und »Kalender (exotische)«. – Solche Illustrationen werden wahrscheinlich (zumindest teilweise) vor dem Abspeichern in Komponenten zerlegt und beim Abrufen aus der Erinnerung wieder zusammengesetzt. Optische Markierung zusammengehörender Bild-Bereiche fördert sowohl sinngemäßes Zerlegen als auch das erneute Zusammensetzen beim Abrufen aus der Erinnerung.

Handelt es sich um einen Vortrag über den Feinbau der Orchideen-Blüten, so ist es unbedingt notwendig, diese außeror-

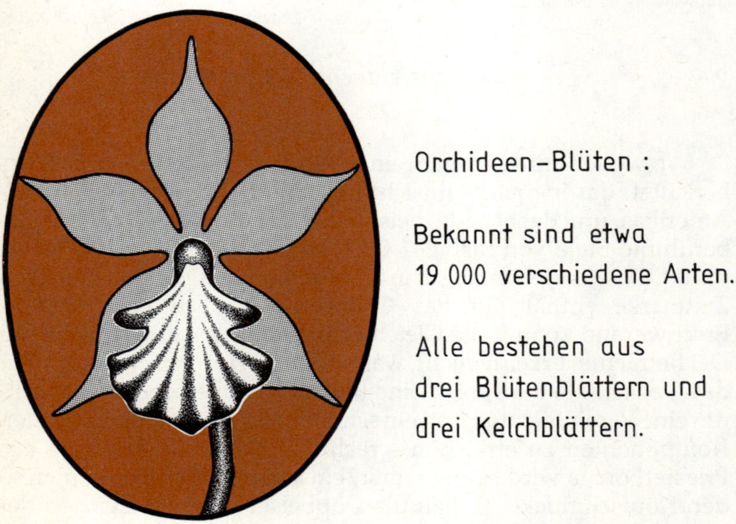


(55) Koppelung von Text und Bild

dentliche Vielfalt unterschiedlichster Formen für die Erinnerung der Nicht-Botaniker zu vereinfachen. Alle sind nach demselben Plan gebaut, was in (55) für das Gedächtnis dargestellt ist. Wahrnehmung wie Verständnis sind davon sehr angetan, denn sie haben keinerlei Schwierigkeiten damit. Der Text ist knapp genug und sorgfältig formuliert, wodurch er wahrscheinlich vom Gedächtnis direkt übernommen wird. Darüber hinaus wirkt das Bild in den meisten Fällen auf das Gedächtnis selbst, da es einen auffälligen elliptischen Untergrund aufweist und die Blüte durch ihre Schlichtheit besticht. Beides zusammen bewirkt Eindringlichkeit und Einprägsamkeit. Beim Vergleich mit schon gespeicherten Blüten bemerkt das Gedächtnis sofort seine Sonderstellung – nicht nur als Bild, sondern auch als **Vereinigung von Text und Bild**: Die Darstellung ist prominent, verglichen mit den anderen. Ohne Frage wird diese Illustration sorgfältig registriert und gespeichert, die Stichworte sind erfreulicherweise im Bild selbst enthalten. Ohnehin wirkt dieses Bild nicht allein, da der Vortragende gleichzeitig in sprachlicher Form die Bild-Aussage stützt. Eine Darstellung, welche Wahrnehmung, Verständnis und Gedächtnis so sehr entgegenkommt, wird auch gerne wieder abgerufen, sie bleibt in Erinnerung und wird vom Gedächtnis beim Suchen schnell gefunden.

Informationen, die vom Inhalt und von der Darstellung her allzu heterogen sind, sollten nicht zusammen in ein Bild gezwängt werden. Statt dessen ist es ratsam, die Vorteile der Doppel-Projektion zu nutzen und den gewünschten Inhalt auf zwei Illustrationen zu verteilen. Am Beispiel eines Vortrages über die Geschichte der Stabkirchen sei dies anhand von (56) und (57) erläutert. Als die Christianisierung über die Wikinger kam, waren diese gezwungen, christliche Kirchen zu bauen, wobei sie oft ihre alten Kult-Stätten beibehielten. Die Holzkirchen, welche damals gebaut wurden, sind geprägt von der Technik des Schiffbaues, und sie stellen in Europa wohl die ältesten erhaltenen Leichtbau-Konstruktionen dar. Es waren technisch fortschrittliche Bauwerke, von denen trotz des äußerst rauhen Klimas einige die Jahrhunderte in eindrucksvollem Zustand überdauert haben. Die allermeisten wurden allerdings später als zu altmodisch und zu klein angesehen und daher abgerissen.

Dieser Sachverhalt wurde in (56) zusammengefaßt. Skandinavien ist als Fläche hervorgehoben, und zur Orientierung sind die heutigen Grenzen gestrichelt eingezeichnet; auf die klimatischen Gegebenheiten wird durch die Markierung des Polar-Kreises

(56) Historisch-geographische Angaben

hingewiesen. Es ist nicht notwendig, die Namen »Norwegen«, »Schweden« und »Finnland« ins Bild einzutragen, da es sich um eine Illustration am Ende eines Vortrages handelt. Wem die Lage dieser Länder vorher noch unbekannt war, und wer sie nach einem derartigen Vortrag immer noch nicht kennt, dem dürften diese Bezeichnungen auch nicht helfen. Inhaltlich betont die Abbildung sowohl den historischen Aspekt, nämlich die früher weite Verbreitung der Stabkirchen, als auch die Lage der wenigen noch erhaltenen Beispiele dieser Holzkonstruktionen. – Die Anzahl der erhaltenen Stabkirchen wird in verschiedenen Büchern unterschiedlich angegeben, da man sich nicht ganz einig ist, was – nach oft mehrfachem Umbau – als »erhalten« angesehen werden kann.

✲ Stabkirche von Borgund

(57) Dazugehöriges Photo für das Gedächtnis

Dies ist der trockene, mehr theoretische Teil eines Vortrages über Stabkirchen. Für den Zuhörer ist aber wichtig, auch Eindrücke dieser Kultur-Denkmäler mitzunehmen. Zwar bringt der Vortrag viele Details – auch als Photos –, doch muß der Redner seinen Zuhörern, gewissermaßen zum Abschied, ein **Erinnerungs-Photo** mitgeben (57). Wie alle derartigen Photos sollte dieses schön und eindrucksoll und von einem klaren inhaltlichen Schwerpunkt geprägt sein. Beim Vortrag ist selbstverständlich ein Farb-Photo zu sehen, das wirkungsvoller ist als diese schwarzweiße Wiedergabe. Schöne Abbildungen haben einen höheren Erinnerungs-Wert, das Gedächtnis bevorzugt sie, ein Sachverhalt, den die bildliche Werbung intensiv nutzt. Für die Erinnerung ist bedeutsam, beide Abbildungen (56) und (57) gleichzeitig zu präsentieren und auch den Betrachtern genügend Zeit zu lassen, die Darstellungen aufzunehmen und sich einzuprägen. Das hervorgehobene Beispiel – die Stabkirche von Borgund – ist in beiden Abbildungen durch dasselbe optische Symbol und durch identische Beschriftung markiert, wodurch beide Illustrationen zu einer Einheit werden. – Erhält das Gedächtnis solche Darstellun-

**Denkwürdigkeit ist der sicherste Zugang zur Erinnerung.**

gen, so sieht es die Möglichkeit, durch Speicherung dieser wenigen Daten sehr viel über das Thema griffbereit zu haben. Es erkennt die Möglichkeiten, welche in solchen Übersichten stekken, und es hat neben der **»Sach-Dokumentation«** auch Material für die dazugehörige, wichtige **»Bild-Dokumentation«.**

Es gibt kaum einen Vortrag, der nicht diese beiden Arten der Information für das Gedächtnis der Zuhörer in aufbereiteter Form bereitstellen sollte. Der Vortragende muß sich bei der Vorbereitung entscheiden, was er für wichtig hält und dann bemüht sein, diesen inhaltlichen Kern für die Zuhörer gedächtnis-gerecht aufzuarbeiten. Er nimmt dem Zuhörer ab, zu entscheiden, was wichtig ist, und er gewinnt damit die Möglichkeit, denjenigen Teil langfristig zu vermitteln, an dem ihm besonders gelegen ist. Unterläßt er dieses Eingehen auf die Erfordernisse der Erinnerung, merken sich die Zuhörer irgend etwas – jeder etwas anderes –, und häufig handelt es sich um Nebensächliches. Unterläßt der Redner eine **Vereinfachung**, übernimmt diese Aufgabe das Gedächtnis der Zuhörer, allerdings mit großer Brutalität. Für den Redner bedeutet die Beschränkung auf das Wesentlichste jedoch den Abschied von vielen liebgewordenen Details, und die Erfahrung zeigt, wie schwer dies offenbar ist. Es gehört viel Sinn für Realität dazu, sich bei der Planung dieses inhaltlichen Kerns nicht zu überschätzen!

Da Gedächtnis und Verständnis an jeder Verarbeitung von Information beteiligt sind, wissen sie auch über den Fortgang und den Inhalt von Vorträgen jederzeit Bescheid. Es spricht vieles dafür, daß sie sich Gedanken zur Darstellung machen; sie entwikkeln Erwartungen und sind offenbar zufrieden, wenn der Verlauf

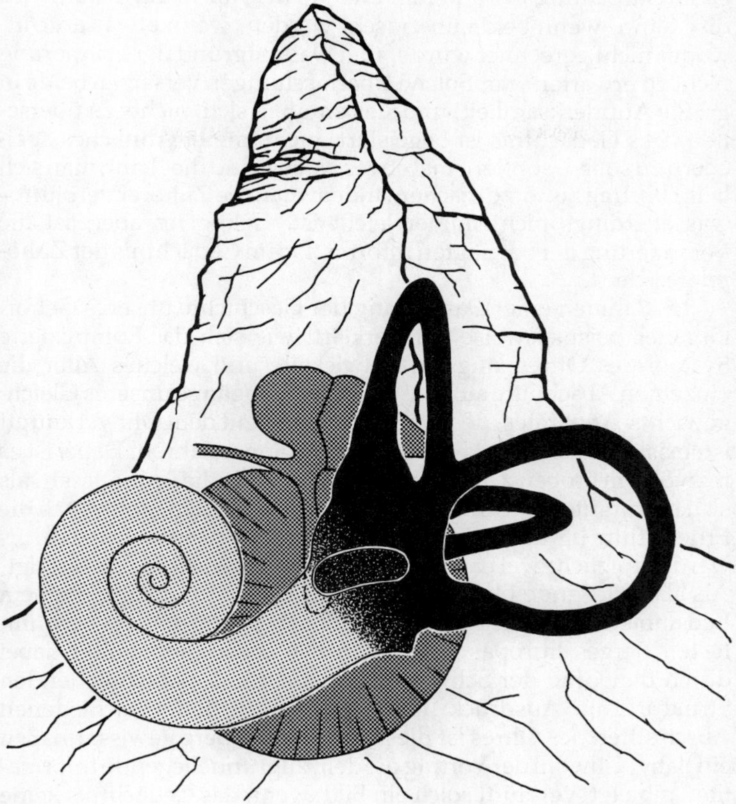

Das Alter des Ohres und des Matterhornes im Vergleich:
Je dunkler die Darstellung, desto älter die Struktur.

(58) Überraschende Integration verschiedener Bilder

einer Darbietung etwa denen entspricht. Am deutlichsten wird dies dann, wenn beide überrascht werden, wenn etwas auftritt, womit nicht gerechnet wurde, und was aufgrund der Erinnerung nicht zu erwarten war. Solche Überraschungen versetzen beide in größte Aufmerksamkeit, und sie bemühen sich, nichts zu übersehen. Das Gedächtnis ist begeistert, nicht immer Ähnliches speichern zu sollen, sondern mal etwas Neues, und dies kann man sich beim Vortrag zunutze machen, indem man die Zuhörer verblüfft – was allerdings nicht immer leicht ist. Gelingt es aber, ist die Verankerung der beteiligten Information im Gedächtnis der Zuhörer gesichert.

Im Rahmen einer Darstellung der Geschichte unseres Gehör-Organes beispielsweise wird erklärt, wie sich das komplizierte System des Ohres langsam entwickelte und welches Alter die einzelnen Abschnitte aufweisen. Die Bogengänge unseres Gleichgewichts-Apparates, dessen Entwicklung mit dem Ohr verknüpft ist, existieren seit rund fünfhundert Millionen Jahren. Dabei ist es reizvoll – in groben Zügen – vorzuführen, wie die Erde aussah, als sich bestimmte Abschnitte des Ohres entwickelten, denn auch die Erde erfuhr im Laufe der Zeit tiefgreifende Veränderungen. Es werden folglich zwei parallele historische Entwicklungen verfolgt. Als abschließende Darstellung für die Erinnerung kann man ein Bild anbieten, welches das Ohr vor dem Hintergrund des berühmtesten Berges Europas zeigt (58). Die Illustration bringt dabei durch den Grad der Schwärzung das Alter der entsprechenden Struktur zum Ausdruck: Im Verhältnis zu den verschiedenen Abschnitten des Ohres ist dieser imposante Berg gewissermaßen ein Baby. Obwohl der Vortrag die dem zugrundeliegende Information anbietet, verblüfft solch ein Bild, wenn das Gedächtnis keine ähnlichen Darstellungen gespeichert hat. Eine sinnvolle Integration von Berg und Ohr wird im ersten Moment für unmöglich gehalten; erst wenn der Inhalt erkannt wird, beeilt sich das Gedächtnis, dieses überraschende, denkwürdige Bild festzuhalten.

Die Bezeichnung »**denkwürdig**« repräsentiert einen äußerst wichtigen Zugang zum Gedächtnis. Das Wort bezieht sich nämlich nicht auf »denken«, sondern auf das Gedächtnis: Denkwürdig heißt gedächtnis-würdig. Die verwandte Redewendung »seit Menschen-Gedenken« bedeutet: soweit die Erinnerung der Menschheit zurück-reicht, und ihre Verwendung bezieht sich stets auf eindrucksvolle Ereignisse oder Vorgänge, die als des Gedächtnisses würdig erachtet werden. Wird ein Sachverhalt als eindrucksvoll angesehen – also weniger bedeutsam als denkwürdig – bezeichnet man ihn als »bemerkenswert«. Auch hier steckt mit »merken« ein Hinweis auf das Gedächtnis. Wir können auch den »Denkzettel« heranziehen; bei *Luther* noch als Zettel zur Unterstützung des Gedächtnisses verwendet (heute: Merkzettel), später dann im übertragenen Sinne gebraucht, aber stets in Verbindung mit dem Gedächtnis! – Die Sprache zeigt uns, welch innige Beziehung zwischen dem Unerwarteten, Eindrucksvollen, Bemerkenswerten und dem Gedächtnis besteht. – Darstellungen, welche ausgetretenen Pfaden folgen, bieten nichts Unerwartetes, nur Variationen bekannter Sachverhalte. Der Weg durch das Tor der Denkwürdigkeit ist ihnen verschlossen.

## Methodik gedächtnis-gerechter Präsentation

Im Kapitel über die Grundzüge der Informations-Vermittlung wurde der Gesamt-Aufbau eines Vortrages in (15) bildlich dargestellt und besprochen. Da vom Dia-Vortrag den Zuhörern nur Erinnerungen bleiben, kommt dem Schluß-Teil, in dem die Aufarbeitung für das Gedächtnis erfolgen sollte, große Bedeutung zu. Aus (15) ist der Ratschlag zu entnehmen, zum Ende der Präsentation hin die Schwierigkeit der Darstellung zu verringern, die thematische Breite aber zu erweitern. Mehrere Gründe sprechen dafür. Der Haupt-Teil bringt den Zuhörern viele verwickelte Details, denen sie vielleicht zu folgen vermögen, die sie aber praktisch nie in größerem Umfang in Erinnerung behalten werden. Da aber jeder Vortrag den Zuhörern dauerhafte Information bringen sollte, muß der Vortragende im Schluß-Teil gezielt auf die Bedürfnisse des Auditoriums eingehen.

Zunächst gilt es gewissermaßen von den Höhen der verzwickten Details wieder herunterzukommen und die Einbettung in allgemeine Gegebenheiten aufzuzeigen. Den Zuhörern muß die Bedeutung der vorangegangenen Darstellung bewußt gemacht werden; wo es möglich ist, sollten Ausblicke auf Beziehungen oder Anwendungen hin geboten werden. Im Zusammenhang mit (13) war betont worden, daß unser Gedächtnis vor allem über das Verständnis zu erreichen ist. Dazu gehört auch die Erkenntnis, daß selbst wertlos oder abwegig erscheinenden Sachverhalten langfristig große Bedeutung zukommen kann, doch muß der Redner in jedem Fall seine Zuhörer erst davon überzeugen. Das stets stark beanspruchte Gedächtnis fragt nämlich vor dem Abspeichern von

Angaben offenbar nach, ob die Sache verständlich oder sinnvoll ist. Trifft dies zu, besteht Aussicht auf ähnliche Einsicht beim Rückholen aus der Erinnerung, und dann ist es lohnend, sich die Angaben zu merken. Kann das Verständnis Sachverhalten nichts abgewinnen, so meldet es dem Gedächtnis, diesen Quatsch ja nicht aufzuheben, und das Gedächtnis folgt dem Rat ganz offenbar weitgehend. Der Leser möge versuchen, sich den Inhalt unverständlicher Präsentationen der Vergangenheit ins Bewußtsein zu

**Die Erinnerung verabscheut Zahlen.**

rufen. Er oder sie erhält bestenfalls formale Erscheinungsbilder, deren wirre Struktur dem linken Teil von (54) ähneln dürften. Beim Versuch, sich unverständliche Darstellungen einzuprägen, wird deutlich, wie stark sich das Gedächtnis dagegen wehrt.

**Zahlen** sind äußerst problematisch für ein normales Gedächtnis, möglicherweise deshalb, weil sie nicht zu verstehen, sondern nur abzuspeichern sind. Für die Praxis des Dia-Vortrages ist es ratsam, sich ein Gedächtnis vorzustellen, das bei jeder Zahl schimpft und nachfragt, ob diese später wirklich wieder gebraucht wird. Am Anfang eines Vortrages ist das noch nicht so schlimm, doch wenn es um die gedächtnis-gerechte Aufbereitung geht, sollten Zahlen möglichst ganz verschwinden, es sei denn, diese wären für den Alltag der Zuhörer von Bedeutung. (Bei Mathematikern, Physikern usw. ist die Aufnahme-Fähigkeit für Zahlen sicher besser, weil sie ständig damit umzugehen haben, doch werden auch sie sich kaum Zahlen merken, die für sie belanglos sind.) Für den ständig damit hantierenden Redner sind Zahlen bequem, für die Zuhörer sind es meist glitschige, ungeliebte Angaben. – Die Attraktivität von Darstellungen wie (58) beruht unter anderem auf der Abwesenheit von Zahlen-Angaben. Das **Bild** haftet viel besser als es Zahlen jemals könnten.

Für den Redner ist die Verständlichkeit der Präsentation gerade unter dem Gesichtspunkt der Erinnerung äußerst wichtig. Spricht ein Zuhörer nach längerer Zeit über einen derartigen Vortrag, so verwendet er Formulierungen wie »An die Einzelheiten erinnere ich mich nicht mehr, aber der Vortragende – er hatte merkwürdigerweise einen russisch klingenden Namen – stellte überzeugend dar, welche Bedeutung der Kreolen-Grammatik für die Entwicklung der menschlichen Sprache allgemein zukommt. Der Satzbau . . .« Verständlichkeit ist keine Sache für sich allein, sondern sie bildet zusätzlich eine Empfehlung für das Gedächtnis. – Sind Gegebenheiten im Prinzip bekannt, übernimmt sie die Erinnerung kaum, da es »nichts Neues« ist. Information ist um so schwerer zu vermitteln, je mehr an Ausbildung und Erfahrung bei den Zuhörern vorliegt. Das Gedächtnis wird dadurch immer selektiver.

Am beliebtesten bei den Zuhörern sind Vorträge, die ihnen Einsichten bzw. Kenntnisse vermitteln, welche sie selbst betreffen und die sie persönlich anwenden können. Bei den meisten Vorträgen werden diesbezügliche Hoffnungen allerdings schon aufgrund der Themenstellung unterdrückt. Dennoch gibt es nur wenige Darstellungen, die zu spezialisiert und alltags-fern sind, um eine Brücke zur Erfahrung der Zuhörer zu schlagen. Der Redner sollte – soweit möglich – im Schluß-Teil die Beziehungen zur Erfahrung der Zuhörer aufzeigen. Vor dem Abspeichern überprüft das Gedächtnis nämlich nicht nur die Verständlichkeit, sondern es spricht alles dafür, daß es fragt, wozu die vorgelegten Angaben später zu gebrauchen sind. Der Bezug zur Alltags-Erfahrung fördert die Aufnahme ins Gedächtnis.

Ging es bislang um die inhaltliche Aufarbeitung eines Vortrages für die Erinnerung, so kommen wir nun zum mehr formalen Vorgehen. Nach uralter Erfahrung prägen sich Sachverhalte um so besser ein, je häufiger sie verarbeitet werden. Reine Wiederholung ist dabei in vieler Hinsicht abträglich und daher zu vermeiden. Es ist statt dessen ratsam, den Kern der Information unter verschiedenen Gesichtspunkten darzustellen und auf diese Art eine verkappte Wiederholung einzuführen, verbunden mit einer **Vertiefung** des Verständnisses. Die Situation ist dabei ähnlich derjenigen beim Kennenlernen eines großen, aus vielen Figuren bestehenden Denkmals. Beim Anblick von vorn erhält man einen guten Eindruck. Betrachtet man das Monument von der einen Seite, wird das ursprüngliche Bild wiedererkannt, doch das Erfassen der räumlichen Struktur verbessert sich, zudem wird ein Teil der Rückseite sichtbar. Die Ansicht von der gegenüberliegenden Seite läßt ein noch klareres Bild entstehen; die genaueste Vorstellung wird jedoch erst erreicht, nachdem man einmal um das Monument herumgewandert ist. – Um bei dem Beispiel zu bleiben: Der Vortragende sollte seine Zuhörer einmal um sein Informations-Gebäude begleiten, dann langsam davon weggehen und den Blick auf die Umgebung lenken. Zum Abschied können sich alle umdrehen und Bauwerk samt Umgebung verabschieden.

Ganz wesentlich ist das Zusammenspiel von Sprache und Bild, wie es anhand von (33) verdeutlicht wurde. Bei der Aufarbeitung für das Gedächtnis sind knappe, prägnante Formulierungen sehr hilfreich, und es ist wichtig, beide Arten der Darstellung aufeinander abzustimmen. Beispielsweise erhöht langsames, lautes Lesen des Textes in (55) die Eindringlichkeit, da die Information identisch und zeitgleich über das Auge und über das Ohr den Empfänger erreicht. Solch eine Darstellung muß wirken, sie sollte einige Zeit zu sehen sein. Eine Identität optischer und akustischer Information ist nicht erforderlich, doch sollten **Merk-Sätze** gleichzeitig mit gedächtnis-gerechten Illustrationen präsentiert werden.

Anhand der Beispiele (54) bis (58) wird deutlich, welchen Umfang gedächtnis-gerechte Darstellungen haben sollten. Der häufigste Fehler in diesem Zusammenhang ist ein maßloses Überschätzen dessen, was Zuhörer von einem Vortrag länger im Gedächtnis behalten. Unter »**langfristig**« soll der Zeitraum von mindestens einem Monat verstanden werden. Der Leser möge sich entsprechend zurückliegende Präsentationen ins Gedächtnis rufen und sich ehrlich überzeugen von dem Inhalt, der davon übrig geblieben ist. Gewiß, viele sind sich bewußt, wie wenig von Vorträgen in der Erinnerung haftet, doch wenn es um ihre eigene

**Der Weg zum Gedächtnis führt über das Verständnis.**

Darstellung geht, wird diese Erkenntnis meist ignoriert. Es soll hier bestimmt kein Pessimismus bezüglich der Wirksamkeit von Vorträgen gepredigt werden, ganz im Gegenteil. Um die Notwendigkeit der arbeits-intensiven Darstellung – gezielt für die Erinnerung – zu erkennen, muß sich aber jeder zuerst über den schlechten Wirkungsgrad der üblichen Technik des Vortrages im klaren sein.

Als wichtigen Schritt zur Verbesserung sollten Vortragende daher schon bei der Vorbereitung entscheiden, was sie für das Allerwichtigste halten. Dieser innerste Kern der Darstellung muß dann in einer Weise gestaltet werden, wie er vom Gedächtnis der Zuhörer geschätzt und damit gern gespeichert wird. Dazu gibt es

Faustregeln, die auf Erfahrung beruhen. **Eine** Aussage bzw. ein Gesichtspunkt muß selbstverständlich vermittelt werden, andernfalls sollte kein Vortrag gehalten werden. **Zwei** Gesichtspunkte durch geschickte Darstellung langfristig im Gedächtnis der Zuhörer zu verankern, ist möglich – aber schwierig. Die gedächtnisgerechte Übermittlung von **mehr als drei** Gesichtspunkten existiert vor allem in der Phantasie der Vortragenden. Gerade beim Gedächtnis gilt das Prinzip: »Weniger ist mehr«.

# Testen der Abbildungen

Die Bedeutung von Dia-Vorträgen ist recht unterschiedlich. Manche – vor allem innerhalb von Unterrichts-Reihen – stellen für die Vortragenden die Routine des Alltages dar. Andere dienen im wesentlichen der Verschönerung des Jahres-Berichtes, der Pflege des Kontaktes mit Bekannten, der Repräsentation des Amtes oder der Firma bei irgendwelchen Veranstaltungen. Daneben gibt es aber Bilder-Vorträge, von denen sehr viel abhängen kann, da sie im Zusammenhang mit Entscheidungen gehalten werden, die von den Zuhörern getroffen werden – gleichgültig ob direkt oder indirekt. Da geht es beispielsweise um die Übernahme einer Konzeption durch ein übergeordnetes Gremium, um den Verkauf eines Produktes an einen Groß-Kunden, um eine neue Therapie einer Krankheit oder um die Besetzung eines wichtigen Postens. Ansehen, wirtschaftlicher Erfolg, die Karriere – und damit manchmal das Schicksal der ganzen Familie – können vom Erfolg eines Dia-Vortrages abhängen. Das dabei den Zuhörern vermittelte Informations-Gebäude bildet ganz buchstäblich die tragende Struktur für wichtige Bereiche der Zukunft des Vortragenden.

Wie bei baulichen Konstruktionen sollte auch bei Dia-Vorträgen vorweg überprüft werden, inwieweit die tragenden Elemente – vor allem die Illustrationen – der geplanten Belastung gewachsen sind. Was in der Technik selbstverständlich ist, sollte auch bei der Vermittlung von Information angewendet werden, zumal letztere wesentlich schwieriger und weniger berechenbar ist. Wichtige Abbildungen sollten daher vorab getestet werden, möglichst bezüglich der Wahrnehmung, des Verständnisses und des Gedächtnisses. Wir wollen hier die Art der Prüfung kurz besprechen, obwohl insbesondere Zeitmangel häufig ein gründliches Testen verhindert.

Bei bedeutsamen Vorträgen ist den Rednern außerdem zu empfehlen, die **Projektions-Bedingungen** rechtzeitig zu überprüfen oder um Überprüfung zu bitten – beispielsweise anhand des in (20) dargestellten Dias. Von der letzten Sitzreihe aus betrachtet sollte der Name »Saarbrücken« lesbar sein. Ist nur »Hannover« erkennbar, handelt es sich um schlechte Bedingungen, sollte aber nur »Freiburg« zu entziffern sein, muß dringend eine andere, akzeptable Projektions-Anlage besorgt werden. Zwar ist das Sicherstellen guter Darstellungs-Bedingungen Aufgabe des Einladenden, doch hilft dies dem Vortragenden nichts, wenn er vorn vor dem Publikum steht und seine mühsam erstellten Illustrationen nur in den ersten Reihen zu sehen sind. Sein Vortrag geht dann baden, nicht derjenige des Einladenden. Von berühmten Namen sollte sich diesbezüglich niemand beeindrucken lassen: Selbst international renommierte Kongreß-Zentren bieten gelegentlich vollkommen unakzeptable Projektions-Bedingungen, insbesondere in den kleineren Auditorien.

## Testen der Wahrnehmbarkeit

Gute Wahrnehmbarkeit ist stets und kompromißlos für alle Abbildungen zu fordern. Im Kapitel über optische Wahrnehmung wurde dargelegt, wie dies bei Zeichnungen schon beim Entwurf geplant werden sollte. Schlüssel dazu sind ausreichende Größe der Beschriftung, genügende Dicke aller Linien bzw. Striche sowie markante Flächen. Ist das berücksichtigt, erübrigt sich eine Überprüfung dieser Kriterien. Lesbarkeit läßt sich also verläßlich einplanen durch Einhaltung der früher dargestellten Bedingungen. Häufig hat man jedoch Gegebenheiten, bei denen der Haupt-Teil des Bildes nur den Rahmen abgibt für die Zu- und Einordnung von Markierungen irgendwelcher Art. In (59) ist ein Beispiel aus dem Bereich der Erdwissenschaften zu sehen. Wie bei allen Tests müssen möglichst realistische Bedingungen gegeben sein, und die Überprüfung sollte hart durchgeführt werden, damit später auch unter ungünstigen Verhältnissen kein Versagen erfolgt.

Beim Vortrag ist schnelles Erfassen optischer Gegebenheiten entscheidend, da die Betrachter ihre Aufmerksamkeit für den Vortrag benötigen und sie nicht mit Absuchen von Illustrationen verschwenden dürfen. Der Zeitbedarf des Erfassens wesentlicher Komponenten stellt damit den entscheidenden Gesichtspunkt dar. Um dies zu kontrollieren, kann man Dias anfertigen und sie mittels Projektion einigen Versuchspersonen vorführen. Sind die minimalen Strich-Dicken und Schrift-Größen eingehalten, läßt

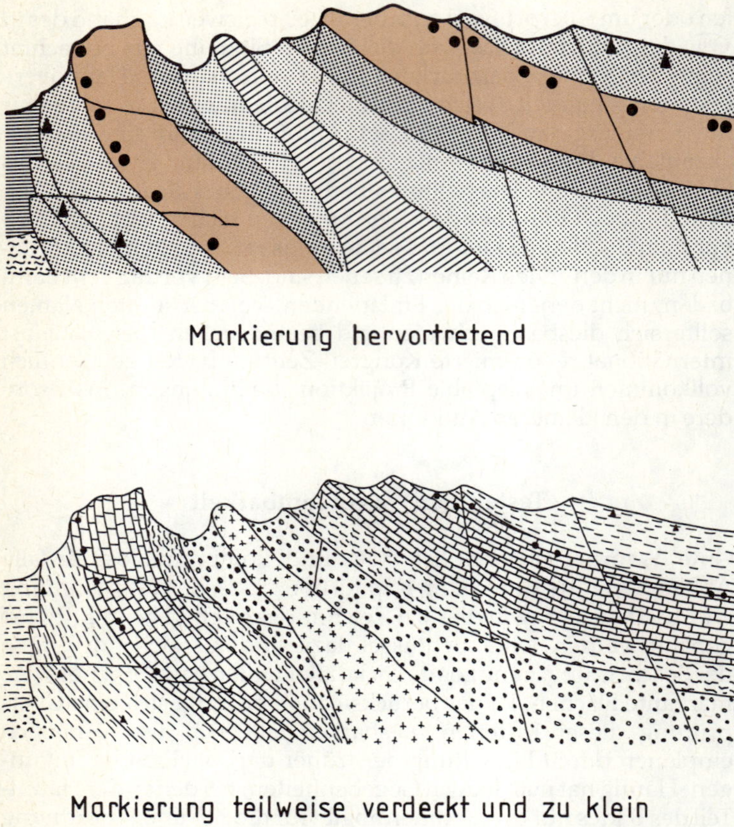


(59) Testen der Wahrnehmung

sich die Wahrnehmbarkeit von Markierungen allerdings auf andere Weise viel bequemer testen. Dazu nimmt man am besten eine Roh-Abbildung, also eine ohne Beschriftung, da für diesen Zweck die Schrift nur ablenken würde. Eine solche Illustration – (59) zeigt zwei davon – hält man Bekannten, Kollegen oder Mitarbeitern etwa drei bis fünf Sekunden lang vor, und zwar ohne vorangehende Erläuterungen. Danach fragt man die Person schlicht: **»Was haben Sie gesehen?«** Aus den Antworten, die man daraufhin erhält, läßt sich die Wahrnehmbarkeit von Markierungen oder anderen bedeutsamen Strukturen erkennen, da stets das angegeben wird, was auffällt.

Beim unten in (59) abgebildeten Beispiel erhält man Angaben wie diese: »Viele unregelmäßige Linien; es scheint einige Bänder zu geben; oben ist ein gezackter Rand«. Die beiden Arten der in dieses geologische Profil eingezeichneten Markierungen fallen nicht ins Auge, zumal die Illustration insgesamt einen recht einförmigen Eindruck bietet. Das, worum es geht, ist optisch nicht hervorgehoben, und die viel zu schwachen Markierungen gehen darin unter. Beim Vortrag würden sich die Betrachter an dieser Stelle auf die Suche machen nach den vom Redner angesprochenen Punkten, statt weiter zuzuhören.

Bei der oben in (59) abgebildeten Fassung sind die verschiedenen Flächen optisch klarer gegeneinander abgegrenzt, und der wichtigste Bereich ist durch die Farbe betont. Die Lage der sedimentologischen oder paläontologischen Proben ist durch kräftige Punkte deutlich hervorgehoben und dadurch sofort erkennbar. Solche optischen Markierungen sollten auf strukturlosem Hintergrund etwa so groß sein wie Schrift-Zeichen, damit sie ins Auge fallen. Die beiden Anteile der braun gezeichneten Schicht samt den darin liegenden schwarzen Punkten fallen sofort auf. Der Betrachter übersieht auch schnell, wie diese Markierungen rechts im oberen Bereich und links im unteren Bereich der Schicht liegen. Beim Test erhält man Antworten wie: »Verschiedene schräg gestellte Zonen, von oben links nach unten rechts; zwei davon sind braun und enthalten auffällige Punkte.« Die kleinen Dreiecke werden nicht unbedingt beim Test gesehen, doch ist das nicht erforderlich, da diese Überprüfung nur zeigen soll, daß die **Grundstruktur** – und dazu gehören der Schicht-Aufbau und die meisten Markierungen – sofort klar erkannt wird. Die Dreiecke fallen sofort auf, wenn der Redner das Interesse der Zuhörer auf die eingetragenen Markierungen lenkt.

Die Wahrnehmbarkeit der verschiedensten Arten von Diagrammen läßt sich in gleicher Weise überprüfen. Am notwendigsten erweist es sich jedoch bei Photos, zumal die meisten dieselbe unbewertete Vielfalt zeigen wie (30). Da ist es beispielsweise schlecht, ein Photo des eröffneten Herzens vorzuführen und zu erklären, man sehe deutlich die Mitral-Klappe. Diese ist natürlich für den Vortragenden klar erkennbar, nicht aber für diejenigen, die mit den Gegebenheiten noch nicht vertraut sind – und gerade für sie wird der Vortrag gehalten! Um solche Einzelheiten zu verdeutlichen, muß das Photo mit Pfeilen oder ähnlichen Markierungen versehen und deren Wirksamkeit anschließend überprüft werden.

Selbstverständlich kann auch eine gleichzeitig dargebotene Erläuterung benutzt werden – wie im Falle von (44) und (45) –, wobei diese erklärende Abbildung auf wesentliche Strukturen beschränkt bleiben kann. – Personen, die ständig mit bestimmten Gegebenheiten umzugehen haben, können sich oft kaum mehr vorstellen, was andere bei der Präsentation von speziellen Illustrationen wirklich wahrnehmen und was nicht. Die Überprüfung der

**Erfolgreiche Konstruktionen wurden vorab getestet, in der Technik wie beim Dia-Vortrag.**

Wahrnehmbarkeit gibt ihnen einen hilfreichen Bezug zur Betrachtungsweise der nicht so spezialisierten Zuhörerschaft.

Kurz gesagt muß bei der Überprüfung der Wahrnehmbarkeit festgestellt werden, ob das, was in Auge fallen soll, auch wirklich sofort und unzweideutig erkannt wird. Bei der Wahrnehmbarkeit spielen die Vorkenntnisse der Test-Person nur eine geringe Rolle, so daß diesbezüglich keine mühsamen Überlegungen anzustellen sind. Da diese Tests zudem recht schnell ablaufen, lassen sie sich – bei guter Beleuchtung – gewissermaßen beim Begegnen im Flur durchführen. Sobald sich Diskussionen entwickeln, ist das Wesentliche nicht deutlich genug hervorgehoben. Statt lange zu reden, muß versucht werden, die Wahrnehmbarkeit zu verbessern. – Man sollte sich auch nicht selbst betrügen, indem die Dauer der Präsentation verlängert oder durch vorausgehende Erläuterungen den Versuchs-Personen das gewünschte Ergebnis unterschwellig eingeredet wird.

## Testen der Verständlichkeit

Bei jedem Vortrag stellt die Verständlichkeit eine große Hürde dar, die insofern nicht leicht zu überwinden ist, als sie entscheidend von den Kenntnissen der Zuhörer abhängt. Demgemäß gestaltet sich die vorweggenommene Überprüfung der Verständlichkeit nicht leicht. Um diesbezüglich sicherzugehen, empfiehlt es sich, weniger Kenntnisse und Fähigkeiten vorauszusetzen als bei den Zuhörern zu erwarten sind. Oft kann man von der vielzitierten guten Allgemeinbildung ausgehen, was den großen Vorteil mit sich bringt, daß derart erfolgreich getestete Darstellungen unter vielen Gegebenheiten wirkungsvoll vorgeführt werden können. Vor allem Darstellungen entscheidender Bedeutung für einen Vortrag sollten überprüft werden, nicht zuletzt im Hinblick auf die Verankerung im Gedächtnis.

Zur Überprüfung der Verständlichkeit ist die Beschriftung unbedingt erforderlich. Hat man eine solche fertige Illustration, wird sie jemandem vorgelegt, der – gemäß seinen Vorkenntnissen – in der Lage sein müßte, sie zu verstehen. Das Vorzeigen geschieht am besten ohne vorangehende Ausführungen und sollte nicht länger dauern als 20 bis 40 Sekunden. (Nur in extrem schwierigen Fällen sollte bis zu einer Minute Zeit gegeben werden.) Als Frage ist zu empfehlen: »**Was ersieht man aus dieser Darstellung?**« Es bleibt dann dem Urheber der Darstellung überlassen, zu entscheiden, ob in den Antworten, die er erhält, das Wesentliche zum Ausdruck gebracht wird. Es wäre falsch zu fragen: »Ist die Darstellung verständlich?«, weil Test-Beobachter leicht den Eindruck gewinnen, es werde ihre persönliche Verständnis-Fähigkeit überprüft, was fast automatisch ein »Ja« als Antwort bewirkt. Werden – was sinnvoll ist – mehrere Personen befragt, erhält man verschiedene Meinungen; doch ungeachtet dessen wird bald erkennbar, ob die Darstellung »im allgemeinen« verstanden wird. Die letztgenannte Einschränkung ist notwendig, da gar nicht so selten eine große Mehrzahl bestimmte Darstellungen verständlich findet, während Einzelne Unverständlichkeit bekunden. – Beim Test müssen nicht alle Details vermittelt werden, es ist aber notwendig, daß die Grundstruktur der Darstellung erkannt wird.

Eine Illustration, welche infolge ihrer Bedeutung – für den entsprechenden Vortrag wie für die längerfristige Existenz des Lebens auf der Erde – getestet werden sollte, ist in (60) zu sehen. Es geht um das Kohlen-Dioxid der Erdatmosphäre und dessen Abgabe bzw. Aufnahme durch andere Bereiche. Nach einer ersten Orientierung über die Struktur der Darstellung erkennt der Betrachter die zusätzlich im Bild enthaltene Kodierung »Zunahme« bzw. »Abnahme« und versteht damit die Aussage des Bildes. Im tatsächlichen Vortrag würde besser ein Dia verwendet, bei welchem der Bereich »Abnahme« ebenfalls in Farbe dargestellt ist. – Die umfangreiche Verwendung fossiler Brennstoffe bewirkt einen langsam steigenden Gehalt an Kohlen-Dioxid in der Erd-

Atmosphäre. Dadurch wird die Abstrahlung von Wärme ins Weltall reduziert, wodurch langfristig ein allmähliches Aufheizen der Erde, bis hin zur Unbewohnbarkeit, droht.

Ist aus den Antworten der Test-Beobachter die Unverständlichkeit einer Darstellung zu entnehmen, hilft Erläutern oder Verhandeln nicht weiter; die Illustration muß verbessert werden. Meist zeigen jedoch die Antworten, wo die Probleme liegen, und dadurch wird die Überarbeitung erleichtert. Die häufigsten Schwierigkeiten bereiten Hinweis-Linien (beispielsweise Pfeile), die zu unscheinbar sind und folglich übersehen werden. Verbreitete Mängel sind weiterhin solche Darstellungen, bei denen Sinn-Zusammenhänge nicht optisch zum Ausdruck gebracht werden. Der Betrachter sucht im Bild herum und verliert die Übersicht. – Meist läßt sich dies durch Vereinfachung und optische Betonung von Zusammenhängen und Gegebenheiten beheben.

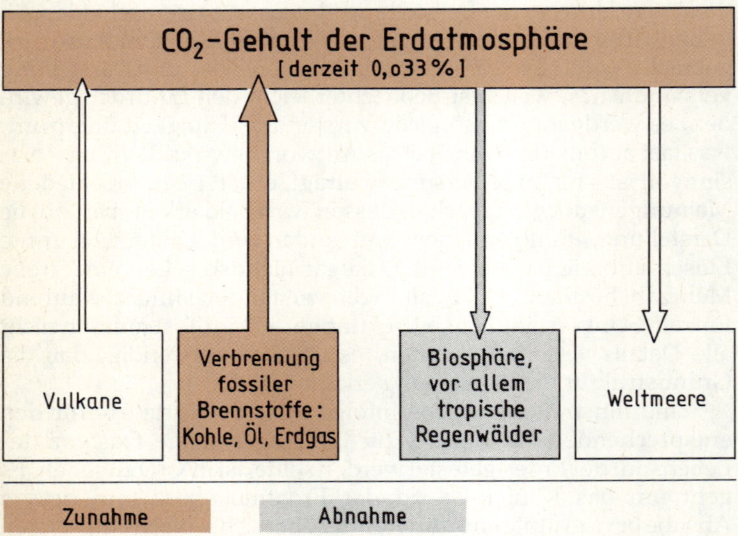


(60) Testen des Verständnisses

## Testen des Erinnerungs-Wertes

Überladene, unverständliche Darstellungen haften nicht in der Erinnerung, das ist leicht vorherzusagen. Wieweit jedoch das Gedächtnis der Zuhörer Präsentationen akzeptiert, hängt außerordentlich stark von deren Kenntnissen und Erfahrungen ab, und daher stößt die Voraussage auf große Schwierigkeiten. Um auch bezüglich des Gedächtnis-Wertes wichtiger Abbildungen nicht im dunkeln zu tappen, kann man versuchen, sie zu testen. Dazu müssen bereits fertig gestaltete, möglichst gedächtnis-gerechte Darstellungen vorhanden sein, und man benötigt Personen, deren Vorkenntnisse etwa denen der erwarteten Zuhörer entsprechen. Einem solchen »Besucher« legt man die Abbildung – wie zufällig – etwa eine Minute lang vor, wobei man sich mit ihm über den inhaltlichen Kern des geplanten Vortrages unterhält, möglichst unter Benutzung eines oder zweier Merk-Sätze. Es ist dabei alles zu vermeiden, was den Eindruck eines Tests erwecken könnte. Danach muß die Geduld zum Warten aufgebracht werden.

Wird man nach einiger Zeit – je nachdem, wann man demjenigen wieder begegnet – spontan auf die Darstellung angesprochen,

**Vorführ-Dauer von Illustrationen beim Überprüfen**

- **der Wahrnehmbarkeit: 3–5 Sekunden,**
- **der Verständlichkeit: 20–40 Sekunden,**
- **des Gedächtnis-Wertes: eine Minute.**

ist dies ein Zeichen für deren hohen Erinnerungs-Wert. Unterbleibt dies, kann man **nach einigen Wochen** das Gespräch mit der »Versuchs-Person« vorsichtig in die Nähe des entsprechenden Themas lenken und auf diese Weise der Erinnerung etwas nachhelfen. Kommt die Rede auf die zu testende Darstellung, bleibt zu überprüfen, ob das Wesentliche gespeichert wurde. Allerdings hat man damit nur die Wirkung auf eine einzelne Person. Kann sich derjenige oder diejenige gar nicht mehr an die Darstellung erinnern – auch nach gezieltem Nachfragen nicht –, muß sie für diesen Fall als wirkungslos angesehen werden.

Ein derartiges Testen für den Einzelfall erweist sich als zeitraubend, mühsam und recht ungenau. Wesentlich besser ist es dagegen, laufend zu überprüfen, was von Vorträgen – eigenen wie fremden – übrig bleibt, und zwar bei sich selbst und bei anderen. Indem man Kollegen und Bekannte auf Erinnerungen an gemeinsam besuchte, aber einige Zeit zurückliegende Vorträge anspricht und die Antworten analysiert, entwickelt man im Laufe der Zeit ein Gefühl für die vom Gedächtnis bevorzugten Arten der Darstellung. Diese Erfahrungen stehen jederzeit zur Verfügung und erlauben es, wirkungsvolle Darstellungen auch kurzfristig anzufertigen, wenn zum Gedächtnis-Test gar keine Zeit mehr bleibt. – Die langfristige Wirkung von Darstellungen läßt sich am besten langfristig erarbeiten und verfolgen.

Für die anderen hier angesprochenen Tests gilt im Prinzip dasselbe. Nach anfänglicher Verwunderung über die Ergebnisse erkennt man bald, worauf es ankommt. Immer mehr Testergebnisse sind vorauszusehen, wodurch die Notwendigkeit für solche Überprüfungen mit der Zeit abnimmt. Jeder Bilder-Vortrag bildet automatisch einen Testfall für die Darstellungen des Redners, und diese Gelegenheiten sollten genutzt werden. Bei neuartigen Ansätzen der Darstellung muß die Verständlichkeit zumindest durch Stichproben kontrolliert werden. Dabei ist ungemein lehrreich zu verfolgen, wie manchmal nur geringe Veränderungen eindrucksvolle Verbesserungen der Verständlichkeit bewirken können. Nicht selten werden wichtige Darstellungen immer wieder verändert, bis schließlich – manchmal erst nach langer Zeit – eine in jeder Hinsicht befriedigende Form gefunden ist. – Solche »ausgereiften« Darstellungen kommen nicht nur Verständnis und Gedächtnis entgegen, sie werden auch von anderen Autoren gern kopiert.

# Diskussion nach dem Vortrag

Bilder-Vorträge bieten immer lediglich Kurz-Formen umfangreicherer Themen, und daher können nur verhältnismäßig wenige Details angesprochen werden. Für diejenigen, welche mehr über den einen oder anderen Gesichtspunkt erfahren oder ihn genauer diskutieren möchten, schließt sich am Ende des Vortrages eine Diskussion unter der Leitung des Einladenden an. Zu dem Zeitpunkt hat die Präsentation ihre Wirkung voll entfaltet, und sie ist noch in frischer Erinnerung. Der Verlauf einer solchen Diskussion hängt stark vom Vortrag, von der Zuhörerschaft sowie vom Diskussions-Leiter ab. Stand der Vortrag selbst eindeutig dem Redner zu, sehen manche nämlich in der Diskussion eine willkommene Möglichkeit, die Veranstaltung für ihre eigenen Zwecke einzuspannen. Bei der Leitung der Diskussion muß nicht nur die Reihenfolge der Wortmeldungen berücksichtigt werden, sondern es ist darauf zu achten, daß die gesamte Präsentation dem Vortragenden »gehört« – und den wegen des Themas gekommenen Zuhörern.

Auch bei der Diskussion sollte **allgemeine Verständlichkeit** zumindest angestrebt werden, so daß Fragen wie: »Was halten Sie von der *Schmidtke*-Beobachtung von 1972?« nicht in der Form durchgehen sollten. Fach-unkundigen Zuhörern ist der Zugang zu derartigen Fragen vollkommen verschlossen, da ohne Kenntnis der entsprechenden Literatur beim besten Willen nicht zu verstehen ist, worum es dabei geht. Der Fragende sollte in solchen Fällen aufgefordert werden, möglichst in einem Satz zu erläutern, was es damit auf sich hat. Auf diese Weise gewinnen auch die anderen Zuhörer weitere Informationen zum Thema.

Damit verwandt sind Fragen von Kollegen nach technischen Details, die den Rahmen der Darstellung weit überschreiten und für die Zuhörer im allgemeinen uninteressant oder gar unverständlich sind. Der Leiter der Diskussion sollte dann eingreifen, wenn erkennbar wird, daß aus einer Diskussion ein Zwiegespräch unter Fachleuten wird, dem die übrigen Zuschauer verständnislos gegenüberstehen. Angaben zu technischen und methodischen Einzelheiten zu erhalten ist denjenigen wichtig, die auf demselben oder einem verwandten Gebiet arbeiten. Das gehört jedoch nicht in die Diskussion, da die Zuhörer dadurch verwirrt werden. Zum Austausch von solchen Erfahrungen bzw. Angaben sollte nach dem offiziellen Ende der Diskussion Zeit zur Verfügung stehen, und es ist vorausschauend, rechtzeitig darauf hinzuweisen. Noch günstiger wäre es, wenn sich Interessenten nach dem Vortrag – oder am Abend nach Dienst – mit dem Redner irgendwo gemütlich

**Keine Diskussions-Piraterie!**

bei einer Tasse Kaffee oder einem Bier zusammensetzen könnten, um zu plaudern oder zu fachsimpeln. Bei diesen entspannten Unterhaltungen im kleinen Kreis lernt man den Vortragenden kennen, und man kann seine gesamte Arbeit danach wesentlich besser einschätzen als zuvor.

Ein Raum mit Zuhörern erzeugt bei manchen Personen einen unwiderstehlichen Rede-Drang, und sie versuchen, die Veranstaltung an sich zu reißen. Da sind zunächst manche Vortragenden selbst zu nennen. Nachdem sie sich mehr oder minder gut an den zeitlichen Rahmen gehalten haben, warten sie nur auf ein halbwegs passendes Stichwort bei der Diskussion, um einen weiteren Vortrag anzuschließen, mal aus dem Stegreif, mal mit fertig vorbereiteten Dia-Serien. Weit verbreitet sind auch Zuhörer, die meinen, immer etwas sagen zu müssen, und die – wenn ihnen nichts anderes einfällt – den Redner schulter-klopfend zu Arbeiten auffordern, die gelegentlich einer Lebensaufgabe für Hunderte entspricht. Mitunter ist ein Doktorand unter den Zuhörern, der seine große Chance gekommen sieht, aufspringt und – unter dem Vorzeichen eines Beitrages zur Diskussion – eine Antritts-Vorlesung anzubieten versucht. Andere Zuhörer melden sich manchmal offenbar zur Demonstration ihres Überlebens: »Vor drei Jahrzehnten – ich war damals so alt wie der Redner – hatten wir uns schon Gedanken gemacht, wie . . .«

War ein Vortrag erfolgreich, können manche, die glauben, stets und in jeder Hinsicht besser zu sein, dies natürlich nicht einfach auf sich beruhen lassen. Sie benutzen gern die Diskussion, um die Allgemeinheit darüber zu informieren, daß doch – bitte schön – ihre unnachahmliche Tätigkeit in entscheidender Weise zum Erfolg der Präsentation beigetragen habe. Oder, daß sie die Darstellung – in Anbetracht des Redners – zwar für ganz ordentlich halten, die wahren Probleme aber natürlich woanders lägen, nämlich auf ihrem eigenen Gebiet. Auch wird gern mit Betrüblichkeit bemerkt, wie doch die fundamentale Bedeutung der Erkenntnisse ihres langjährigen Freundes XY nicht hinreichend gewürdigt worden sei . . .

Jeder Redner ist gezwungen, sich kurz zu fassen, wodurch er spürt, wie kostbar die Zeit der Zuhörer ist. Es wäre schön, wenn auch die Diskussions-Leiter diese Gegebenheiten generell erkennen würden. Manchmal ist es geradezu grotesk zu sehen, wie sich der Vortragende müht, ein kompliziertes Thema in der vorgegebenen Zeit darzustellen, nur um danach festzustellen, wie durch die Leitung der Diskussion ein endloses Geschwafel nicht nur toleriert, sondern manchmal regelrecht provoziert wird. Der Eindruck eines Vortrages wird auch von der Diskussion mitbestimmt und in solchen Fällen muß der Redner mit ansehen, wie andere die Wirkung seiner Präsentation buchstäblich zerreden. – Die Diskussion hat zweifellos nicht die Aufgabe, Sitz-Schwielen zu erzeugen.

Obwohl es – genau genommen – hier nicht darum geht, soll doch die **Veröffentlichung** von Vorträgen kurz gestreift werden. Ein Bilder-Vortrag ist eine recht persönliche Präsentation eines Redners für eine bestimmte Zuhörerschaft. Wird später eine gedruckte Fassung publiziert, wendet sich diese meist an ein anderes, breiteres Publikum, stets aber handelt es sich beim Druck um eine relativ unpersönliche Darstellung, der notgedrungen vieles von der ursprünglichen Lebendigkeit fehlt. Hinzu kommen die Beschränkungen vor allem bei der Wiedergabe von Illustrationen, von mitgebrachten Überraschungen ganz zu schweigen. Dennoch ist die Publikation sehr sinnvoll, zumal wenn in einem Vortrag sehr viel an Arbeit steckt und das Ergebnis sich sehen lassen kann. Aus den genannten Gründen ist von der schlichten Verwendung von Tonband-Mitschnitten abzuraten. Statt dessen sollte der Inhalt der Darstellung umgearbeitet werden, unter Berücksichtigung der Leserschaft.

Die Leser stellt man sich am besten bequem im Sessel sitzend vor. Sie freuen sich, wenn sie – was selten genug vorkommt – ein

Papier in die Hand bekommen, das bequem »in einem Rutsch« zu lesen und zu verstehen ist, ohne vieles Nachschlagen und ohne das lästige Gewirbele von Formalien. Die vereinfachenden, selbsterklärenden Abbildungen gefallen den Lesern wie den Zuhörern. Ein verständlich geschriebener Artikel – ohne die vielen formalen Stolper-Steine üblicher Veröffentlichungen – findet daher Anklang, und er hilft vielleicht mit, andere hinter ihrer Verschanzung (39) hervorzulocken. Er trägt dazu bei, die Welt ein klein wenig verständlicher zu machen, und er schließt in sich die Hoffnung auf zukünftige Mitstreiter für wirkungsvolle Vermittlung von Information.

# Zusammenfassung

Effektive Bilder-Vorträge verlangen von den Rednern meist intensive Vorarbeiten, und das bedeutet, daß nicht für jede Präsentation alle verfügbaren Mittel eingesetzt werden können. Für Dia-Vorträge jedoch, von denen sehr viel abhängt, sollten alle Möglichkeiten ausgeschöpft werden, und dabei soll dieses Taschenbuch behilflich sein.

Dia-Vorträge gehorchen – infolge der besonderen Gegebenheiten – anderen Prinzipien als Zeitschriftenartikel oder Bücher. Vorträge dienen zur Information derjenigen, welche mit den Sachverhalten und Besonderheiten des Themas nicht vertraut, jedoch bereit sind, für eine begrenzte, aber kurze Zeit ihre gesamte Aufmerksamkeit zur Verfügung zu stellen. Als Gegenleistung erwarten sie möglichst verständliche und in sich abgeschlossene Informationen, die ihnen – direkt oder indirekt – nutzen. Zuhörer halten in der Hetze des Alltages einen knapp bemessenen Zeitraum für den Vortrag frei, sie kommen ohne jede Vorbereitung, und sie können bei unklarer Darstellung nirgendwo nachschlagen. Da sie auch nach dem Vortrag nichts Gedrucktes in der Hand haben, ist es eine Verpflichtung für den Redner, den Stoff so aufzuarbeiten und anzubieten, daß ihn die Zuhörer möglichst lange in Erinnerung behalten. – Alles zusammen stellt eine wirklich schwierige, umfangreiche und vielgestaltige Aufgabe dar, zu deren Bewältigung alle zur Verfügung stehenden Hilfsmittel herangezogen werden müssen. Das größte Problem des Vortragenden bildet der akute Zeitmangel bei der Präsentation selbst, die meist einen Wettlauf gegen die Uhr bedeutet. – Aus diesen Zwängen lassen sich drei Grund-Forderungen ableiten: Vollständig auf die Zuhörer eingehen, möglichst viel in die Vorbereitung verlagern und alles weglassen, was nicht unbedingt nötig ist. Das besser Dargestellte setzt sich letztlich durch!

## Eingehen auf die Interessen der Zuhörer

Um sich auf die Zuhörerschaft einstellen zu können, sollte der Redner sich genau beim Einladenden erkundigen, um danach abschätzen zu können, wer kommen wird. Alsdann gilt es zu überlegen, warum die Zuhörer kommen, d. h., was sie am Thema interessiert, denn sie nehmen sich nur dann Zeit für einen Vortrag, wenn sie sich etwas davon versprechen. Selbstredend muß die Darstellung so beschaffen sein, daß sie von den Zuhörern verstanden wird. Der erste Schritt dazu ist eine klare, allen verständliche Sprache, die an den Zuhörern orientiert ist und kein stumpfsinniges Geplappere in Fach-Kauderwelsch. Dieses kennen fachfremde Zuhörer nicht, und sie wollen es auch gar nicht kennenlernen. Formale Verständnis-Hürden, wie Abkürzungen – und seien sie im täglichen Leben des Redners noch so segensreich – müssen sorgfältigst vermieden werden.

Dia-Vorträge leben von Illustrationen; daher ist es pure Selbstverständlichkeit, diese so zu gestalten, daß alle sie wahrnehmen können, auch diejenigen in der letzten Reihe. Es gehört zu den Pflichten der Einladenden, gute Bedingungen zu schaffen, doch obliegt dem Redner die sinnvolle Nutzung. Abbildungen müssen, auch in den Einzelheiten, nicht nur sicher wahrgenommen, sondern auch schnell verstanden werden können. Falls Zweifel aufkommen, sind Wahrnehmbarkeit und Verständlichkeit vor der Darbietung zu überprüfen.

Zuhörer wollen etwas von einem Vortrag mitnehmen, eine Erinnerung, mit der sie später etwas anfangen können. Diese sollte möglichst das beinhalten, was der Vortragende vermitteln wollte. Daraus ergibt sich die Notwendigkeit für den Redner, die Präsentation mit einer gedächtnis-gerechten Fassung des Wesentlichen abzuschließen. Er schnürt den Zuhörern gewissermaßen ein Informations-Päckchen als Souvenir, nach dem »Geschmack« des Publikums. Dabei gilt es, die Eigenheiten unseres Gedächtnisses zu berücksichtigen.

## Arbeits-Verlagerung in die Vorbereitung

Die menschliche Fähigkeit, bildlich dargebotene Information aufzunehmen und zu verarbeiten, ist außerordentlich groß, wenn die Darstellungen sorgfältig aufbereitet sind. Darauf beruht die Stärke des Dia-Vortrages, doch erweist sich das Ausarbeiten wirkungsvoller optischer Präsentationen als ungemein zeitaufwendig. Nicht selten stecken wochenlange Vorarbeiten in einem oder zwei Bildern, die im Vortrag in nur fünf Minuten abgehandelt werden. Solche Darstellungen ermöglichen es andererseits, Sachverhalte in wenigen Minuten zu verdeutlichen, für die andere bisweilen Stunden benötigen oder an denen sie gänzlich scheitern. Sorgfältig ausgearbeitete Darstellungen sind stark kondensierte Informations-Einheiten, die mühsam herzustellen sind, deren Vorführung aber den Zuhörern wie dem Redner Vergnügen bereitet. Je mehr solcher – auf die Zuschauer zugeschnittener – Darstellungen vorbereitet werden, desto effektiver der Vortrag. Langatmige Erläuterungen im Vortrag sind meist bequem zu ersetzen durch schnell erfaßbare Illustrationen. – Der Glaube an die Wirksamkeit der optischen Präsentation darf den Redner jedoch nicht dazu verleiten, die Darstellungen inhaltlich zu überladen.

Gemessen an der gesamten Arbeit, die für einen erfolgreichen Vortrag zu leisten ist, fällt die Präsentation selbst – rein zeitlich – kaum ins Gewicht. Unter diesem Gesichtspunkt ist ein Bilder-Vortrag einem Eisberg recht ähnlich. Man sieht nur die schon sprichwörtliche Spitze, doch getragen wird diese vom Auftrieb der mehrfach größeren Eismasse unter Wasser. – Je umfangreicher und sorgfältiger die Vorarbeiten, desto wirkungsvoller die Darbietung.

## Vereinfachen und Weglassen

Es ist unmöglich für einen Redner, in einer knappen Stunde all das zu vermitteln, was er in langen Jahren oder gar im Laufe von Jahrzehnten getan und gelernt hat. Die Zuhörer erwarten auch keine Demonstration des Fleißes oder das Aufsagen vieler Fach-Vokabeln, sondern sie wünschen sich Übersichten und Verständnis bezüglich des Wesentlichen. Gewünscht wird eine Kurz-Fassung, die den Kern umfaßt und für die Zuhörer unwichtige Gesichtspunkte nicht berücksichtigt. Vereinfachen – ohne zu

**Gute Vereinfachung ist keine Schande, sondern eine Kunst.**

verfälschen – ist das Ziel, und gute Vortragende sind Meister im Vereinfachen wie im Weglassen. Es ist sehr leicht – und daher beliebt – Dinge kompliziert darzustellen, denn nur wer Sachverhalte von allen Seiten her durchdrungen hat, ist in der Lage, wirkungsvoll zu vereinfachen. Außerdem erfordert jede Vereinfachung Mut. Für die Zuhörer kann darüber hinaus vieles unwesentlich sein, was für die Arbeit des Redners größte Bedeutung hat, und der Vortragende muß manchmal über seinen Schatten springen, um fach-fremden Zuhörern nicht über Gegebenheiten zu berichten, die ausschließlich für den Spezialisten spannend sind.

Jeder Vortrag ist der rücksichtslosen Vereinfachung durch das Gedächtnis der Zuhörer ausgeliefert – ob der Redner dies wahrhaben will oder nicht. Die abträglichen Folgen sind nur durch das Eingehen auf das Erinnerungs-Vermögen zu mindern, nämlich durch eine gedächtnis-gerechte Kurzfassung. Für jeden Vortragenden ist es grausam, aus seinem eindrucksvollen Informations-Gebäude den innersten Kern herauszuarbeiten und abschließend nur den zu präsentieren. Die Zuhörer hingegen nehmen ihn freudig entgegen, und sie werden sich noch lange an den Vortrag und an denjenigen erinnern, der ihnen das erstrebte Verständnis vermittelte.

(61) An die Arbeit

# Literatur

Hier sind nur diejenigen Angaben aufgeführt, die nicht im Quellen-Verzeichnis enthalten sind.

Aebli, H.: Grundformen des Lehrens. Klett-Cotta, Stuttgart 1978

Arbeitsgemeinschaft Unterrichtstechnik: Leitfaden der Unterrichtstechnik. Sachon, Mindelheim 1979

Baier, W.: Geschichte der Photographie. VEB Fotokinoverlag, Leipzig 1980

Bruce, W., P. Green: Visual Perception. Erlbaum, London 1985

v. Campenhausen, C.: Die Sinne des Menschen, 2 Bde. Thieme, Stuttgart 1981

Chomsky, N.: Sprache und Geist. Suhrkamp, Frankfurt 1980

Coren, S., S. Porac, L. M. Ward: Sensation and Perception. Academic Press, New York 1979

Eder, J. M.: Geschichte der Photographie. Knapp, Halle (Saale) 1932

Escher, M. C.: The Graphic Work of M. C. Escher. Ballantine Books, New York 1973

Fels, E.: Vorträge, Reden, Diskussionen. Taylorix, Stuttgart, 1975

Grau, W., H. Heine: Technik der Projektion. Hrsg. vom Deutschen Institut für Normung e. V. Beuth, Berlin, 1980

Klatzky, R. L.: Memory and Awareness. Freeman, San Francisco 1984

Laudien, H.: Physiologie des Gedächtnisses. Quelle & Meyer, Heidelberg 1977

Locher, J. L.: Leben und Werk M. C. Escher. Rheingauer Verlagsgesellschaft, Eltville 1984

Meyer-Hartwig, K., W. Bleifeld, U. Hegewald: 1 mal 1 zum Entwurf von Diapositiven. Witzstrock, Baden-Baden 1980

Miller, G. A.: Language and Speech. Freeman, San Francisco 1981

Neisser, U.: Memory Observed. Freeman, San Francisco 1982

Norman, D. A.: Learning and Memory. Freeman, San Francisco 1982

Parkinson, N.: Parkinsons Gesetz. Rowohlt, Reinbek 1975

Pierce, J. S.: Signals, the Telephone and Beyond. Freeman, San Francisco 1981
v. Planta, E.: Werben mit Worten. Taylorix, Stuttgart 1982
Robinson, J. O.: The Psychology of Visual Illusions. Hutchinson, London 1972
Rock, I.: Perception. Scientific American Books, New York 1984
Schmidt, R. F.: Grundriß der Sinnesphysiologie. Springer, Berlin 1980
Springer, S., G. Deutsch: Left Brain, Right Brain. Freeman, San Francisco 1981
Stenger, E.: Siegeszug der Photographie. Heering, Seebruck (Chiemsee) 1950
Wessels, M. G.: Kognitive Psychologie. Harper & Row, New York 1984
Winkler, W.: Lerne schneller – behalte länger. Taylorix, Stuttgart 1974

# Quellen-Verzeichnis

Die zur Erarbeitung der graphischen Darstellungen benutzten Daten oder Angaben wurden den hier aufgeführten Quellen entnommen.


(22) The Times Atlas of the World (comprehensive Edition). Times Newspapers LTD, London 1968

(29) NASA/Goddard Space Flight Center (aus Oceanus 24/3; Woods Hole Oceanographic Institution, Woods Hole 1981)

(30) Photo: Dr. A. Steiner (Haiger-Flammersbach); mit freundlicher Genehmigung

(31) Photo: H. Fleischer

(32) Photo: H. Fleischer

(35) Unfallverhütungsbericht Straßenverkehr 1983. Bundestags-Drucksache 10/963, Bonn 1984

(36) Umweltbundesamt: Luftreinhaltung '81. Schmidt, Berlin 1981

(37) Newsweek, Oct. 29, 1984

(40) The Diagram Group: Musikinstrumente der Welt. Prisma, Gütersloh 1981

(44) Photo: Frau Schmidt. Nach einem Präparat der HNO-Klinik der Universität Gießen. Mit freundlicher Genehmigung von Prof. Dr. K. Fleischer

(49) EG: Die Agrarpolitik der Europäischen Gemeinschaft (3. Ausgabe). Luxemburg 1982

(50) Verändert nach Fleischer, G.: Geschichte des Ohres – Geschichte der Erde. HNO-Informationen 2/1984, 7–25. Mit freundlicher Genehmigung des Demeter-Verlages

(51) Otto, K., W. Herberz: Fahrrad und Umwelt. Hrsg. vom Bundesminister des Innern, Bonn 1983

(53) Wahl, J.: Informationsbewertung und -effizienz auf dem Kapitalmarkt. Physica-Verlag, Würzburg 1984

(54) Ivanoff, P.: Maya. Ebeling, Wiesbaden 1974

(55) Hunt, P. F., T. Kijima: Zauber der Orchideen. Müller, Rüschlikon 1980

(56) Imber, W., W. Tietze: Norwegen. Kümmerly & Frey, Bern 1980 und: Hauglid, R.: Norwegian Stave Churches. Dreyers, Oslo 1977
(57) Photo: G. Fleischer
(58) Verändert nach Fleischer, G.: Geschichte des Ohres – Geschichte der Erde. HNO-Informationen 2/1984, 7–25. Mit freundlicher Genehmigung des Demeter-Verlages
(60) Smith, D. G.: The Cambridge Encyclopedia of Earth Sciences. Cambridge University Press, Cambridge 1981

# Index

## A



## B

## C



## D



## E

## F



## G



## H

## I, J



## K



## L



## M

## T



## U



## V

## W



## Z

# Notizen

**Sharon Creech** wurde in den USA geboren, lebte längere Zeit in England, wo sie Literatur unterrichtete. Sie schreibt Romane, Theaterstücke und Gedichte für Kinder und Erwachsene. Für ihren Jugendroman ›Salamancas Reise‹ erhielt sie die Newbery Medal. Bei Fischer Schatzinsel erschienen bereits ›Das total normale Chaos‹ (Bd. 80241), ›Der Geist von Onkel Arvie‹ (Bd. 80269), ›Salamancas Reise‹ (Bd. 80252), ›Ich, Zinny Taylor‹ (Hardcover, Bd. 85060) und ›Ein total verrücktes Jahr‹ (Bd. 80320). Sharon Creech lebt in New Jersey, USA, wo ihr Mann ein Internat leitet.

**Sophies Geheimnis.** Die dreizehnjährige Sophie hat einen immer wiederkehrenden Traum, in dem sie von einer großen schwarzen Welle mitgerissen wird. Trotzdem liebt sie das Meer über alles und ist begeistert, als sie mit ihren drei Onkeln und ihren beiden Cousins nach England zu ihrem Großvater segeln darf. Sophie erzählt auf dieser Reise Geschichten aus dem Leben ihres Großvaters, aber nach und nach wird ihr klar, dass sie dabei auch ihre eigene Geschichte erzählt. Die Geschichte, die sie vergessen hatte, die sie vergessen wollte. So wird die Reise über den Ozean zu einer aufwühlenden Reise in die eigene, geheimnisvolle Vergangenheit.

*Unsere Adresse im Internet: www.fischer-tb.de*

Sharon Creech

# Sophies Geheimnis

Aus dem Englischen
von Adelheid Zöfel

Fischer
Taschenbuch
Verlag

Fischer Schatzinsel
Herausgegeben von Markus Niesen

Veröffentlicht im Fischer Taschenbuch Verlag GmbH,
Frankfurt am Main, Februar 2001

Die englische Originalausgabe erschien 2000
unter dem Titel ›The Wanderer‹ bei Harper Collins, New York

Lektorat: Julia Holbe
Gesamtherstellung: Clausen & Bosse, Leck
Printed in Germany
ISBN 3-596-85090-8

*Nach den Regeln der neuen Rechtschreibung*

Für meine Tochter Karin, die über den Ozean reiste
und mich zu dieser Geschichte inspiriert hat.

Die Geschichte ist mein und wahr, und sie erzählt,
wie mich das Meer gepackt hat und
mich hin und her geworfen …

*Anonym, »Der Seefahrer«*

# Inhalt

# I Die Vorbereitungen

# 1 Das Meer

Das Meer, das Meer, das Meer. Es rauschte und rauschte und rief mir zu. Komm, rief das Meer, komm herein.
Und ich ging ins Meer, ich ließ mich tragen, mich treiben, ich schwamm und planschte, und das Meer rief: Komm, komm weiter, und ich folgte ihm, aber jedes Mal spülte es mich ans Ufer zurück.
Und wieder rief das Meer: Komm, komm heraus!, und dann fuhr ich mit verschiedenen Booten los – mit Ruderbooten und Dingis und Motorbooten, und nachdem ich Segeln gelernt hatte, flog ich übers Wasser, begleitet vom Brausen des Windes und der Wellen und vom Vogelgeschrei. Und sie alle riefen: Segel weiter, segel weiter.
Und ich wollte weiter segeln, immer weiter, übers Meer, um mich herum nur das Wasser und der Wind und die Vögel, aber die Leute meinten, ich bin zu jung und das Meer ist voller Gefahren, und nachts träumte ich einen schrecklichen Traum. Eine riesige schwarze Wasserwand türmte sich hinter mir auf, höher, immer höher, und dann stürzte sie über mich herein, aber ich wachte jedes Mal auf, bevor die Welle mich erfasste, und beim Aufwachen hatte ich immer das Gefühl, als würde ich im Wasser treiben.

## 2 Drei Seiten

Ich bin nicht immer so verträumt und höre das Meer rufen. Mein Vater nennt mich »die dreiseitige Sophie«: Eine Seite ist verträumt und romantisch; die andere ist logisch und nüchtern; die dritte Seite ist dickköpfig und impulsiv. Er sagt, ich bin entweder im Traumland oder im Erdland oder im Mauleselland, und wenn ich die drei Länder jemals zusammenbringe, dann ist alles gut, aber ich habe keine Ahnung, wo ich dann bin. Wenn ich weder im Traumland noch im Erdland noch im Mauleselland bin, wo bin ich dann?

Mein Vater findet, meine logische Seite hat am meisten Ähnlichkeit mit ihm und die verträumte Seite hat am meisten Ähnlichkeit mit meiner Mutter, aber das ist nicht ganz fair, finde ich. Mein Vater denkt immer, er ist ein superlogischer Mensch, aber er braucht nur ein Bild von irgendeinem exotischen Land zu sehen und schon sagt er so Sachen wie: »Wir müssen wirklich mal eine Safari machen!«, und »Wir müssen unbedingt mal in einem Heißluftballon durch die Lüfte schweben!«

Und meine Mutter ist Weberin, sie spinnt seidenweiche Stoffe und trägt wallende Gewänder, aber sie gibt mir Segelhandbücher zu lesen und sorgt dafür, dass ich mich mit Sicherheitsvorschriften und Wetterprognosen beschäftige, und sie sagt so Sachen wie: »Ja, Sophie, ich habe dir das Segeln beigebracht, aber deswegen will ich noch lange nicht, dass du allein da draußen auf dem Meer segelst. Ich will, dass du zu Hause bleibst. Hier. Bei mir. In Sicherheit.«

Mein Vater sagt, er hat keine Ahnung, von wem ich meine Dickköpfigkeit habe. Maulesel kommen bei uns in der Familie sonst eigentlich nicht vor, sagt er.

Ich bin dreizehn, und ich werde über den Ozean segeln. Am liebsten würde ich ganz allein reisen – allein! allein! übers Wasser fliegen! –, aber das geht leider nicht. Mein Maulesel-Ich hat gebittelt und gebettelt, dass ich auf einem 45-Fuß-Segelboot einen Platz bekomme. Das Boot hat eine ziemlich verrückte Mannschaft: Drei Onkel und zwei Cousins. Die Onkel – Stew, Mo und Dock – sind die Brüder meiner Mutter, und sie hat zu ihnen gesagt: »Wenn meiner Sophie auch nur das Geringste zustößt, dann reiße ich euch allen den Kopf ab!«

Was meinen Cousin Brian angeht – den stillen, fleißigen, ernsten Brian –, da macht sie sich keine Sorgen (obwohl sie vielleicht Anlass dazu hätte). Schon eher wegen meines anderen Cousins. Er heißt Cody, und sie befürchtet, ich könnte vielleicht ein paar schlechte Angewohnheiten von ihm übernehmen. Cody ist laut, spontan und charmant, und sein Charme ist genau der Grund, weshalb meine Mutter ihm nicht traut. »Er ist zu charmant«, sagt sie, »das ist gefährlich.«

Meine Mutter ist nicht die Einzige, die von meinen Reiseplänen nicht gerade begeistert ist. Onkel Stew und Onkel Mo haben alles versucht, um mich zu entmutigen. »Wir sind lauter Männer und wir machen Männersachen und für ein Mädchen ist das nicht immer so nett.« Und: »Möchtest du nicht lieber zu Hause bleiben, Sophie? Zu Hause kannst du jeden Tag duschen!« Und: »Da muss man ganz schön schuften.« Und so weiter und so fort, bla-di-bla. Aber ich blieb stur. Meine Maulesel-Seite meldete sich und ich spuckte jede Menge Segel- und Wetterbegriffe aus, haute ihnen die ganzen Sachen um die Ohren, die ich in meinen Segelhandbüchern gelernt habe, und noch ein paar andere, die ich erfand, um noch mehr Argumente an der Hand zu haben.

Onkel Dock – der gute Onkel, nenne ich ihn immer, weil er als Einziger kein Problem darin sah, dass ich mitkomme – sagte: »Ach, was soll's – sie versteht mehr von Booten als Brian und Cody zusammen.« Da gaben die beiden anderen Onkel nach.

Es gibt zwei Gründe, warum meine Mutter mich nicht an mein Bett fesselt und mir verbietet, mit den anderen zu segeln. Erstens hat Onkel Dock ihr eine lange Liste mit der Sicherheitsausrüstung an Bord gegeben – wir haben sogar einen Satellitennavigator, aber man sagt immer nur GPS, Global Positioning System. Der zweite Grund ist nicht besonders logisch, aber irgendwie tröstet es meine Mutter, dass auf der anderen Seite des Atlantiks Bompie lebt. Wir werden in Bompies Armen landen, und da wäre sie am liebsten selbst mit dabei.
Bompie ist mein Großvater mütterlicherseits – das heißt, er ist auch der Vater von Onkel Dock, Stew und Mo – und er hat jahrelang bei meinen Eltern gelebt. Er ist wie ein drittes Elternteil, und ich habe ihn sehr, sehr gern, weil er mir so ähnlich ist. Er hat auch drei Seiten, genau wie ich. Und er weiß, was ich denke, ohne dass ich es ihm sagen muss. Er ist so süß und hat eine Honigzunge und kann ganz toll Geschichten erzählen.
Mit zweiundsiebzig hat Bompie beschlossen, nach Hause zu gehen. Ich fand, er ist doch schon zu Hause, aber er meinte das Land, in dem er auf die Welt gekommen ist, und das sind die »grünen Hügel von England«. Mein Vater irrt sich, wenn er denkt, in unserer Familie gibt es keine Maulesel. Als Bompie nach England zurückgehen wollte, konnte nichts und niemand ihn aufhalten. Er fasste einen Entschluss, und das war's. Schon war er unterwegs.
Tschüs, Bompie!

## 3 Langsam, langsam

Wir hoffen, dass wir in der ersten Juniwoche in See stechen können, das heißt, gleich nach Schulende. Diese letzten Wochen schleichen dahin, die Stunden ziehen sich wie Kaugummi. Aber in meinem Kopf eile ich der Zeit voraus, ich eile bis zu dem großen Tag und male mir jede Einzelheit genau aus. Meinen Eltern habe ich schon gesagt, dass ich am letzten Schultag nur nach Hause rase, meinen Rucksack schnappe, mich von jemandem zum Busbahnhof fahren lasse und mich dann mit meinen Onkeln und Cousins in Connecticut treffe – und schon segeln wir aufs Meer hinaus.

»Nicht so hastig, Sophie«, sagte mein Vater. »Wenn es so weit ist, bringen deine Mutter und ich dich hin. Wir lassen dich nicht allein mit dem Bus fahren.«

Schade. In dem winzigen Kaff, in dem wir wohnen, erleben alle Leute ständig irgendwelche Abenteuer, nur ich nicht. Früher haben wir an der Küste von Virginia gewohnt, ganz nah am Wasser, aber letztes Jahr hatten meine Eltern die glorreiche Idee, aufs Land zu ziehen, denn meine Mutter vermisste die Berge von Kentucky, wo sie aufgewachsen ist. Also sind wir in diese verschlafene kleine Stadt gezogen. Das einzige Gewässer hier ist der Ohio River, und der ist genauso verschlafen wie die Stadt. Die Leute finden den Fluss toll, aber ich verstehe nicht, warum. Er hat keine Wellen und keine Gezeiten. Im Wasser leben keine Krabben oder Quallen. Und man sieht nie so richtig viel Wasser, immer nur das kurze Stück bis zur nächsten Biegung.

Aber für die Kinder in meiner Klasse ist dieser Fluss das Paradies, und sie machen dauernd irgendwelche spannenden Sachen, die direkt oder indirekt mit dem Fluss zusammenhängen. Sie angeln im Fluss, schwimmen im Fluss, paddeln den Fluss hinunter. Ich

mache so was auch sehr gern, aber tausendmal lieber mache ich das auf dem Meer, auf dem weiten, weiten Ozean.
Als ich meinen Freundinnen erzählte, dass ich über den Ozean segeln werde, meinte eine von ihnen: »Aber hier ist es doch auch schön, wir haben hier doch den Fluss, der jeden Tag vorbeifließt.«
Und die Nächste sagte: »Aber du bist doch gerade erst hierher gezogen. Wir kennen dich noch gar nicht richtig. Wir wissen nicht, wo du früher gewohnt hast und –«
Darüber wollte ich aber gar nicht reden. Ich wollte nochmal ganz von vorn anfangen. Das war das einzig Gute an unserem Umzug gewesen. So was wie ein Neubeginn.
Und die dritte sagte: »Warum willst du auf so einem Boot eingesperrt sein?«
»Eingesperrt?«, rief ich. »Eingesperrt? Ich bin auf dem Boot so frei wie der kleine Vogel, der dort oben fliegt!«
Da erzählte ich ihnen von den Wellen, die mich rufen, vom Rauschen des Meers und vom endlosen Himmel, und als ich fertig war, gähnten sie mehr oder weniger und sagten: »Na ja, wenn du meinst« und »Könnte passieren, dass du da draußen ertrinkst« und »Wenn du nicht zurückkommst, kann ich dann deine rote Jacke haben?« Ich begriff, dass sie mein großes Abenteuer vermutlich nie besonders gut finden würden und dass mir nichts anderes übrig blieb, als loszufahren, ohne dass sie kapierten, warum ich das machte.
Meine Mutter hat mir das Heft gegeben, in das ich jetzt schreibe. Sie sagte: »Fang am besten gleich an. Schreib alles auf. Und wenn du zurückkommst, können wir es lesen, und dann ist es so, wie wenn wir auch dabei gewesen wären.«
Aber meine Lehrer sind gar nicht zufrieden.
»Sophie! Pack das Segelhandbuch weg und hol dein Mathematikbuch aus der Tasche!«

»Sophie! Der Unterricht ist noch nicht zu Ende! Bitte, etwas mehr Konzentration! Wo ist dein Heft mit den Grammatik-Hausausaufgaben!«
Gestern rief Onkel Dock an und sagte, wir würden nicht gleich nach meiner Ankunft abfahren. Vorher müsse noch einiges erledigt werden, »es gibt viel zu tun!«.
Dass es viel zu tun gibt, stört mich überhaupt nicht, weil ich gern an Booten herumbastle, aber andererseits will ich unbedingt raus auf den Ozean – ich kann ihn schon spüren und schmecken und riechen!

## 4 Das Riesenbaby

Letzten Endes hat mich nur mein Vater nach Connecticut gebracht. Meine Mutter sagte, sie kann nicht garantieren, dass sie sich wie eine Erwachsene benimmt. Sie hatte Angst, dass sie zu einem »Geleeklumpen« zerfließt, sich an mich klammert und mich nicht mehr loslässt. Ich sagte ihr immer wieder, dass es doch nur eine kurze Reise über den Ozean ist, gar nichts Besonderes. Wir fahren nicht mal mit dem Boot zurück, weil Onkel Dock es bei einem Freund in England lässt.
Ich glaube, meine Mutter stellt sich vor, dass auf dem Ozean etwas Schreckliches passieren könnte, aber das will sie nicht laut sagen. Und ich will mir nichts Schreckliches vorstellen.
»Manchmal gibt es Dinge, die muss man einfach tun«, sagte mein Vater. »Ich glaube, diese Reise ist für Sophie so ein Muss.«
Das hat mich unheimlich gewundert. Es stimmt, die Reise fühlt sich an wie etwas, was ich tun muss, aber ich hätte nicht sagen können, warum, und ich war verblüfft und dankbar, dass mein Vater das verstand, ohne dass ich es erklären musste.

»Okay, okay, okay«, sagte meine Mutter. »Nun geh schon! Und komm ja wohlbehalten nach Hause.«

Seit zwei ellenlangen Wochen sind meine Onkel, meine Cousins und ich jetzt in Onkel Docks winzigem Haus zusammengepfercht. Ich fürchte so langsam, dass wir die Zeit an Land nicht überstehen – geschweige denn die Seereise. Wahrscheinlich bringen wir uns vorher gegenseitig um.

Das Boot ist in der Werft aufgedockt. Am ersten Tag sah es ziemlich jämmerlich aus, muss ich schon sagen. Man wäre nie auf die Idee gekommen, dass dieses Boot demnächst in See stechen könnte. Aber es hat einen tollen Namen: Es heißt die *Wanderer*. Ich kann mir gut vorstellen, wie ich auf diesem Segelboot übers Meer wandere.

Das Boot gehört Onkel Dock. Er nennt es sein »Baby«. Ich finde es gigantisch, viel, viel größer als alle Schiffe, auf denen ich je war. Es ist fünfundvierzig Fuß lang (fünfzehn Meter – ziemlich groß für ein »Baby«!), dunkelblau und weiß, mit zwei gleich hohen Masten, und jeder Mast hat einen schicken Baum, an den das Segel angeschlagen wird.

Unter Deck sind sechs Schlafplätze (vier im Vorderteil, zwei im hinteren Teil), eine Kombüse mit Kühlschrank, Spüle und Herd; ein Tisch (zwei der Schlafpritschen dienen auch als Sitzbänke für den Tisch); ein Bad; ein Kartentisch und Navigationsinstrumente; außerdem Schwalbennester und Schränke als Stauraum.

Onkel Dock, der im normalen Leben Zimmermann ist, hat uns gleich am ersten Tag auf der *Wanderer* herumgeführt und uns gezeigt, was alles repariert werden muss. »Das Baby muss ein bisschen aufgepäppelt werden«, sagte er. »Das Steuerruder muss gemacht werden, jep, und der Kiel auch, jep« und »Die Bilge muss gerichtet werden, jep« und »Die Elektrik – muss erneuert wer-

den, jep« und »Das gesamte Ding muss auf Vordermann gebracht werden, jep.«
Jep, jep, jep.
Mein Cousin Brian notierte sämtliche Punkte auf sein Klemmbrett. »Also gut!«, verkündete er, nachdem wir das ganze Boot besichtigt hatten. »Hier ist die Liste. Ich finde, wir sollten außerdem eine Liste aufstellen, was wir alles brauchen –«
Sein Vater, Onkel Stew, unterbrach ihn. »Gut so! Mein Sohn – der große Organisator!«
Onkel Stew heiß eigentlich Stuart, aber alle nennen ihn Stew, weil er sich dauernd Sorgen macht und innerlich brodelt und kocht und alles umrührt, als würde er einen Eintopf kochen, und Eintopf heißt bei uns »Stew«. Er ist groß und dünn und hat eine schwarze Mähne auf dem Kopf. Onkel Stews Sohn Brian sieht aus wie eine jüngere Fotokopie von ihm. Sie haben beide einen komischen Gang, sie schlenkern mit den Gliedmaßen, wie Marionetten, und beide legen großen Wert darauf, dass immer alles gut organisiert ist.
Während Brian noch seine Liste aufstellte, fummelte Cody, mein anderer Cousin, schon am Steuerruder herum. »Noch nicht!«, rief Onkel Stew. »Wir sind noch nicht mit der Planung fertig!«
Brian sagte: »Wir stellen die Listen zusammen und dann verteilen wir die Aufgaben.«
»So ist's gut!«, strahlte Onkel Stew. »Mein Junge übernimmt Verantwortung.«
Jep.

Es ist sehr heiß, an den meisten Tagen hat es über fünfunddreißig Grad, und jeder hat seine eigenen Vorstellungen davon, wie die Vorbereitungen laufen sollen. Onkel Mo sitzt fast immer in einem Liegestuhl, schaut uns zu und gibt Anweisungen: »Nicht so – fang auf der anderen Seite an!«, und »Du Obertrottel! So geht man doch nicht mit einem Pinsel um!« Meistens gelten diese aufmunternden Sätze seinem Sohn Cody, der anfallsweise an Schwerhörigkeit zu leiden scheint. Alle anderen versteht er ausgezeichnet, aber bei seinem Vater wird er plötzlich taub.

Onkel Mo ist eher rundlich und sitzt gerne ohne Hemd herum, weil er braun werden möchte. Cody, sein Sohn (das ist der, von dem meine Mutter denkt, er ist so charmant, dass es schon gefährlich ist), ist im Gegensatz zu seinem Vater fit und durchtrainiert. Er summt immer vor sich hin und singt und grinst unglaublich breit. Die Mädchen, die auf dem Weg zum Strand über die Bootswerft kommen, bleiben stehen und schauen sich nach ihm um, in der Hoffnung, dass er sie bemerkt.

Onkel Dock ist locker und lässig. Ihn bringt nichts so schnell aus der Ruhe, glaube ich, weder die ganze Arbeit, die gemacht werden muss, noch die unvermeidlichen Pannen – zum Beispiel hat Brian eine Dose Lack umgekippt und Cody hat das Deck verkratzt und Onkel Stew hat die Leinen verwurstelt. Onkel Dock zuckt dann nur die Schultern und sagt: »Das kriegen wir schon wieder hin, jep.«

Am zweiten Tag, als Onkel Stew und Brian die meisten Aufgaben unter den anderen verteilt hatten, fragte ich: »Und was ist mit mir? Was soll ich machen?«

»Du?«, sagte Onkel Stew. »Hm. Ja. Ich denke, du könntest putzen – du weißt schon, die Sachen schrubben und so.«

»Ich möchte auch etwas reparieren.«

Onkel Stew lachte gekünstelt. »Hoh-hoh-hoh. Woran hattest du denn da gedacht, Sophie? Hoh-hoh-hoh.«

»Ich könnte die Bilge übernehmen –«

Die Bilge ist die tiefste Stelle im Bootsrumpf, unter den Bodenbrettern, wo sich oft Wasser sammelt.

»Ach, ja?«, sagte er und grinste in die Runde, als müssten sie das genauso lustig finden wie er. »Und wie willst du das machen?«

Da erzählte ich ihm, wie sie hergerichtet werden könnte und was für Werkzeug und Material ich dafür brauchen würde, und je länger ich redete, desto weniger blieb von Onkel Stews Grinsen übrig. Dafür wurde das Grinsen auf Onkel Docks Gesicht umso breiter.

»Siehst du?«, sagte Onkel Dock. »Sie versteht was von Booten. Lass sie die Bilge machen.«

Brian fuchelte marionettenartig mit seinem Klemmbrett herum und rief: »Aber wer übernimmt dann das Putzen? Ich habe keinen auf der Liste –«

»Wir putzen alle«, erklärte Onkel Dock.

»Ich nicht«, verkündete Onkel Mo. »Ich kann nicht putzen. Das weiß jeder.«

Und so verbrachten wir diese heißen Tage schwitzend in der Marina und arbeiteten an der *Wanderer* (alle außer Onkel Mo, der in seinem Liegestuhl lag und sich bräunen ließ). Wir reparierten das Steuerruder und den Kiel, besserten die Bilge aus, überholten die Elektrik, organisierten, putzten und polierten.

Als die *Wanderer* von ihrem Gestell herunterkam, waren Dock und Brian und ich an Bord, während der Kran das Boot in einer Schlinge hochhob und aufs Wasser setzte. Das war vielleicht ein komisches Gefühl! Immer weiter senkte sich das Boot, tiefer und tiefer. Ich dachte schon, wir kommen nie unten an, aber dann machte es Plopp! und alles schaukelte. Das Schiff war auf dem Wasser angekommen und tanzte wie ein Korken.

Endlich im Wasser!

»Alles okay, Brian?«, fragte Dock. »Du siehst ein bisschen wackelig aus.«

»Ich glaube, ich muss mich gleich übergeben«, sagte Brian. »Hier im Wasser sieht das Boot schrecklich klein aus. Darauf sollen wir diese lange Fahrt überleben?«

»Klein?«, rief Onkel Dock. »Die *Wanderer* ist ein Riesenbaby!«

»Unsere kleine Inselheimat«, sagte ich.
Ich schrieb meinen Eltern eine Postkarte: Demnächst wird die Wanderschaft mit der *Wanderer* losgehen.

# II Die Probefahrt

## 5 Endlich!
(Sophies Logbuch)

Es geht los!

Als wir gestern Abend die Küste von Connecticut entlang nach den Sternen eine Probefahrt machten, da hatte ich das Gefühl, gleich springt mir das Herz aus der Brust und bis hinauf in den Himmel. Über mir die samtig blauschwarze Nachtkuppel mit den vielen Glitzerpunkten und dann übergangslos der schwarz schimmernde Ozean. Der Geruch des Meeres, der Wind auf dem Gesicht und auf den Armen, das Schlagen der Segel – oh, es war märchenhaft!

Wir sind tatsächlich unterwegs! Der Meer ruft und ruft: Segel weiter, segel weiter! Und das sanfte Schaukeln der *Wanderer* erinnert mich daran, wie Bompie – war es Bompie? – mich auf seinem Schoß wiegte, als ich noch klein war, und mir leise Geschichten zuflüsterte.

Die erste Etappe unserer Reise führt durch den Long Island-Sund nach Block Island; von da machen wir einen kurzen Ausflug rüber zu Martha's Vineyard, um Cape Cod herum und dann die Nordküste hoch, bis nach Nova Scotia und schließlich die lange Strecke nach Irland und England – ins Bompie-Land! Onkel Dock schätzt, dass wir drei bis vier Wochen brauchen werden, je nach dem, wie lange wir Pause machen, wenn wir Land sehen.

Cody schreibt ebenfalls Tagebuch, aber er sagt, es ist ein Bogluch. Als er den Ausdruck das erste Mal verwendet hat, habe ich ihn etwas verblüfft gefragt: »Du meinst ein Logbuch?«

Er antwortete: »Nein, ein Bogluch. So heißt das bei mir.« Er sagte, er führt dieses Bogluch, weil er es muss – es ist sein Sommerferienprojekt. »Entweder das – oder fünf Bücher lesen. Da hab ich mir gedacht, es ist doch viel einfacher, ein Bogluch zu führen, als so viele Wörter zu lesen, die alle jemand anderes geschrieben hat.«

Onkel Dock führt das offizielle Logbuch, wie sich das für den Kapitän gehört, und davor liegen lauter tolle Seekarten, auf denen unsere Route aufgezeichnet ist. Onkel Stew und Brian meinten, sie sind zu beschäftigt, »um die Höhepunkte zu notieren«, und als ich Onkel Mo fragte, ob er irgendetwas aufschreibt, da gähnte er nur: »Ach, ich speichere alles hier oben«, sagte er und klopfte sich an die Stirn. »Und vielleicht mache ich ein paar Skizzen.«

»Heißt das, du zeichnest? Kannst du zeichnen?«

»Du klingst so überrascht! Dazu gibt's doch gar keinen Grund!«

Ich war aber trotzdem überrascht, weil ich nicht gedacht hätte, dass er genug Energie besitzt, um irgendetwas zu tun.

Alle haben ihre Aufgaben, die sie jeden Tag erledigen müssen (nach Brians Liste), und alle müssen Wache gehen, das ist genau eingeteilt, und außerdem hat Onkel Stew vorgeschlagen, wir sollten alle unterwegs den anderen etwas beibringen.

»Zum Beispiel?«, fragte Cody.

»Irgendwas – Navigieren mit Instrumenten, nach den Sternen –«

»Ja, gut«, sagte Cody. »Für dich ist es einfach, aber was machen wir? Wir verstehen doch nichts von dem ganzen Zeug!«

»Dir fällt doch bestimmt irgendetwas ein, was du uns beibringen kannst!«, sagte Onkel Stewart mit einem blöden Grinsen.

»Wie wär's mit Jonglieren?«, schlug Cody vor. »Ich kann euch zeigen, wie man jongliert.«

»Wie man jongliert?«, rief Brian.

»Trottel«, sagte Codys Vater.
»Ich würde gern lernen, wie man jongliert«, sagte ich. »Ich wette, das ist gar nicht so leicht, wie es aussieht.«
»Aber was hilft es einem, wenn man jonglieren kann?«, fragte Brian.
»Na ja – wenn du denkst, es ist zu schwierig für dich …«, meinte Cody.
»Wer hat was von schwierig gesagt? Ich könnte garantiert sehr gut jonglieren, ich finde es nur komisch, wenn man ausgerechnet auf einem Schiff jonglieren lernen soll.«
Ich weiß noch nicht, was ich den andern beibringen könnte, aber ich hab bestimmt noch eine Idee. Bis heute Abend müssen wir uns entschieden haben.

Heute ist ideales Wetter – sonnig und warm. Wir fahren mit der Strömung und der Wind schiebt uns ganz sanft auf die diesigen Klippen von Block Island zu. Ich war schon mal auf Block Island, aber ich weiß nicht mehr, mit wem. Mit meinen Eltern und mit meinem Großvater? Ich erinnere mich, wie wir auf einen hohen Berg hinaufgewandert sind. Überall blühten violette und gelbe Blumen und kleine knorrige Büsche wuchsen zwischen den schroffen Felsen. Und ich erinnere mich an den alten blauen Lieferwagen mit den Liegestühlen hinten drauf, und wir sind ganz schmale Straßen entlang gefahren und ich habe auf den Ozean hinaus geschaut und gesungen: »Oh, hier sind wir auf Block Island – in ’nem großen blauen Truck …«
Mein Großvater kaufte mir eine Kapitänsmütze, die ich jeden Tag aufsetzte. Abends gingen wir Muscheln sammeln und ich habe durch die Dachluke Flugzeuge beobachtet.
Und danach habe ich mir jeden Sommer gewünscht, dass wir wieder nach Block Island fahren, aber wir haben es nie getan. Die Zeit hat nicht gereicht.

Mir ist eingefallen, was ich meiner Bootsfamilie anbieten könnte: Die Geschichten, die Bompie mir erzählt hat.

Dock und Cody haben gerade zwei Blaumakrelen gefangen. Klasse! Aber es hat mir nicht gefallen, wie Cody die Fische erschlagen und ausgenommen hat. Alle müssen das machen. Das gehört zu den Regeln. Ich bin als Nächste dran – aber ich will das nicht!
Aber das Felsufer von Block Island ist in Sicht, die Blaumakrelen sind fürs Mittagessen filetiert, und ich habe Hunger …

## 6 Palmen und Faultiere
(Codys Logbuch)

Mein Vater bringt mich auf die Palme! Er liegt herum wie ein Faultier, packt nie mit an und erteilt rechts und links Befehle. Sophie hat's gut; sie hat keine Eltern dabei, die sie nerven können.
Onkel Stew sagt, sie durfte nur mitfahren, weil Onkel Dock Mitleid mit dem armen kleinen Waisenkind hatte. So nennt Onkel Stew sie immer: Sophie, das Waisenkind. Manchmal möchte ich ihm eine reinhauen, wenn er das sagt.
Sophie redet über meine Tante und meinen Onkel, als wären sie ihre richtigen Eltern, dabei sind sie nur ihre Adoptiveltern und Sophie ist erst seit drei Jahren bei ihnen. Brian meint, Sophie lebt in einer Traumwelt, aber ich finde das irgendwie toll. Wenigstens sitzt sie nicht herum und beschwert sich dauernd darüber, dass sie ein Waisenkind ist!
Manchmal wäre ich auch gern ein Waisenkind, weil mein Vater eine Riesenkrake ist und weil meine Mutter Angst vor ihm hat und sich immer verkriecht und dabei ganz verheult aussieht.

Aber ich glaube, ich soll in diesem Bogluch nicht über solche Sachen schreiben, sondern über die Reise und so.
Sie hat angefangen. Die Reise, meine ich. Man glaubt es nicht! Ich habe schon gedacht, wir bleiben bis in alle Ewigkeit an Land und Brian kommt jeden Tag mit einer neuen Liste daher. Dieser Typ schreibt echt unheimlich gern Listen. Sein Vater auch. Sie sind ein richtiges Listenschreibteam.
Bisher gibt es keine besonderen Vorkommnisse, außer dass das Boot tatsächlich übers Wasser segelt und weder leckt noch umkippt. Jedenfalls noch nicht.

## 7 Schnecken
(Sophies Logbuch)

Gestern Abend sind Cody, Brian und ich mit dem Dingi an Land gerudert, nachdem die *Wanderer* im Hafen von Block Island vor Anker gegangen war. Wir gingen am Strand spazieren. Brian kann manchmal eine grässliche Nervensäge sein: Ganz vorsichtig rollt er die Hosenbeine hoch, damit sie ja nicht nass werden, den Wellen weicht er systematisch aus, und außerdem schaut er ständig auf die Uhr.
»Es ist neunzehn Uhr zehn«, verkündete er, und dann zehn Minuten später sagte er: »Jetzt ist es neunzehn Uhr zwanzig« und wieder zehn Minuten später: »Jetzt ist es neunzehn Uhr dreißig.«
»Könntest du bitte aufhören?«, sagte Cody. »Es ist doch völlig egal, wie spät es ist.«
Brian ging um einen Felsen herum, der aus dem Sand herausragte, und wich der Gischt aus, die drum herum aufspritzte. »Wir müssen vor Einbruch der Dunkelheit zurück sein«, sagte er.

Cody schaute zur Sonne, die im Westen tief am Himmel stand. »Weißt du was? Ich wette, wir merken, wann es dunkel wird – auch ohne Uhr.«

»Hoh, hoh, hoh«, machte Brian.

Zwei Mädchen kamen uns entgegen. »Hey, sieh mal, da kommen ein paar Schnecken!«, sagte er zu Brian.

»Wo? Was?«

»Die Bräute da drüben«, sagte Cody und beäugte die beiden. »Die Bräute.«

Eine der beiden Schneckenbräute blieb vor Cody stehen und lächelte ihn freundlich an. »Hey«, sagte sie.

»Hey«, antwortete Cody.

»Du weißt nicht zufällig, wie spät es ist?«, fragte sie. Ihre Freundin wurde ganz rot und schnippte etwas von ihrem Ärmel.

»Hoh, hoh, hoh!«, machte Brian wieder und fuchtelte mit seinem Marionettenarm vor Cody herum, damit der sein Handgelenk mit der Uhr sehen konnte. »Manchmal ist so eine Uhr doch praktisch«, sagte er dazu.

Wir fuhren zur *Wanderer* zurück (zu Brians großer Erleichterung vor Einbruch der Dunkelheit!) und schliefen nachts an Bord, aber im Hafen. Wir segelten erst mal nicht weiter, weil Onkel Dock meinte, wir müssten noch ein paar Feinheiten verbessern.

Heute scheint wieder die Sonne!

Ich bin zum ersten Mal mit dem Bootsmannsstuhl den Mast hoch, weil die Birne des Ankerlichts ausgewechselt werden musste. Von da oben hat man einen phantastischen Blick, meilenweit, bis ans Ende von Block Island und über den Ozean: Wasser und noch mehr Wasser und Himmel und noch mehr Himmel. Und weil an diesen Masten keine Stags sind, merkt man da oben ganz genau die Bewegungen des Schiffs und des Wassers. Man

spürt den Wind auf dem Gesicht und in den Haaren, man riecht das Meer – das ist ein unglaubliches Gefühl von Freiheit!
Später sind Cody und ich noch einmal an Land gegangen, während Onkel Dock an den Stromkabeln herumbastelte. Wir spazierten den Strand entlang, bis zum Leuchtturm und dann zu dem Vogelschutzgebiet. Cody sah ein wuscheliges Küken und rief entzückt: »Hey, du kleines Vögelchen, hey, du kleiner Wuschelball!« Das hat mich ganz verblüfft, weil er normalerweise so großen Wert darauf legt, seine Muskeln spielen zu lassen. Man würde gar nicht erwarten, dass er so zärtlich mit einem Vogelküken redet. Als wir gingen, rief er zum Abschied: »Tschüs, ihr kleinen Vögelchen.«
Er ist wirklich ein komischer Typ. Erst redet er von »Bräuten« und dann redet er mit den kleinen Vögelchen.

Wir sind erst kurz unterwegs, aber man merkt schon, wie alles viel lockerer und entspannter wird. Ich ziehe irgendetwas an, was gerade herumliegt und trocken ist. Ich gehe ins Bett, kurz bevor ich umfalle, und beim Aufwachen höre ich, wie sich Leute im Cockpit unterhalten. Aber ich will hinaus aufs offene Meer. Ich möchte weiter, ich möchte über den Ozean segeln, wo es keine Rolle spielt, ob Nacht oder Tag ist, wo die Zeit im Fluss ist. Ich würde gern Fische fangen, mich direkt aus dem Ozean ernähren. Hoffentlich kann ich bald sagen: Ich bin auf Reisen, ich wandere, ich segle – zu Bompie!

## 8 Der Depp und das Waisenkind

(Codys Logbuch)

Gestern Abend musste ich eine Weile weg von Dad, also bin ich mit Sophie und Brian rüber auf die Insel gefahren. Brian geht mir total auf die Nerven. Erst musste er hunderttausend Fragen stellen, zum Beispiel, ob er die richtigen Klamotten anhat und ob er seine Jacke mitnehmen soll, und dann fing er an, uns zu erklären, wie wir paddeln sollen und wie wir das Dingi festbinden sollen und lauter solches Zeug. Demnächst sagt er mir noch, wie ich atmen soll!

Sophie nervt er genauso. Sie hat zum Beispiel gesagt, ihrer Mutter würde es nicht gefallen, dass ich Mädchen als »Schnecken« bezeichne oder als »Bräute«. Da blieb Brian plötzlich stehen und sagte, tja, Pech gehabt, ihre Mutter sei leider nicht hier. Und als würde das nicht schon reichen, fügte er noch hinzu: »Welche Mutter meinst du überhaupt?« Aber Sophie ging einfach nicht darauf ein. Sie nahm einen Stein und warf ihn ganz weit ins Wasser. »Da, siehst du?«, sagte sie. »Kannst du auch so weit werfen?«

Ich weiß nicht, ob sie nicht gehört hat, was Brian gesagt hat, oder ob sie ihn bewusst ignorieren wollte.

Ich sagte zu ihm, er soll gefälligst die Klappe halten. Er hat geantwortet: »Muss ich nicht, wenn ich nicht will.« So ein Depp!

Heute sind Sophie und ich wieder auf die Insel abgehauen, aber ohne Brian. Von allen Leuten auf dem Schiff komme ich mit Sophie am besten aus. Sie atmet immer tief durch und lächelt dem Wind, der Sonne und den Wellen zu. Und sie nervt einen nicht ständig mit irgendwelchen Sachen.

Aber ich hätte mich fast verplappert. Wir haben ein kleines Küken gesehen, das ganz allein im Gebüsch herumwanderte, und ich sagte: »Hey, das ist bestimmt ein Waisenküken.«

Sophie sagte: »Stimmt doch gar nicht!« Sie hob es auf und trug es zu dem Nest, das wir vorher gesehen hatten.
Das mit dem Waisenküken hätte ich nicht sagen sollen.

Sophie ist heute mit dem Bootsmannsstuhl den Mast hoch. Onkel Dock hatte herumgestanden und zu dem Licht-Dingsbums oben am Mast raufgestarrt und sich überlegt, wie wir die Birne auswechseln könnten.
»Soll ich rauf?«, fragte Sophie.
»Vielleicht kann Brian das machen«, meinte Onkel Dock. »Brian, du gehst mit dem Bootsmannsstuhl rauf und wechselst das Ding aus, okay?«
»Auf keinen Fall!«, rief Brian. Er war richtig grün im Gesicht. Der Mast ist ganz, ganz hoch.
»Cody! Wie wär's mit dir?«
»Lieber nicht«, sagte ich. Okay, was soll's – ich hatte keine Lust. Höhen kann ich nicht leiden.
Sophie sagte: »Hört zu – ich bin die Kleinste und die Leichteste. Es ist doch am besten, wenn ich das mache. Ich würde echt gern da raufgehen.«
»Ich will nur nicht, dass dir was passiert, das ist alles«, sagte Onkel Dock.
Heißt das, es hätte ihm nichts ausgemacht, wenn Brian oder mir etwas passiert? Oh, Mann!
Sophie sagte: »Hey! Soll das während der ganzen Fahrt so weitergehen? Willst du mich überhaupt nichts machen lassen?«
Also war Onkel Dock schließlich damit einverstanden, dass sie raufgeht. Das war vielleicht was! Sie hat gelacht und »Jippie!!« gerufen. In Nullkommanix war sie oben und hat die Birne ausgewechselt. »Darf ich noch ein bisschen bleiben? Es ist genial hier oben!«, rief sie.
»Hoffentlich passiert ihr nichts!«, brummelte Onkel Dock.

Gestern Abend mussten wir alle sagen, was wir den anderen während der Fahrt beibringen wollen. Das ist eine von Onkel Stews tollen Ideen. Onkel Dock will uns zeigen, wie man Karten liest. Brian bringt uns bei, wie man die Segel auf Kurs einstellt (keine Ahnung, was das heißt). Onkel Stew bringt uns bei, wie man diesen komischen Sextanten verwendet, mein Dad bringt uns Seefunk oder so was bei und ich zeige den andern, wie man jongliert. Bestimmte Leute haben sich richtig darüber aufgeregt, dass ich ihnen so was »Blödes« wie Jonglieren beibringen will. Aber mir ist das egal. Jonglieren ist cool.
Es wurde ein bisschen komisch, als Sophie ankündigte, was sie machen will. Sie sagte, sie will uns »Bompie-Geschichten« erzählen.
»Und woher kennst du Bompies Geschichten?«, fragte Brian.
»Weil er sie mir erzählt hat.«
Keiner sagte ein Wort.

Später meinte Brian zu mir: »Was redet sie für 'nen Quatsch? Sie hat doch Bompie noch nie gesehen!«
»Lass sie in Ruhe!«, sagte ich.

## 9 Kopf ab
(Sophies Logbuch)

Wir segelten früh von Block Island los. Die Fahrt war auf sechzehn Stunden angesetzt. Alle waren auf Deck, als wir nach Martha's Vineyard aufbrachen.
»Ahoi! Ab die Post!«, rief Cody in den Wind. Cody ärgert seinen Vater immer damit, dass er Segelausdrücke mit irgendetwas vermischt, was ihm gerade in den Kopf kommt. Ganz oft sagte er die

Ausdrücke falsch oder er verwendet sie im falschen Moment oder er wirft sie alle in einen Topf. »Refft das Ruder und hau ruck, Glück auf!« Man kann richtig sehen, wie Onkel Mo vor Ärger mit den Zähnen knirscht. Brian und Onkel Stew finden Cody auch nicht besonders witzig. Aber Onkel Dock stört es nicht weiter, und mir gefällt es. Ich habe dann nicht mehr so stark das Gefühl, ich muss alles richtig machen.
»Winscht den Mast und setzt den Baum!«, rief Cody.
»Hör auf mit dem Quatsch«, sagte Brian. »Es kann passieren, dass du es richtig sagen musst, weil unser Leben davon abhängt! Und dann weißt du's nicht oder es hört dir keiner zu, weil du immer so einen Stuss schwallst!«
»Ach, entspann dich, Brian!«, sagte Cody. »Refft die Segel!«
Der Wind und die Strömung waren uns den ganzen Tag freundlich gesonnen – und die Fische auch. Wir fingen sieben Blaumakrelen, aber zwei entwischten uns gleich wieder. Ich habe die ersten beiden getötet (getötet!), geköpft (geköpft!) und ausgenommen (ausgenommen!). Onkel Stew und Brian schauten mir dabei zu. Man hat richtig gemerkt, die beiden hoffen, dass ich aufgebe oder Mist baue.
»Zuerst musst du dem Fisch einen Schlag versetzen«, erklärte Onkel Stew. »Zwischen die Augen.«
»Einen Schlag mit der Winschkurbel«, sagte Brian.
»Schlag den Wunschkirbel!«, rief Cody.
»Lass den Quatsch, du Idiot!«, schimpfte Brian. »Es heißt Winschkurbel, das weißt du ganz genau, und außerdem schlägt sie nicht die Winschkurbel, sondern den Fisch mit der Winschkurbel.«
»Entspann dich, Junge, entspann dich!«, sagte Cody.
Ich nahm die Winschkurbel und versetzte dem wehrlosen Fisch einen Schlag.
»Man muss versuchen, den Fisch so schnell wie möglich zu töten«, erklärte Brian.

Ich fand es grauenhaft, den armen Fisch erschlagen zu müssen. Die ganze Zeit sagte ich mir, dass ich doch immer Fleisch und Fisch esse, ohne viel dabei zu überlegen.
»Meinst du, er ist tot?«, fragte ich.
»Nein«, sagte Brian. »Du musst ihm den Kopf abschneiden.«
»Kopf ab!«, rief Cody.
Ich schaffte es, den Kopf zur Hälfte abzuschneiden, und dabei dachte ich: Es ist okay, Sophie, es ist okay, er spürt nichts mehr, aber als ich an der anderen Seite zu schneiden anfing, begann der Fisch plötzlich zu zappeln und mit dem Schwanz zu schlagen.
»Mach schon«, sagte Onkel Stew
»Ja, beeil dich!«, fügte Brian hinzu.
Jetzt weiß ich: Das Schwierigste ist nicht das Erschlagen, nicht das Blut, nicht die Innereien, nicht das Aufschlitzen der Kehle. Das Schwierigste ist, dem Fisch das Rückgrat zu brechen. Dabei fängt mein Herz an zu zittern und zu zagen. Wenn ich die Finger um das Rückgrat lege, um diese Starkstromleitung, und den Kopf nach rechts oder links drehe, dann spüre ich, dass in den zwei oder drei Sekunden, die es dauert, bis das Rückgrat gebrochen ist, irgendetwas entweicht – Druck, Spannung, Energie. Oder vielleicht einfach Lebenskraft. Wohin geht diese Kraft?

Heute hat alles toll geklappt. Wir sind nach acht Stunden in Vineyard Haven auf Martha's Vineyard eingelaufen – in der Hälfte der kalkulierten Zeit!
»Wir sind richtige Reisende!«, rief ich, als wir Land sahen.
»Land in Sicht!«, rief Cody. »Festhieven, triefen und miefen!«
Der Hauptgrund, weshalb wir hier Station machen, ist, dass wir Onkel Docks Freund Joey besuchen wollen. Er hat die letzten fünf Jahre damit verbracht, ein altes Holzschiff zu reparieren, das er aus einem Sumpf gezogen hat. Joeys Boot ist makellos, innen und außen alles aus Teakholz, richtig vornehm.

Ich strich immer wieder über das wunderbare Holz, bis Onkel Dock sagte: »Na ja, das Boot ist echt klasse, aber die *Wanderer* ist trotzdem meine große Liebe.« Ich glaube, er war ein bisschen eifersüchtig, weil ich so ein Getue um Joeys Boot machte.
»Ich finde die *Wanderer* auch ganz klasse, Dock«, antwortete ich. »Und wenn ich mich entscheiden müsste, mit welchem Boot ich über den Atlantik segle, dann würde ich die *Wanderer* nehmen.«
»Jep«, sagte er. »Ich auch.«
Joey lud uns zum Abendessen in sein Cottage ein. Es war ganz komisch, wieder in einem Haus zu sein. So eine Platzverschwendung! Wie viel Zeug man da unterbringen könnte! Auf einem Schiff hat jedes Ding seinen festen Platz, alles ist kompakt und klein, und es ist nichts an Bord, was man nicht braucht. Für zusätzlichen Krempel gibt es keinen Stauraum.
Nach dem Essen saßen Cody und ich am Dock, als Brian rauskam und sagte: »Irgendwas stimmt nicht.«
»Wie meinst du das?«, fragte Cody.
Brian kickte gegen den Dock. »Dock und Joey waren in der Kombüse und haben geredet, und als ich reingekommen bin, weil ich ’nen Schluck Wasser trinken wollte, waren sie sofort still. Meint ihr, die haben über mich geredet?«
»Sei nicht so eingebildet«, sagte Cody.
»Aber worüber haben sie dann geredet? Warum diese Heimlichtuerei?«
»Keine Ahnung«, entgegnete Cody.
»Manchmal brauchen Leute eben ihre Geheimnisse«, sagte ich.
»Du musst es ja wissen«, brummelte Brian.
Brian ist wie ein Specht, der auf allem herumhackt, tock-tock-tock. Ich war froh, als ich wieder auf dem Schiff war. Ich nahm meinen Schlafsack auf Deck und machte es mir mit meinem Logbuch gemütlich.

Onkel Stew ist mit seinem Schlafsack raus aufs Dock gegangen.
»Was ist los?«, fragte Cody. »Bist du seekrank?«
»Ich werde nie seekrank«, entgegnete Onkel Stew. »Ich schlafe nur gern auf dem Dock.«
»Ja, klar«, sagte Cody.
Gleich lege ich den Stift weg und dann schlafe ich unter den Sternen ein, und ich höre beim Einschlafen das Geklimper der Leinen, die im Hafen gegen die Masten schlagen. Ich finde es wunderbar, vom Boot wie ein Baby in den Schlaf gewiegt zu werden.

## 10 Ahoi!
(Codys Logbuch)

Ahoi! Ich glaube, mit dieser Segelei kann ich mich anfreunden. Wir flitzen richtig übers Wasser! Mannomann! Und ich muss nicht mit meinem Dad Wache gehen. Sehr gut. Das heißt nämlich, dass keiner mich nervt, außer Brian, aber den kann ich besser ausblenden als meinen Dad.
Sophie ist ganz verrückt, wenn's ums Fischefangen geht. Ich habe noch nie gesehen, wie sich jemand über eine Kleinigkeit dermaßen freuen kann. Aber als sie den Ersten töten musste, dachte ich schon, gleich fängt sie an zu kotzen. Sie sagte immer wieder: »Er lebt noch! Es tut ihm weh! Er hat Schmerzen!« Und als mein Vater den Fisch gebraten hat, sagte sie, sie hat keinen Hunger.
Mein Vater geht mir total auf den Geist. Er will mich davon abbringen, dass ich das mit dem Jonglieren mache.
Er sagte: »Fällt dir denn nichts Besseres ein, was du den anderen beibringen könntest?«
Ich sagte: »Nein.«

## 11 Jonglieren

(Sophies Logbuch)

Wieder Reparaturarbeiten an der *Wanderer.* Ich bin mit der Bilge fertig, ein Wunderwerk aus Fiberglas. Ich habe sie mit Kunstharz gestrichen, um sämtliche Lecks abzudichten, falls es welche gibt.

Onkel Dock lobte mich: »Das hast du gut gemacht, jep.« Ich hatte gehofft, er würde es auch den anderen sagen, aber stattdessen sagte er: »Ich glaube, wir sollten jetzt lieber weiterfahren. Hier denken die Leute immer nur an ihre Boote.«

»Wie meinst du das?«

»Na, du weißt schon: Mein Boot ist besser als dein Boot, und mein Boot ist größer als dein Boot und solches Zeug. Bootfetischisten.«

Ich glaube, er ist ein bisschen empfindlich, wenn es um die *Wanderer* geht. Mir war überhaupt nicht aufgefallen, wie komisch unser Schiff aussieht – bis ich die gelackten Boote hier im Hafen gesehen habe! Die funkeln richtig! Und an Bord laufen Leute herum, deren Klamotten farblich zum Schiff passen und die ständig am Putzen sind. Und nirgends liegt irgendwas rum.

Die *Wanderer* ist überall mit Werg und Teer abgedichtet, das sieht man, und auf Deck sind Fußspuren, wo jemand reingetreten ist; unsere Kleider hängen an der Reling, um zu trocknen; auf Deck stapeln sich die Töpfe und Pfannen, weil Cody und ich sie nach oben gebracht haben, um sie zu schrubben; wir tragen unsere normalen alten Shorts und T-Shirts und Bandannas.

»Zeit zum Weiterfahren«, brummelte Dock.

»Dann – ahoi!«, rief Cody. »Baum und Anker!«

Onkel Mo lag wie immer auf Deck im Liegestuhl. »Cody!«, rief er. »Lass den Quatsch.«

»Quatsch die Anker!«, sagte Cody.
»Hilf Brian mit den Karten«, sagte Onkel Mo. »Mach dich nützlich.«
Cody sprang seitlich ins Wasser. »Mann über Bord! Gluck, gluck, gluck.«
Bei Cody muss man immer lachen, aber ich frage mich manchmal, ob er überhaupt ein Gehirn im Kopf hat und ob er irgendetwas ernst nimmt, und zwischendurch denke ich immer mal wieder, dass es ganz schön nervig werden kann, mit ihm drei ganze Wochen auf dieser kleinen Schiffsinsel festzusitzen.
Heute hat Brian versucht, uns die richtige Segelstellung beizubringen. Wir wussten das eigentlich schon alle, und wenn wir es noch nicht gewusst hätten, dann hätten wir es bestimmt nicht von Brian gelernt. Er hielt einen unheimlich komplizierten Vortrag, wie sich der Wind zu dem Segel und zu der Richtung des Schiffs verhält, und alles ging kreuz und quer durcheinander.
»Also: Wenn der Wind von vorne kommt, spricht man von Kreuzen –«, dozierte er.
»So ein Kreuz!«, seufzte Cody.
Brian ignorierte ihn. »Und wenn der Wind von der Seite kommt, spricht man von raum-seitlichem Wind –«
»Oh, ich glaube, ich brauche mehr Raum!«, rief Cody und ruderte mit den Armen.
»Lass den Quatsch, Cody. Und wenn der Wind von Achtern kommt –«
»Was ist das denn?«, fragte Cody. »Acht, neun, zehn – ich komme!?«
»Wie? Das weißt du nicht?« Brian war empört. »Das ist da hinten – der hintere Teil des Schiffs. Aber wenn du das Ganze nicht ernst nimmst –«, fügte er drohend hinzu.
»Ich sehe sowieso nicht ein, wozu wir diese ganzen Begriffe brau-

chen. Es ist doch völlig egal, ob wir die verschiedenen Windarten nicht richtig benennen können – Hauptsache, wir wissen, was wir tun müssen, oder? Tun ist wichtiger als reden.«
Brian erwiderte: »Aber weißt du denn überhaupt, was man tun muss? Kannst du überprüfen, woher der Wind kommt, und weißt du, was man mit den Segeln machen muss, wenn er zum Beispiel von hinten kommt?«
»Wozu muss ich das wissen?«, sagte Cody. »Alle anderen wissen es doch offensichtlich tausendmal besser als ich und geben dauernd irgendwelche Befehle, also mache ich das, was mir die anderen sagen. Ich kann so gut wie alle übrigen eine Leine ausbringen.«
»Oh, Mann«, sagte Brian.

Später hatten wir die erste Jonglier-Stunde bei Cody. Ich fand, dass er das wirklich gut machte. Er fing ganz einfach an: Man musste nur einen Gegenstand in die Luft werfen. Wir übten mit Erdnusstütchen.
»Das ist bescheuert«, sagte Brian.
Onkel Mo hatte Wache, aber er drehte sich um und sagte: »Jonglieren. Ach je.«
Dann sagte Cody, wir sollen zwei Tüten in die Luft werfen, mit jeder Hand eine. Das war auch noch leicht. Aber als dann die dritte Tüte dazukam, stellten wir uns alle ziemlich bekloppt an. Mehrere Tüten gingen über Bord.
»Es kommt nur auf die Handbewegungen an«, erklärte Cody. »Ihr müsst den richtigen Rhythmus rausbekommen.«
»Das ist doch bescheuert«, sagte Brian wieder.
»Vielleicht hilft es deiner Koordinationsfähigkeit«, antwortete Cody.
»Warum? Willst du sagen, mit meiner Koordination stimmt was nicht?«

Danach wurde es ziemlich unerfreulich, und wir hörten auf zu jonglieren.

Brian und Onkel Dock studieren die Karten und versuchen, über Funk den Wetterbericht zu bekommen. Morgen brechen wir nach Nova Scotia auf. Wir sind drei bis vier Tage auf dem Ozean. Kein Land in Sicht. Kein Land! Das kann ich mir gar nicht vorstellen! Ich habe keine Ahnung, wie es ist, wenn rundherum nur Meer ist.
»Das wird unsere erste große Probefahrt, jep«, sagte Onkel Dock.
Onkel Stew trommelte mit den Fingern auf den Tisch. »Die Wettervorhersage klingt nicht besonders gut.«
»Ach – wen stört schon ein kleines Wetterchen?«, sagte Onkel Mo.

## 12 Bla-bla-bla
(Codys Logbuch)

Blöder Tag.
Der blöde Brian schwallte über Segel und Wind, als wüsste er alles über alles, was man wissen kann, bla, bla, bla.
Von Jonglieren versteht er jedenfalls nichts, so viel ist sicher.
Heute Morgen sagte Brian zu mir: »Du kannst Sophie besser leiden als mich, stimmt's?«
Ich sagte: »Jep.«
Tja, es stimmt.
Morgen will Sophie die erste Bompie-Geschichte erzählen. Da bin ich ja mal gespannt.

## 13 Probefahrt
(Sophies Logbuch)

Ich weiß gar nicht mehr genau, was für ein Tag heute ist. Diese Wachen bringen mein Zeitgefühl völlig durcheinander.
An den ersten beiden Tagen hatten wir zu zweit Wache (ich mit Onkel Dock), immer vier Stunden, dann acht Stunden frei, dann wieder vier Stunden Wache. Vier Stunden sind lang, vor allem, wenn es dunkel ist und man alle Muskeln anspannt, weil man so konzentriert horcht und beobachtet. Alle anderen schlafen, und man weiß, dass man für ihre Sicherheit verantwortlich ist.
Hier draußen gibt es den Rhythmus Tag – Nacht – Tag gar nicht. Stattdessen gibt es nur verschiedene Abstufungen von Hell und Dunkel, die ineinander übergehen und sich ablösen. Es ist wie ein einziger Zeitstrom, der vor einem und rundherum fließt. So etwas wie gestern oder vorgestern existiert gar nicht. Das ist sehr seltsam, denn was ist dann morgen? Und was ist letzte Woche oder letztes Jahr? Und wenn es kein Gestern und kein Letztes Jahr gibt – und kein Vor zehn Jahren, dann muss das ja alles Jetzt sein, ein einziges riesiges Stück Gegenwart.
Wenn ich so was denke, wird mir ganz komisch. Als könnte ich einfach sagen: Ich bin vier – und schon bin ich wieder vier, nur weil ich es gesagt habe. Aber das kann doch nicht sein. Jedenfalls nicht richtig. Oder?

Wir sind durch den Golf von Maine gesegelt, zur Grand Manan Island in der Bay of Fundy, gleich westlich von Nova Scotia. Onkel Dock bezeichnet den Wind als eine »launische Lady«, weil er kommt und geht, wie er will. Gestern (ich muss immer noch Wörter wie gestern benutzen, weil ich nicht weiß, wie ich es sonst ausdrücken soll, dass etwas in der Vergangenheit passiert ist) hatten wir ziemlich viel Nebel und Onkel Dock zitierte ein Gedicht über den Nebel, der auf weichen Katzenpfoten angeschlichen kommt, und kaum hatte er es ausgesprochen, da habe ich genau das gesehen, als ich in den grauen Dunst geschaut habe: Hunderte von kleinen Katzenpfoten, die in der Gegend herumtapsen. Später, als der Nebel in dichteren, dunkleren Klumpen daherkam, habe ich mir vorgestellt, dass riesig große Tigertatzen auf uns zukommen – weiche, pelzige, graziöse Tigertatzen.

Bei der Wache fühlte ich mich zwischendurch ganz traurig und einsam, als ich durch die graue Wand schaute, und auf einmal wollte ich die Küste Nordamerikas gar nicht verlassen, ich wollte nicht über den Ozean fahren, nicht so weit weg vom Festland. Aber ich hatte kaum Zeit für diese Gefühle, weil unerwartet ein starker Nordwind aufkam, und das bedeutete, dass wir viel vor dem Wind kreuzen und krängen mussten. Die Wellen waren sehr hoch – mindestens zwei oder drei Meter. Ich fand sie jedenfalls enorm, aber Onkel Stew meinte, das sind Babywellen.

»Hast du Angst, Sophie?«, fragte Onkel Stew, und es klang fast so, als würde er hoffen, dass ich Angst habe, deshalb antwortete ich: »Nein, überhaupt nicht. Kein bisschen.« Ich hatte Angst, aber ich wollte nicht, dass er es merkt.

Unter Deck herrschte das totale Chaos. Cody und ich waren mit Kochen dran, und das Essen spritzte durch die Gegend.

»Vorsicht, Besansegel-Topf! Sofort einholen!«, schrie Cody, als der heiße Inhalt des Topfs überschwappte.

»Cody, bist du eigentlich nie richtig ernst?«, fragte ich.

Er warf eine Muschelschale direkt in die Suppe. »Ach, du lieber Gott«, stöhnte er. »Diese Frage stellen mir alle früher oder später.«

Ich glaube, das ist ein heikles Thema.

Die *Wanderer* hatte auf der ersten Probefahrt ein paar Schwierigkeiten: Lecks in der Achterkajüte und Wasser in der Ölwanne. Wir verbrachten viel Zeit damit, überall herumzukriechen, um nach den Ursachen zu suchen und alles, was kaputt ist, zu reparieren. Bis jetzt haben wir es immer geschafft, die Lecks zu stopfen. Man macht sich nicht allzu große Sorgen, solange man weiß, dass man innerhalb von ein, zwei Stunden an Land gehen kann, wenn es sein muss. Oder solange es genug Schiffsverkehr gibt und man mühelos Hilfe herbeirufen kann. Aber wenn wir von Nova Scotia aufbrechen und ein größeres Leck bekommen – was machen wir dann?

Ich will gar nicht darüber nachdenken. Ich denke lieber an die guten Vorzeichen: Wir hatten dreimal Besuch von Delphinen! Sie kommen in Dreier- oder Vierergruppen und schwimmen neben dem Schiff her. Normalerweise kommen sie, wenn wir schnell segeln, und flitzen mit uns. Es ist beinahe so, als würden sie mit uns um die Wette schwimmen. Sie spielen vor dem Bug herum und schießen vor und zurück, ganz dicht unter der Wasseroberfläche und nur ein paar Zentimeter vom Schiffsrumpf entfernt.

So elegante, graziöse Tiere habe ich noch nie gesehen. Sie gleiten ohne die geringste Anstrengung durchs Wasser, und dann krümmen sie sich, sodass Flossen und Rücken aus dem Wasser auftauchen.

Cody nennt sie »süß«. »Hierher, ihr süßen Delphine! Hierher!«

Ich bin immer ein bisschen traurig, wenn sie wieder wegschwimmen, und Cody ruft dann: »Tschüs, ihr süßen Delphine! Tschü-üs!«

Wir haben die Schichten ein bisschen verschoben, sodass drei Leute Wache machen, wenn wir durch Nebel segeln (Cody ist jetzt bei unserer Schicht). Im Moment bin ich ganz vermummt:

Ich trage meine Schlechtwetterausrüstung und beobachte, wie die Sonne vor uns aufgeht und der Mond am Heck untergeht. Ich bin müde und nass und müsste unbedingt unter die Dusche, aber ich fühle mich wie im Himmel.

Jeden Tag lerne ich ganz viel dazu, und je mehr ich lerne, desto klarer wird mir, wie viel es noch zu lernen gibt, was Segeln, Wasser, Navigation und Wetter angeht. Heute hat uns Onkel Stew eine Einführung gegeben, wie man den Sextanten abliest. Das ist schwieriger, als ich gedacht habe, und Onkel Stew und Brian schimpfen dauernd mit mir und Cody. Sie sagen, wir müssen das alles bis ins Detail beherrschen, sonst bringt es nichts, und es könnte passieren, dass irgendwann ihr Leben von uns beiden abhängt.

»Na, dann hofft mal lieber, dass euer Leben nie von mir und Sophie abhängt«, lachte Cody.

Onkel Stew wurde sauer. »Nicht alles auf der Welt ist komisch, Cody, und wenn du mitten auf dem Ozean bist, dann wirst du dem Himmel danken, dass alle an Bord wissen, was sie tun müssen, um deinen Hintern zu retten, wenn irgendetwas passiert. Da ist es nicht zu viel verlangt, dass du für uns das Gleiche tust.«

»Ja, ja, schon klar«, sagte Cody und ging unter Deck.

Selbst Onkel Dock ärgerte sich diesmal über Cody. »Ich hoffe nur, der Junge kapiert irgendwann, dass bestimmte Sachen ernst sind«, sagte er.

Gestern Nacht (oder war es nachmittags? Oder morgens? Oder vorgestern?) habe ich geträumt, wir würden auf dem Ozean treiben, ohne Lebensmittel, und wir lagen alle völlig schlaff auf Deck herum und hatten keine Kraft mehr, irgendetwas zu tun, und dann flog eine Möwe über uns weg und landete auf dem Baum, und Brian rief: »Tötet sie! Tötet sie!«

Jetzt ist es etwa zwei Uhr nachmittags, die Sonne ist gerade durch die Wolken gekommen, und wir sind etwa zehn Meilen von Grand Manan entfernt. Wir hoffen, dass wir vor Einbruch der Dunkelheit anlegen können. Jetzt muss ich Wache schieben, das heißt, ich muss los.

## 14 Bompie und das Auto

(Codys Logbuch)

Heute habe ich gehört, wie Brian Onkel Stew gefragt hat, was eigentlich mit Sophies richtigen Eltern passiert ist.

Onkel Stew sagte: »Keine Ahnung.«

»Wieso weißt du das nicht?«, wollte Brian wissen.

Onkel Stew zuckte die Achseln. »Mir sagt nie einer was.« Also habe ich meinen Vater gefragt, was mit Sophies richtigen Eltern passiert ist, und er hat geantwortet: »Das erzähle ich dir später irgendwann.«

»Erzähl's mir doch jetzt!«

»Nein, lieber nicht.«

Ich bin angeschrien worden, weil ich das Navigations-Gelaber nicht verstanden habe. Dann bin angeschrien worden, weil ich zu viele Witze mache. Dann bin ich angeschrien worden, weil ich atme. Na, jedenfalls beinah.

Sophie hat heute ihre erste Bompie-Geschichte erzählt. Sie ging ungefähr so:

Als Bompie ein junger Mann war, lebte er auf einer Farm und seine Familie war sehr arm. Sie hatten kein Auto und keinen Truck. Aber eines Tages tauschten sie zwei Maulesel gegen ein

Auto. Das Problem war nur, dass keiner von ihnen fahren konnte. Aber Bompie hatte schon mal in einem Auto gesessen und konnte sich nicht vorstellen, dass es übermäßig schwer war, selbst zu steuern. Deshalb erklärte er sich bereit, in die Stadt zu gehen und den Wagen abzuholen.

Es regnete die ganze Zeit. Man muss das echt miterleben, wenn Sophie eine Geschichte erzählt. Sie geht richtig darin auf. Man spürt fast den Regen auf dem Kopf, wenn sie den Regen beschreibt. Man spürt ihn und man riecht ihn. Wirklich irre.

Also, jedenfalls geht Bompie in die Stadt, um den Wagen abzuholen. Es regnet die ganze Zeit. Er macht sich auf den Heimweg, und dann kommt er an die Stelle, wo er den Fluss überqueren muss. Es gibt keine Brücke oder so was Ähnliches. Wenn man zu Fuß unterwegs ist oder mit dem Maulesel, dann watet man einfach durchs Wasser.

Also fährt Bompie mit dem Auto in den Fluss, aber die Strömung ist so stark, das Wasser kommt ganz schnell auf ihn zugeschossen, wie eine große Wasserwand, und er schreit »Hey! Auf geht's!«, aber das Auto hört das natürlich nicht, und die Wasserwand wirft das Auto um, und Bompie klettert heraus und muss zusehen, wie das neue Auto den Fluss hinuntertreibt.

Als Bompie schließlich nach Hause kam, kriegte er von seinem Vater eine Tracht Prügel und von seiner Mutter ein Stück Apfelkuchen.

»Warum hat seine Mutter ihm ein Stück Apfelkuchen gegeben?«, wollte Brian wissen.

»Weil sie so froh war, dass er noch am Leben war – darum«, antwortete Sophie.

»Woher kennst du die Geschichte eigentlich?«, fragte Brian als Nächstes.

»Halt den Mund, Brian«, sagte Onkel Dock.

Man spürte, dass Brian noch etwas sagen wollte, aber er schwieg.
Auch sonst hat keiner etwas gesagt.
Ich saß nur da und dachte daran, wie Bompie aus dem Auto kletterte und dass seine Mutter ihm ein Stück Apfelkuchen gegeben hat.

Heute haben Sophie und Onkel Dock ein paar Minuten lang mit drei Erdnusstüten jongliert. Sie waren begeistert. Ich kam mir ganz toll vor. Ich bin ein Lehrer!

# III Die Insel

## 15 Grand Manan
(Sophies Logbuch)

Bei Sonnenuntergang sind wir in Seal Cove auf Grand Manan angekommen – war das gestern? – und der ganze Himmel war rosarot und lila gestreift. Es ist wie im Paradies.

Ich glaube, Onkel Dock kennt überall Leute. Auf der Fahrt nach Seal Cove hat er per Funk mit der Küste Kontakt aufgenommen, und die Person dort hat mit einem Freund von ihm Kontakt aufgenommen – er heißt Frank –, und als wir vor dem Hafen waren, wartete Frank schon auf uns, um uns zu dirigieren. Der Hafen befindet sich innerhalb einer riesigen Hafenmauer, die fast wie eine Festung aussieht, und die *Wanderer* ist das einzige Segelboot hier, sonst sind es lauter Fischerboote, die dicht nebeneinander, in Dreier- oder Viererreihen, parken – wie auf einem Parkplatz in der Großstadt. Frank packte uns alle in seinen Bus und fuhr zu sich nach Hause. Er wohnt nur ein paar Straßen weiter. Wir lernten seine Familie kennen und schwankten auf unseren wackeligen Seemannsbeinen wie dumme Clowns.

Ich fange hier an, mich richtig für Fische und Fischerei zu begeistern. Das geht gar nicht anders; alle Leute, die hier wohnen, haben irgendetwas mit Fischen zu tun. Sie fischen Hummer und Schellfisch und Heringe oder sie arbeiten in den Fabriken, die Sardinen und Heringe verdosen. Überall nur Fisch, Fisch, Fisch.

Heute sind wir mit Frank auf seinem Fischerboot, das *Franks Fort* heißt, auf Hummerfang gegangen. Er hat nur die äußere Hülle des Bootes gekauft und sonst alles selbst gebaut. Ich finde

es ganz toll, wenn Leute so was machen – etwas Halbkaputtes nehmen und etwas Grandioses daraus machen!
Brian ist davon weniger beeindruckt. Er sagte: »Sophie, du musst nicht gleich durchdrehen! Es ist nur ein Boot.«
Nur ein Boot! Man könnte Monate damit verbringen, auf diesen Booten herumzuschnüffeln. Man findet Eimer mit Ködern, Behälter mit Hummern, Hummerbänder, die man um die Hummerscheren bindet, Schläuche, Netze und andere Sachen, die mit Fischschleim und Seetang bedeckt sind. Vielleicht werde ich ja eines Tages Hummerfängerin, wer weiß.
Cody sagte: »Wieso findest du das alles so toll, Sophie?«
»Gefällt es dir denn nicht?«, fragte ich ihn. »Macht es dir keinen Spaß, dir vorzustellen, wie dein Leben aussehen würde, wenn du zum Beispiel Fischer wärst? Du könntest den ganzen Tag das Meer riechen ...«
»Und die Fische würde ich auch riechen!«, sagte er. »Von dem Fischgestank kann einem ganz schön übel werden.«
»Aber vielleicht findet man ja auch, es ist der beste Geruch der Welt! Vielleicht findet man es schön, den ganzen Tag den Wind zu spüren und mit Fischen zu tun zu haben ...«
»Ist schon okay, Sophie«, sagte er. »Wenn du willst, kannst du es ruhig toll finden.«
Einige der Hummerkörbe, die wir hochzogen, waren leer, und vom Köder war nichts übrig außer einem säuberlich abgefressenen schneeweißen Heringsskelett.
»Was ist damit passiert?«, fragte ich.
»Seeflöhe«, erklärte Frank. »Sie sind überall und ganz winzig – so gut wie unsichtbar. Sie lieben unsere Köderfische. Wenn man über Bord geht und erst am nächsten Tag gefunden wird, fressen einen die Seeflöhe und das Skelett sinkt auf den Grund.«
Cody hob mich hoch und legte mich über die Reling. »Wollen wir's mal versuchen?«, fragte er.

»Das ist nicht komisch, Cody«, sagte ich. Die Vorstellung, dass mich die Seeflöhe bis auf die Knochen abnagen, gefiel mir überhaupt nicht.
An einem weiblichen Hummer klebten lauter Eier – Millionen von kleinen orangefarbenen Körnern (Rogen, nannte Frank sie) hafteten an der Unterseite, vom Schwanz bis hinauf zum Kopf.
»Dieses hübsche Exemplar geht zurück ins Meer«, verkündete Frank. »Zur Erhaltung der Spezies.«
Und ich hatte ein eigenartiges Gefühl bei dem Gedanken, dass ein Hummer dadurch gerettet wird, dass man ihn in den Ozean schleudert – und wenn man mich in den Ozean werfen würde, wäre das mein Ende.

Gestern Abend habe ich zu Hause angerufen. Meine Mutter stellte hunderttausend Fragen: »Wie geht es dir? Bist du seekrank? Ist dir warm genug? Passt du gut auf dich auf? Hast du Angst? Bist du einsam?« Schließlich kam mein Vater an den Apparat und sagte: »Was für ein Abenteuer! Was für ein tolles Abenteuer!«
Ich hatte mich echt wohl gefühlt, bis ich mit den beiden geredet habe. Bei meiner Mutter hatte ich wieder den Eindruck, sie erwartet, dass etwas ganz Schlimmes passiert. Ich versicherte ihr immer wieder, dass alles in bester Ordnung ist und sie sich keine Sorgen machen muss, aber als es daranging, tschüs zu sagen, brachte ich es nicht über die Lippen, weil es mir so endgültig vorkam. Also sagte ich »Tschüs erst mal«, immer wieder sagte ich »erst mal«, bis sie es auch sagte, und dann ging es mir besser.
Meine Mutter erzählte außerdem, dass sie Bompie angerufen hat, um ihm zu sagen, dass wir kommen, aber »er klang ganz verwirrt«.
»Wie meinst du das?«, fragte ich sie.

»Am Anfang hatte ich das Gefühl, er weiß gar nicht, wer ich bin. Er hat mich immer wieder Margaret genannt.«

»Margaret? Wer ist das?«

»Großmutter. Meine Mutter. Seine Frau. Ich war schon ganz besorgt, aber dann hat er plötzlich damit aufgehört und gesagt, es geht ihm gut, es sei nur ein Witz gewesen und er freut sich sehr auf euren Besuch.«

»Na, dann ist ja alles gut, oder?«, sagte ich.

»Ja, alles ist gut«, sagte sie auch.

## 16 Gestrandet
(Codys Logbuch)

Bisher besteht diese Reise hauptsächlich aus Pausen. Mir kommt es so vor, als hätte Onkel Dock eigentlich keine Lust loszusegeln. Ich finde es irgendwie komisch, dass wir dauernd irgendwo Station machen. Vielleicht stimmt mit dem Boot etwas Grundsätzliches nicht, und nur Onkel Dock weiß, was los ist.

Heute habe ich Onkel Dock gefragt, ob er weiß, was mit Sophies Eltern passiert ist.

»Gar nichts«, antwortete er. »Sie sind zu Hause in Kentucky ...«

»Die Eltern meine ich nicht«, sagte ich. »Ich meine ihre richtigen Eltern.«

»Ah«, sagte er.

»Weißt du, was mit ihnen passiert ist?«

»Jep«, sagte er.

»Erzählst du's mir?«, fragte ich.

»Nein«, sagte er.

»Warum nicht?«
»Keine schöne Geschichte«, sagte er.

## 17 Tradition
(Sophies Logbuch)

Gestern sagte Franks Frau zu mir: »Es ist sehr tapfer von dir, dass du diese Fahrt mitmachst« und »Es ist sehr tapfer von dir, dass du es mit den ganzen Männern aufnimmst!« Sie wollte wissen, ob die Männer mich überhaupt an die Segel ranlassen.
»Es ist nicht leicht«, antwortete ich. »So richtig wollen sie es nicht –«
»Ich habe schon gedacht, du darfst nur kochen und putzen.«
»Nein, nein!«, rief ich. »Das ist Codys Aufgabe.«
Eigentlich ist es gar nicht Codys Aufgabe. Wir sollen uns abwechseln, aber Brian drückt sich meistens, und Cody macht es lieber als die anderen. Als Frank und seine Frau uns auf der *Wanderer* besuchten, haben sie gesehen, wie Cody das Geschirr spült und den Fußboden wischt. Frank sagte: »Du wirst mal ’ne gute Ehefrau!«, und nannte Cody dauernd »Mr Mom«.
Cody schien das nicht weiter zu stören. Er machte einen Witz daraus. »Mr Mom zu euren Diensten!«, rief er, als er ihnen Käse und Cracker brachte. Und: »Vorsicht – Mr Mom muss mal unter euren Füßen den Boden wischen!«
Ich wäre froh, wenn ich bei solchen Anlässen auch so viel Humor hätte wie Cody. Mich macht es ganz kribbelig, wenn ich merke, jemand wundert sich darüber, dass ich mit Werkzeugen umgehen kann oder mich den Mast hochziehen lasse oder mit Fiberglas arbeite. Oder wenn alle von mir erwarten, dass ich koche. Meistens sage ich dann etwas Freches oder ich reagiere muffig,

aber ich würde es lieber machen wie Cody. Wenn man darüber lacht, hören die Leute auf, so was zu sagen.
Gestern haben wir Klaffmuscheln gesammelt, und danach sagte Frank zu mir: »Na, jetzt hast du ja ganz schön zu tun!«
Ich sagte: »Stimmt gar nicht. Ich bin doch nicht die Einzige an Bord, die kochen kann.«
»Oh«, sagte er.
Ich glaube, er war beleidigt, weil ich ihn so angefaucht habe. Jedenfalls bekam ich sofort ein schlechtes Gewissen, weil er doch immer so nett zu uns ist. Ich müsste wirklich lernen, manchmal den Mund zu halten.
Jetzt will ich vom Muschelsammeln erzählen. Hoffentlich wird es nicht zu langweilig, aber ich will es aufschreiben, damit ich mich später daran erinnern kann. Man vergisst so viele Einzelheiten im Leben, und wenn dann mal jemand wissen will, was man gedacht oder gefühlt hat, erinnert man sich nicht mehr; oder vielleicht wird man krank oder man stirbt oder so was, und dann kann man es den andern gar nicht mehr erzählen und sie erfahren es nie. Das ist dann so, wie wenn diese gierigen kleinen Seeflöhe das halbe Leben aufgefressen hätten.
Ich habe einmal meine Mutter gefragt, wie Bompie sich die ganzen Geschichten merken konnte, und sie hat geantwortet: »Die sind wie Bilder in seinem Kopf.«
»Aber was ist, wenn die Bilder gelöscht werden?«, fragte ich.
»Und warum soll das passieren?«, entgegnete sie.

Bei Ebbe gingen wir alle mit Franks neunundsiebzigjährigem Vater Muscheln sammeln. Wir hielten Ausschau nach Luftblasen im Sand und dann fingen wir an zu graben, aber da war so viel Seegras und Wasser, dass wir nicht in die Löcher hineinschauen konnten, nachdem wir angefangen hatten zu graben. Und außerdem besteht der Boden zum Teil aus Steinen, und die Muscheln leben tief unten, deshalb ist das mit dem Graben gar nicht so einfach.

Es ist komisch, wenn man diese Luftblasen sieht – man weiß genau, da unten, tief unten im Sand, ist etwas Lebendiges. Ich hatte ein ganz merkwürdiges Gefühl dabei und dachte immer, ich grabe nicht nach einer Muschel, sondern nach einem Menschen.

Nach den ersten zwanzig Minuten beschlossen Brian und Onkel Stew, dass ihnen das Muschelsammeln keinen Spaß macht. Sie beschwerten sich darüber, dass ihre Jeans nass wurden, und wollten sich nicht dauernd bücken. »So viel buddeln – nur wegen einer mickrigen Muschel?«, sagte Onkel Stew.

Franks Vater erzählte die ganze Zeit: »Ich wurde auf dieser Insel geboren, genau wie meine Eltern. Mein ganzes Leben lebe ich schon hier, mit meinen zwölf Geschwistern und mit allen unseren Kindern. Ich gehe fast jeden Tag Muscheln sammeln, und ich arbeite auch gern im Garten, und ich jage Rehe, wenn's eine Gelegenheit dazu gibt. Das Leben ist schön. Wirklich schön.«

Und ich konnte mir gut vorstellen, dass so ein Leben schön ist und dass man hier mit seiner ganzen Großfamilie gut leben kann. Alle kennen einander und jeder kümmert sich um den andern.

Ich glaube, vom Leben auf Grand Manan kann ich nicht genug bekommen. Und während ich lauter Sachen über Grand Manan lerne, erfahre ich auch einiges über meine Onkel. Es ist verblüffend, was man alles aufschnappt, während man herumsteht und Muscheln sammelt oder Hummer fängt.

Ich habe zum Beispiel herausgefunden, dass Mo, Dock und Stew schon seit ihrer Kindheit über den Ozean segeln wollen. Sie haben darüber geredet, sie haben es geplant, sie haben davon geträumt.

»Habt ihr damals gedacht, dass ihr es irgendwann tatsächlich tun würdet?«, fragte ich.
»Nein«, antwortete Onkel Mo.
»Was redest du für einen Unsinn!«, protestierte Onkel Stew. »Selbstverständlich hast du gedacht, dass wir es machen. Wir haben alle gedacht, dass wir es machen.«
»Ich nicht«, sagte Mo.
»Aber du hast gesagt – du hast immer wieder gesagt – du hast doch gesagt, wir sollen uns Namen ausdenken für das Schiff und du hast uns den Atlas gezeigt und ...«
»Das war doch nur ein Spiel«, sagte Mo. »Oder?«
»Ein Spiel? Ein Spiel?« Stew war fassungslos.
»Ich war davon überzeugt, dass wir es tun«, sagte Onkel Dock ruhig. »Ich wusste es.«
Ich fragte sie, ob meine Mutter an ihren Plänen beteiligt war, als sie noch Kinder waren. »Wollte sie mit?«
»Wer?«, fragte Onkel Stew. »Claire? Meinst du Claire oder wen?«
»Natürlich meint sie Claire«, sagte Onkel Dock. »Sie möchte wissen, wie Claire als Kind war.«
»Oh«, sagte Onkel Stew. »Nein, Claire wollte nichts mit uns zu tun haben. Sie fand uns arrogant und blöd.«
»Dich vielleicht!«, sagte Onkel Dock. »Claire und ich sind immer gut miteinander ausgekommen.«
Ich fand außerdem heraus, dass Onkel Mos Name eine Abkürzung von Moses ist, aber er wurde als Kind oft verprügelt (»Das muss man sich mal vorstellen – würdest du gern Moses heißen?«, sagte er). Deshalb entschied er sich für die Abkürzung Mo, weil sie »männlicher« klingt, sagte er, und bei diesem Namen ist es dann geblieben.
Und Onkel Dock heißt eigentlich Jonah!
»Wie bist du von Jonah auf Dock gekommen?«, fragte ich ihn.

»Ich fand schon als Kind Schiffe ganz toll«, sagte er. »Und eines Tages hat ein alter Seemann zu mir gesagt, Jonah sei kein guter Name für einen Seemann, denn der Jonah in der Bibel hat seinen Gefährten auf See nur Unglück gebracht. Du kennst doch die Geschichte, oder? Jonah hat Gott geärgert, und dann schickte Gott einen schweren Sturm …«
»Und Jonah wurde von einem Wal verschluckt«, fügte Brian hinzu.
»Jep, jep, jep. Deshalb sagte der alte Seemann, Jonah ist kein guter Name für mich, und er fing an, mich Dock zu nennen, weil ich den ganzen Tag am Dock herumhing.«
Brian beugte sich zu mir und sagte: »Aber im Grund ist er immer noch ein Jonah – meinst du, er bringt uns Unglück?«
»Brian«, sagte ich. »Manchmal solltest du deine Gedanken lieber im Kopf behalten.«
Dann fing ich an, mir Sorgen zu machen, dass einer von uns Gott ärgern könnte und dass Gott dann ein Unwetter schicken würde, und das machte mir Angst, viel mehr Angst, als man erwarten würde, also dachte ich lieber über die Namen nach. Ich überlegte mir, ob man eigentlich so ist wie der Name, den man hat, und was für Vorstellungen man mit verschiedenen Namen verbindet – ich finde zum Beispiel, dass Brian wie ein Brian wirkt und Cody wie ein Cody. Aber wirke ich wie eine Sophie? Und wie ist eine Sophie überhaupt?
Und dann fing ich an, über Bompie nachzudenken. Ich weiß zwar, dass Bompie nur ein Spitzname ist, aber ich habe keine Ahnung, wie er richtig heißt! Da muss ich mich gleich mal erkundigen.

## 18 Bompie und der Zug
(Codys Logbuch)

Als ich mich heute darüber beschwert habe, dass wir immer noch auf Grand Manan festsitzen, sagte Sophie: »Weißt du, was Bompie mal zu mir gesagt hat? Es kommt nicht darauf an, wohin man geht, sondern wie man dorthin kommt.«
»Und wir kommen nirgends hin, stimmt's?«, sagte ich.
»Nein, das stimmt überhaupt nicht«, sagte sie. »Wir sind auf dieser phantastischen Insel. Wir fangen Hummer und sammeln Muscheln. Das gehört zu unserer Reise. Wir sind Wanderer!«
Ich verstehe echt nicht, wie sie tickt. Sie kann einen ganz normalen Gegenstand in die Hand nehmen – zum Beispiel einen Hummertopf –, und dann studiert sie ihn richtig, sie stellt hunderttausend Fragen und will ihn malen, ihn anfassen, daran riechen – man hat fast den Eindruck, als wäre sie ihr ganzes Leben lang in einen Käfig eingesperrt gewesen und entdeckt jetzt erst, dass es auf der Welt lauter interessante Dinge gibt.
Ehrlich gesagt, ich hätte nicht gedacht, dass Hummer und Hummertöpfe so spannend sein können, bis ich Sophies begeisterte Reaktion gesehen habe. Sie redete dauernd darüber, dass sie vielleicht Hummerfischerin werden will. Oder Schiffe bauen. Wenn man sie reden hört, kann man sich vorstellen, dass so was tatsächlich Spaß machen würde.
Und dann kommt Brian und sagt, im Winter wäre so ein Leben ganz schrecklich – und überhaupt, was passiert, wenn man nichts fängt oder wenn man ein Schiff baut, das untergeht?
Bei mir dreht sich alles im Kopf, wenn ich den beiden zuhöre.
Mir ist noch ein anderer Gedanke gekommen. Ich glaube, Sophie hat Angst vor Wasser. Irgendwie habe ich so ein Gefühl.

Brian kann Sophie einfach nicht in Ruhe lassen. Als wir Muscheln gesammelt haben, hat sie erzählt, als sie mal mit Bompie Muscheln gesammelt hat, da hätten sie die Muscheln mit den Zehen gefunden, nicht mit einem Rechen. Brian sagte: »Das ist gelogen. Du hast überhaupt nie mit Bompie Muscheln gesammelt.«
»Doch, habe ich«, sagte Sophie.
»Nein, hast du nicht«, sagte Brian.
»Doch, habe ich«, sagte Sophie.

Gestern Abend konnten wir telefonieren. Das war ganz seltsam. Dad rief Mom an und meckerte sie eine Weile an, ehe er mir den Hörer gab. Mit einem kleinen Stimmchen sagte sie: »Cody? Cody, Schätzchen? Du kannst es dir immer noch anders überlegen, wenn du willst. Du kannst nach Hause kommen.«
»Warum soll ich es mir anders überlegen?«, sagte ich. Ich meinte das nicht böse, aber ich glaube, sie hat es falsch aufgefasst. Jedenfalls fing sie an zu schniefen. »Hör zu, Mom – es geht uns gut«, sagte ich. »Dad schläft ziemlich viel, deshalb nervt er mich in letzter Zeit nicht mehr so oft.«
Das stimmt zwar nicht ganz, aber die Wahrheit will sie sowieso nicht hören. Ich frage mich manchmal, warum mein Dad mich überhaupt auf diese Reise mitgenommen hat. Er hätte doch alleine fahren können, dann hätte er einen Monat oder länger seine Ruhe vor mir gehabt! Ein ganzer Monat ohne Ärger!

Einen Vorteil hat dieser Inselaufenthalt: Keine Bla-bla-bla-Vorträge von Brian.
Aber Sophie hat uns beim Muschelsammeln noch eine Bompie-Geschichte erzählt. Die Geschichte ging folgendermaßen:
Als Bompie etwa so alt war wie ich, lebte er in der Nähe des Ohio River, in einer Gegend, wo der Fluss sehr tief ist und eine Meile

breit. Über den Fluss führte eine Eisenbahnbrücke, die nur für Züge gedacht war – überall standen Warnschilder herum, dass man nicht auf die Brücke darf, weil man nicht ausweichen kann, wenn ein Zug kommt.

Eines Tages wollte Bompie den Fluss überqueren. Er wollte unbedingt ans andere Ufer. Es war windig und es regnete und er hatte keine Lust, die zwei Meilen zur Fußgängerbrücke zu gehen. Also nahm er die Eisenbahnbrücke.

Man muss wirklich miterleben, wie Sophie Geschichten erzählt. Man hat das Gefühl, dass man mit dabei ist, man schaut hinunter auf den Fluss, und der Wind bläst einem ins Gesicht und es regnet einem in den Hemdkragen.

Also, Bompie geht über die Brücke, tap tap tap, und was hört er da? Ich hatte es ja schon geahnt, als Sophie sagte, er nimmt die Eisenbahnbrücke. Er hört den Zug!

Sophie beschrieb, wie der Zug in der Ferne rattert, man spürte richtig das Vibrieren der Gleise und man sah Bompie vor sich, wie er sich umschaut – und er weiß genau, dass der Zug demnächst um die Ecke biegt.

Er war mitten auf der Brücke. Er rannte los, um schneller auf die andere Seite zu kommen, »Auf geht's! Auf geht's!«, rief er immer wieder, aber die Steine neben den Gleisen waren glitschig und er rutschte immer wieder aus, und das ganze »Auf geht's« half nichts. Und das Donnern des Zuges wurde immer lauter, immer lauter, er spürte die Vibration und dann kam die riesige schwarze Lokomotive um die Kurve und donnerte auf die Brücke zu.

Bompie wusste genau, dass er es nicht rechtzeitig bis zur anderen Seite schaffen würde. Er krabbelte zum Rand, quetschte sich durch die Stahlstreben und hielt sich fest. Tief, tief unter ihm war das Wasser, ein brauner, schlammiger Strudel.

Mit Donnergetöse kam der Zug immer näher, und Bompie ließ los und plumpste tief, tief hinunter ins gurgelnde Wasser.

Sophie schwieg und schaute in die Runde.
»Und dann?«, fragten wir alle. »Was ist dann passiert?«
Bompie kam schließlich wieder an die Oberfläche, erzählte sie, und er freute sich so, als er den Himmel sah, dass er sich eine Weile auf dem Rücken treiben ließ. Er lachte und weinte gleichzeitig, und die Strömung trug ihn flussabwärts, er ließ sich einfach treiben und sah den Zug oben vorbeifahren. Nach einer Weile fing er an, wie ein Verrückter zu schwimmen, er schwamm und schwamm und schwamm, und er schaffte es bis ans Ufer.
Und als er nach Hause kam, gab ihm sein Vater eine Tracht Prügel, weil seine Kleider nass und dreckig waren, und seine Mutter gab ihm ein Stück Apfelkuchen.

Als sie mit ihrer Geschichte fertig war, sagte Brian: »Ich dachte, du hast gesagt, Bompie ist in England aufgewachsen.«
»Nein, das habe ich nicht gesagt«, entgegnete Sophie. »Ich habe gesagt, er wurde in England geboren. Er ist von England weggegangen, als er noch klein war, mit fünf, glaube ich.«
»Hoh!«, sagte Brian.
»Weißt du denn nichts über deinen Großvater?«, sagte Sophie.

## 19 Wood Island
(Sophies Logbuch)

Ich bringe die Tage schon ganz durcheinander.
Und – Hilfe! Bompie heißt eigentlich Ulysses! Alle in der Familie nennen ihn Bompie, aber ein paar Freunde sagen Ulysses zu ihm. Das kann ich mir gar nicht vorstellen! Ulysses?

Wir sind immer noch auf Grand Manan, und manchmal wünsche ich mir ganz, ganz stark, wir würden endlich lossegeln, und ich sehne mich danach, Bompie (Ulysses!) zu sehen, aber dann wieder bin ich hypnotisiert von dieser Insel und dem Leben hier, und ich vergesse, dass die Zeit vergeht und dass ich je woanders gelebt habe oder dass ich woanders hin möchte.

Gestern haben Cody und ich eine große, schlanke Frau mit einem Deutschen Schäferhund kennen gelernt. Sie zeigte uns ihr Haus, das in einem Wäldchen versteckt lag. Es war sehr klein, ein Zimmer, kein fließendes Wasser, kein Strom.

»Hab ich selbst gebaut«, sagte sie.

»Sie meinen – das ganze Haus?«, fragte ich. »Heißt das, Sie haben das Fundament ausgehoben und alles zusammengezimmert? Wie haben Sie das gemacht? Und das Dach? Und die Fenster?«

»Immer schön langsam«, sagte sie. »Nicht so viele Fragen auf einmal.«

Ich wäre gern diese Frau. Ich kann mir vorstellen, wie ich mit meinem Hund in diesem Häuschen lebe. Tagsüber würde ich Muscheln sammeln und Hummer fangen.

»Fühlen Sie sich nicht manchmal ein bisschen einsam hier?«, fragte ich.

»Einsam? Ha! Einsam? Überhaupt nicht. Ich habe meinen Hund, und wenn ich Leute treffen will, gehe ich einfach hinunter zum Hafen. Und wenn ich richtig meine Ruhe haben will, fahre ich rüber zur Wood Island.«

Wood Island ist etwa zwanzig Minuten von Seal Cove entfernt, wenn man mit dem Dingi fährt, erzählte sie uns. »Da gibt's nur ein paar Häuser, und die sind verlassen«, sagte sie. »Jetzt wohnen da nur noch ein paar Einsiedler und die Geister …«

»Geister?«, fragte Cody. »Sie meinen – richtige Geister?« Das fand er offenbar interessant.

»Hm – was sind eigentlich richtige Geister?«, fragte sie zurück. Einer der Geister ist ein alter Mann, erzählte sie uns, und der alte Mann läuft in einem schwarzen Regenmantel und einem schwarzen Hut herum; der andere Geist ist eine Frau, die mit ihrem Baby durch die Luft schwebt und gespenstische Lieder singt.
»Warum sind sie da?«, fragte ich.
»Wie meinst du das?«, fragte die Frau.
»Ich meine, warum sind die Geister ausgerechnet auf der Insel und nicht hier, zum Beispiel?«
»Schätzchen, du stellst vielleicht Fragen!«, sagte sie. Aber man merkte, dass sie darüber nachdachte, denn sie wackelte mit dem Kopf, neigte ihn nach links und nach rechts. Schließlich sagte sie: »Die Geister kommen an den Ort zurück, wo sie früher gelebt haben. Vielleicht haben sie etwas vergessen.«
Die Vorstellung, dass die Geister zurückkommen, weil sie etwas vergessen haben, gefiel mir.

Heute fuhren Cody und ich mit dem Dingi los, um nach Geistern und Einsiedlern zu fahnden. Der Nebel war so dicht wie Rauch, und gut hundert Meter hinter der Hafenmauer konnten wir schon kein Land mehr sehen. Wir hatten ein paar Sachen dabei, um im Ernstfall überleben zu können: einen Kompass, eine Taschenlampe, drei Dosen Limo und eine halbe Tüte Bonbons. Die Limo tranken wir auf den Hinweg und die Bonbons waren fünf Minuten nach unserer Ankunft auf Wood Island schon aufgegessen.
Auf Wood Island gibt es keine Straßen, nur Pfade, die von einem verlassenen Haus zum nächsten führten. Wir entdeckten eine Kirche, die ganz sauber geputzt war, irgendjemand hatte sogar Staub gewischt und auf dem Altar standen Kerzen und ein Strauß Wiesenblumen.
»Vielleicht kommen die Geister hierher und räumen auf«, sagte Cody.

Ich kniete nieder und sagte ein kleines Gebet für Bompie und für meine Eltern und für meine Bootsfamilie und für unsere Reise über den Ozean.
Cody sagte: »Was betest du?« Als ich es ihm sagte, kniete er ebenfalls nieder, schloss die Augen und sagte auch ein kurzes Gebet, glaube ich.
In einem der verlassenen Häuser fand Cody eine kaputte Perlenkette.
»Die ist für dich«, sagte er und überreichte mir galant die verwickelte Schnur und ein paar einzelne Perlen. »Vielleicht kannst du sie neu auffädeln.«
Als er mir die Perlen in die Hand legte, waren sie ganz warm, und ich hatte das Gefühl, als wären noch andere Leute im Haus. Vielleicht waren es ja die Geister. Was war ihnen zugestoßen? War das hier alles, was von ihrem Leben übrig geblieben war?
Wir gingen weiter und hofften, möglichst bald einem Geist oder einem Einsiedler zu begegnen, aber wir trafen nur zwei Männer, die auf der anderen Seite des Pfades vor der Kirche ein Haus bauten. Einer von ihnen rief uns zu: »Ich glaube, eure Kleider trocknen nicht so gut bei dem Wetter, stimmt's?«
»Was?«, fragte Cody. »Wie meinen Sie das?«
»Auf eurem Boot drüben im Hafen«, sagte er, »da hängen doch eure ganzen Kleider an der Reling, stimmt's?«
»Woher wissen Sie, dass das unser Boot mit unseren Kleidern ist?«, fragte Cody.
Sie lachten. »Hier in der Gegend gibt's nicht viele Fremde.«
Cody fand sie neugierig und aufdringlich, aber mir gefiel es, dass sie uns bemerkt hatten. Wir sind also nicht unsichtbar.

Wir gingen zum Zentrum der Insel. Überall tiefes Moos und vermodertes Laub und Bäume. Es war fast so, als würden wir durch Schnee waten. Unsere Füße versanken ganz tief in dem weichen

Teppich, und hin und wieder krachten wir durch, und unter dem weichen Teppich war es ganz matschig.
Es war unglaublich still und friedlich. Der Himmel war hoch und weit, es gab keine Kabel, keine Telefonleitungen, keine Straßenlaternen. Wir hörten nur Vögel, keine Autos, nirgends knatterte ein Rasenmäher. Ich malte mir aus, wie es wäre, wenn ich auf dieser Insel leben würde. Ich könnte eins dieser kleinen Häuser renovieren, und dann würde ich mit meinem Hund da wohnen, und vielleicht würden die ganzen Leute, die früher hier gewohnt haben, zurückkommen, einer nach dem anderen würden sie wieder in ihre Häuser einziehen und ihr Leben weiterleben.

Kurz vor Sonnenuntergang fuhren wir zurück. Der Nebel war noch viel dichter als am Morgen, und vom Bug unseres Dingi sahen wir keine fünf Meter weit. Ich konnte mir nicht vorstellen, wie wir den Weg zurück finden sollten, und geriet plötzlich in Panik, als wollte der Nebel mich verschlingen.
»Tief durchatmen«, sagte Cody. »Mach dir keine Sorgen – ich hab ja den Kompass dabei! Leutnant Kompass steht zu deinen Diensten.« Er tauschte den Platz mit mir. »Du ruderst, ich gebe die Richtung an«, sagte er. »Ein bisschen mehr nach links, nein, nicht so rum, von dir aus gesehen nach rechts, für mich nach links – okay, jetzt geradeaus, auf geht's, gleichmäßig, du drehst ab. Okay, ein bisschen mehr nach rechts – nein, von dir aus gesehen links, von mir aus rechts …«
Ich sah nur Nebel, Nebel, Nebel. Der Nebel verkleinert den Ozean. Man hat das Gefühl, man befindet sich in einer winzigen Kugel aus Dunst und Wasser.
»Geradeaus, wunderbar, wir sind genau auf Kurs!«, sagte Cody. »Weiter so.«
Ich ruderte mit aller Kraft, immer schneller, immer schneller, da-

mit wir nicht vom Nebel aufgesogen wurden. Immer weiter ging's, immer weiter, durch den Nebel, und schließlich rief Cody: »Ahoi! Die Festung!«
Und da waren wir wieder an der Hafeneinfahrt. In Sicherheit. Cody hatte seine Sache wirklich gut gemacht.
Als wir das Dock erreichten, saßen Onkel Mo, Brian und Onkel Stew bei einem Fischer im Boot und wollten gerade losfahren, um uns zu suchen.
»Wo habt ihr Trottel denn gesteckt?«, wollte Onkel Mo wissen.
»Wir waren auf Wood Island, genau wie wir gesagt haben«, antwortete Cody.
»Der Mann hier sagt, er war drüben, aber ihr wart spurlos verschwunden. Stimmt's?«
Der Mann nickte. »Ja, das stimmt. Ich war den ganzen Tag drüben, aber ihr wart nicht da.«
»Doch, wir waren da!«, sagte Cody. »Wir haben alles erforscht.«
Offenbar hatte der Fischer Onkel Mo von einer Vier-Knoten-Strömung zwischen Grand Manan und Wood Island erzählt, und er hatte Onkel Mo auf der Karte gezeigt, dass wir vermutlich schon weit unterhalb von Grand Manan in der Bay of Fundy treiben. Er hatte gesagt, wir würden frieren und hätten bestimmt Hunger und würden demnächst von einem Frachtschiff gerammt.
»Na ja, so war's aber nicht«, sagte Cody. »Wir haben uns nicht verfahren und wir sind nicht vom Kurs abgekommen, wir haben nicht gefroren, wir hatten keinen Hunger und wir sind auch nicht von einem Frachtschiff gerammt worden.«
»Aber es hätte passieren können«, beharrte Onkel Mo.
»Aber es ist nicht passiert«, entgegnete Cody.
Jetzt sitze ich schon eine ganze Weile hier und denke nach. Das hätte leicht alles schief gehen können, und dann wären wir in die Bay of Fundy geraten, und was wäre passiert, wenn, wenn, wenn …?

Ich frage mich, warum ich mir vorher keine Sorgen gemacht habe. Vielleicht, weil ich keine Ahnung von dieser Vier-Knoten-Strömung hatte und weil ich gar nicht wusste, was alles passieren könnte. Ist es besser, wenn man vorher über die Gefahren Bescheid weiß und sich deswegen Sorgen macht, oder ist es besser, wenn man keine Ahnung hat und alles genießen kann?
In meinem Kopf sausen diese Gedanken hin und her, das macht mich ganz kribbelig. Ich habe keine Lust mehr, darüber nachzudenken.

## 20 Das kleine Kind
(Codys Logbuch)

Sophie geht für ihr Leben gern auf Entdeckungsreisen, und deshalb erforschen wir alles, was man erforschen kann, und wir haben es sogar geschafft, Brian lange genug abzuschütteln, um zur Wood Island hinüber zu rudern. Als wir uns eins der verlassenen Häuser anschauten, wollte Sophie alles, was sie sah, in die Hand nehmen, als wäre jeder Fitzel ein Schatz oder sonst irgendwie bedeutungsvoll. »Wem hat das wohl gehört?«, sagte sie oder »Was denkst du – warum sind die Leute weggegangen?«
Sie zeigte mit dem Finger auf die Wände und sagte: »Ich glaube, ich könnte hier leben. Wenn ich müsste.«
Später, als wir das Innere der Insel erforschten, hatte ich das Gefühl, dass die Geister um uns herumschleichen. Die Geisterfrau und das Geisterbaby folgten uns durch den Wald, und ich fragte Sophie immer wieder, ob sie die beiden sehen kann, aber sie sah sie nicht.
Sie sagte: »Ich glaube nicht an Geister. Ich halte Geister für reine Einbildung.«

Wir gingen den moosigen Pfad entlang. Ich nahm meinen ganzen Mut zusammen und sagte: »Sophie, darf ich dich was fragen – wegen deiner Eltern?«
»Klar«, sagte sie.
»Was ist mit ihnen passiert?«
Sie blieb nicht stehen, sie überlegte nicht, sie zögerte nicht mal eine Sekunde. Es war so, als hätten sie und Onkel Dock ihre Antwort abgesprochen. Sie sagte: »Ihnen ist gar nichts passiert. Sie sind zu Hause in Kentucky –«
»Nicht die Eltern«, sagte ich. »Deine anderen –«
»Meine Eltern sind in Kentucky«, wiederholte sie. »Sollen wir um die Wette laufen – bis zu dem Felsen da hinten?« Und schon rannte sie los.
Was hat sie nur?
Als wir an dem Felsen vorbei waren, fing sie an, von einem kleinen Kind zu erzählen, das sie irgendwoher kennt. Sie sagte, das kleine Kind hätte an vielen verschiedenen Orten gewohnt.
»An wie vielen?«, fragte ich.
»An ganz, ganz, ganz vielen. Und manchmal war es da nicht besonders schön.«
»Wo waren seine Eltern?«
»Die waren woanders. Deshalb musste das kleine Kind bei anderen Leuten wohnen. Die wollten das kleine Kind aber eigentlich gar nicht haben. Das kleine Kind war immer im Weg. Sollen wir noch mal um die Wette laufen? Bis zu dem krummen Baum da drüben?«

Als wir zurückkamen, bekam mein Vater einen regelrechten Tobsuchtsanfall. Wir hätten uns total unverantwortlich verhalten und die Strömung hätte uns in den Ozean hinaustreiben können und so weiter und so fort. Er traut mir überhaupt nichts zu. Ich wurde richtig sauer, aber Sophie fasste mich am Arm und flüs-

terte: »Immerhin bist du ihm so wichtig, dass er sich Sorgen um dich macht.«
»Das zeigt er aber komisch«, sagte ich. »Er braucht doch nicht so rumzuschreien.«
Und Brian hat mir etwa zweitausend Fragen gestellt. Er wollte wissen, wo wir hingefahren sind und wie wir dort hingekommen sind und was wir gesehen haben und warum wir ihm nicht gesagt haben, dass wir weggehen, und ob wir bei der Rückfahrt Angst hatten und was passiert wäre, wenn wir vom Kurs abgekommen wären, und noch tausend andere Fragen in dem Stil.
Ich hatte schon fast ein schlechtes Gewissen, weil wir ihn nicht mitgenommen hatten, aber dann sagte er, er würde eine Liste aufstellen, was wer an welchem Tag macht, damit man immer weiß, wo alle sind.
»Und warum müssen wir das wissen?«, fragte ich ihn.
»Darum!«, sagte er. »Jeder muss doch wissen, wo die anderen sind, findest du nicht? Falls sich jemand verirrt oder sich verletzt oder so was. Und wenn jemand nicht zurückkommt, dann weiß man, dass er weg ist und wo er sich vermutlich aufhält und dann –«
»Du machst dir viel zu viele Gedanken«, sagte ich.
»Aber er hat Recht«, sagte Sophie. Dann sagte sie zu Brian: »Ich finde die Idee gut, Brian.«
Brian wurde knallrot und schlenderte davon und war rasend stolz auf sich.
»Meine Güte, Sophie!«, sagte ich. »Findest du die Idee von diesem Schwachkopf ehrlich gut?«
»Wenn er wissen will, wo die anderen alle sind, dann ist das doch ein Zeichen dafür, dass es ihm wichtig ist, was passiert. Das heißt, wir sind ihm wichtig.« Und dann drehte sie sich um, ging hinüber an die Reling und starrte hinaus aufs Wasser, und ich war unglaublich traurig, so traurig wie noch nie in meinem Leben, glaube ich.

## 21 Die Taufe
(Sophies Logbuch)

Das Meer, das Meer, das Meer. Es rauscht und rauscht und ruft mir zu. Komm, ruft es, komm!
Onkel Dock hat angekündigt, dass morgen oder übermorgen die Reise losgeht. »Wir müssen nur noch ein paar Kleinigkeiten reparieren.« Ich fühle mich hin und her gerissen. Ich könnte ewig auf Grand Manan bleiben, glaube ich, aber das Meer ruft mich.

Heute Morgen gingen Cody, Brian und ich zu einer Bootswerkstatt. Der Mann, dem sie gehört, erlaubte, dass wir uns alles ansehen. Er arbeitet hauptsächlich mit Fiberglas und macht alles mit dem so genannten »Handauflege-Verfahren«, auch das Gelcoat trägt er so auf. Er baut sogar seine eigenen Dingis, und seine Sachen sind wirklich erstklassig. Ich dachte, ich verstehe was von Fiberglas, weil ich die Bilge umgebaut habe, aber im Vergleich zu ihm habe ich null Ahnung!
»Sieh dir das mal an«, sagte Brian. »Weit und breit keine Blasen.« Er kann es einfach nicht lassen.
»Na ja, er macht das alles ja schon viel länger als ich«, sagte ich.
Der Mann zeigte mir ein paar Tricks, zum Beispiel, wie man das Kunstharz und das Gelcoat mit einer Rolle aufträgt und dass man bei kleinen Flächen Folie nehmen kann, damit die Schicht darunter glatt bleibt.
»So hättest du das bei der Bilge machen müssen«, sagte Brian.
»Das habe ich doch noch gar nicht gewusst«, erwiderte ich. Brian ging mir zunehmend auf die Nerven.
»Du kannst mich nicht leiden, stimmt's?«, fragte Brian.
Ich bekam sofort wieder ein schlechtes Gewissen. »Das habe ich nicht gesagt.«

»Das macht nichts, wenn du mich nicht leiden kannst. Niemand kann mich leiden.« Er stand da wie eine abgeschlaffte Marionette und sah aus, als bestünde er nur aus schlackernden Armen und Beinen.

Cody hörte zu und mischte sich nicht ein.

»Ich habe keine Ahnung, warum niemand mich leiden kann«, sagte Brian.

Ich hoffte, dass er mich nicht auffordern würde, ihm ein paar Gründe zu nennen, aber da meldete sich Cody zu Wort.

»Na ja«, sagte Cody. »Vielleicht hat es ja etwas damit zu tun, dass du dauernd Listen aufstellst und dass du allen Leuten sagst, was sie tun sollen, und dass du immer so tust, als wüsstest du auf alles eine Antwort und –«

Brian verschränkte die Arme vor der Brust. »Mit dir habe ich nicht geredet«, sagte er. »Was du denkst, ist mir völlig egal.« Dann drehte er sich um und ging weg, in seinem schlackernden Gang.

»Tja – er wollte es ja unbedingt hören«, sagte Cody.

Onkel Dock wollte, dass wir alle am späteren Nachmittag zur Taufe von Franks Enkel gehen. Brian blieb möglichst weit weg von mir und Cody. Ich wollte eigentlich nicht mitgehen; irgendwie hatte ich keine Lust, aber ich war noch nie bei einer Taufe, und ich kam nicht aus dem Staunen heraus.

Lauter Leute in Roben, so ähnlich wie die Talare bei der Abschlussfeier an der Uni, und sie gingen alle bis zur Taille ins Wasser, zusammen mit einem Pastor. Der Pastor tunkte sie rückwärts, *platsch*, ins kalte, kalte Wasser. Es sah so aus, als würde er sie richtig nach unten drücken, aber was machten sie, wenn sie keine Luft mehr bekamen, weil er sie zu lange unter Wasser hielt?

Während die Leute getunkt wurden, sangen die übrigen Anwesenden die ganze Zeit *Amazing Grace*, und bei dem Lied wurde mir plötzlich ganz anders. Wo hatte ich es schon einmal gehört? Bei einem Begräbnis? Meine Kehle war wie zugeschnürt und ganz trocken, als wäre etwas darin stecken geblieben, so eine Art große Socke. Alles war auf einmal ganz verschwommen und komisch, und Onkel Dock sagte: »Sophie? Sophie? Ich glaube, du solltest dich lieber hinsetzen. Halt den Kopf nach unten –«

Das Taufessen fand in Franks Haus statt, und als wir dorthin zurückgingen, brach Brian sein Schweigen und sagte, dass die Leute ins Wasser getunkt wurden, damit sie von allen ihren Sünden rein gewaschen wurden und ein neues Leben anfangen konnten, als neue Menschen, sozusagen frisch gereinigt. Darüber musste ich die ganze Zeit nachdenken, und ich sah einen schmutzigen Menschen vor mir, der untergetaucht wird, und *wusch*! kommt er supersauber wieder an die Oberfläche, wie ein Engel. Ich sah das Bild immer wieder vor mir, und dann wurde mir wieder schwindelig und übel.

»Hier, iss das«, sagte Onkel Dock. »Vielleicht hast du heute noch nicht genug gegessen.« Er bot mir Suppe mit Meeresfrüchten an und gebratene Kammmuscheln und Hummersalat-Sandwichs und Kartoffelsalat und zwei Sorten Käsekuchen und Karottenkuchen und Bananenbrot. Ich aß, so viel ich konnte, und dann gab ich alles wieder von mir.

»Vielleicht hast du die Grippe«, sagte Onkel Dock und brachte mich auf unser Boot.

Ich schlief eine Weile, und als ich aufwachte, kamen gerade Brian und Cody herein.

Brian sagte: »Ich hoffe nur, das war nicht unser letztes Essen.«

»Halt die Klappe!«, schimpfte Cody. »Du bist so ein Miesmacher. Warum erwartest du immer das Schlimmste? Was hast du eigentlich vor – willst du unsere Fahrt verhexen?«

»Ich würde mich wohler fühlen, wenn die Besatzung auf diesem Boot wüsste, was sie tut«, sagte Brian hämisch.
»Du gehörst doch auch zur Besatzung, du Obertrottel –«
»Ich bin hier nicht der Obertrottel – der Obertrottel, das bist du!«

Unsere Bootsfamilie wird gereizt und nervös. Demnächst geht es los, und jetzt denken wir an all die Probleme, die vielleicht auftreten können. Es ist nicht gut, wenn man zu viel denkt. Am besten fahren wir einfach los!

## 22 Bompie und der Pastor

(Codys Logbuch)

Ich drehe demnächst durch! Wir sind immer noch hier, auf Grand Manan, und jetzt müssen wir wieder ein paar Sachen an der *Wanderer* reparieren. Ist dieses Boot überhaupt seetüchtig oder was?
Gestern habe ich mitgekriegt, wie Onkel Dock und sein Freund Frank dicht nebeneinander am Ufer saßen und sich unterhielten. Als sie mich sahen, sagte Onkel Dock zu Frank: »Pssst. Das reicht jetzt.« Er fuchtelte mit der Hand in der Luft herum, als wollte er eine Fliege vertreiben. »Was gibt's, Cody?« Egal, worüber sie geredet hatten – sie wollten nicht, dass ich es höre.
Und dann ist noch etwas Komisches passiert: Als ich heute Abend aufs Schiff zurückgekommen und unter Deck gegangen bin, lag mein Vater auf seiner Koje und weinte. Er weinte! Die Tränen liefen ihm übers Gesicht.
»Was ist los?«, fragte ich ihn.
Er wischte sich nicht einmal das Gesicht ab. Er sagte nur:

»Nichts. Nichts ist los. Alles ist wie immer.« Mehr hat er nicht gesagt.

In meinem ganzen Leben habe ich noch nie, nie, nie gesehen, dass mein Vater weint! Als ich ungefähr acht war, kam ich einmal heulend nach Hause, weil ich vom Fahrrad gestürzt war. Mein Vater schimpfte los: »Hör sofort auf. Das ist kein Grund zu weinen!« Und als ich nicht aufhörte zu weinen, drehte er richtig durch. »Hör auf! Hör auf! Hör auf!« Er zog seinen Gürtel ab und drohte mir damit. »Willst du einen richtigen Grund zum Weinen? Ich geb dir gleich einen Grund ...«

Meine Mutter kam auf Zehenspitzen zur Hintertür herein, und als sie den Gürtel sah, griff sie nach ihm, aber mein Vater ist ziemlich stark und zog den Gürtel weg und schlug meine Mutter damit auf den nackten Arm. Dann schleuderte er den Gürtel auf den Fußboden und rannte hinaus.

Ich habe in seiner Anwesenheit nie wieder geweint.

Sophie erzählte ihre Bompie-wird-getauft-Geschichte. Sie ging folgendermaßen:

Bompie war schon ein Teenager und war nicht getauft, und seine Mutter fand, er müsste unbedingt getauft werden, also ging sie zum Pfarrer im Dorf und sagte, dass er Bompie im Ohio River taufen soll.

Bompie und der Pfarrer konnten sich nicht besonders gut leiden, weil Bompie mit der Tochter des Pfarrers ausging und sie oft sehr spät nach Hause gebracht hatte. Bompie war nicht gerade begeistert von der Vorstellung, dass der Pfarrer ihn unter Wasser tunken würde.

Der große Tag kommt, und Bompie geht mit seiner Familie hinunter zum Fluss, und da steht auch schon der Pfarrer und grinst sein breites, verlogenes Grinsen. Und als es so weit ist, dass Bompie getunkt werden soll, packt ihn der Pfarrer und tunkt ihn in

den braunen, schlammigen Strudel und hält ihn fest. Er drückt ihn ziemlich lang unter Wasser, und Bompie bekommt keine Luft mehr, also tritt er den Pfarrer gegen das Schienbein und beißt ihn in die Hand, mit der er ihm den Mund zuhält.
Und der Pfarrer schreit ganz laut und Bompie kommt wieder an die Wasseroberfläche.
»Und?«, fragte Brian. »Was hat Bompies Vater gemacht?«
Sophie antwortete: »Ach, er hat Bompie eine Tracht Prügel verpasst, weil er den Pfarrer gebissen hat.«
»Und seine Mutter?«, fragte ich. »Hat sie ihm ein Stück Apfelkuchen gegeben?«
»Ach, ich glaube schon«, sagte Sophie.

Heute hat mein Vater wieder geweint.
»Was ist los?«, fragte ich.
»Nichts«, antwortet er. »Nichts ist los. Alles ist wie immer.«

Mir ist gerade noch etwas zu Bompies Taufgeschichte eingefallen, die Sophie gestern erzählt hat. Als sie fertig war, sagte Brian: »Dad, hast du diese Geschichte schon mal gehört?«
»Nein«, antwortete Onkel Stew. »Könnte ich nicht behaupten.«
Brian machte ein ganz arrogantes Gesicht, als hätte er gerade eine Wassermelone verschluckt. Onkel Dock sagte: »Ich auch nicht –«
»Na bitte!«, rief Brian.
Onkel Dock ließ ihn nicht weiterreden. »Aber ich glaube, die Geschichte mit dem Zug und dem Fluss – die kam mir bekannt vor, jep. Ich glaube, die hatte ich schon mal gehört.«
Ich dachte schon, Brian würde an seiner Phantomwassermelone ersticken.
Onkel Stew meinte: »Aber ich hab sie noch nie gehört. Ich kenne keine einzige von diesen Geschichten –«

»Vielleicht hast du sie vergessen«, sagte Onkel Dock.
»Ich vergesse nie etwas!«
»Vielleicht hat dir Bompie die Geschichten nie erzählt«, entgegnete Onkel Dock.
»Warum soll er sie dir erzählt haben und mir nicht?« Onkel Stew wurde feuerrot im Gesicht. »Mo?«, rief er. »Hast du die Geschichte schon mal gehört?«
»Nee«, sagte mein Dad.
»Siehst du?«, sagte Onkel Stew.
»Aber andererseits«, sagte mein Dad. »Ich glaube, die Geschichte mit dem Auto im Fluss – die kam mir irgendwie bekannt vor.«
»Mir sagt nie einer was«, brummte Onkel Stew.
Während der ganzen Szene saß Sophie nur da und jonglierte mit Erdnusstüten.

# IV Unterwegs

## 23 Wusch!

(Sophies Logbuch)

Das Meer, das Meer, das Meer!

Gestern Nachmittag kam Cody das Dock entlanggerannt und rief: »Onkel Dock sagt, die Stunde hat geschlagen! Wir fahren los.«

»Du meinst *jetzt*?«, sagte ich. »Jetzt gleich?«

»Jep!« Er grinste sein breites, breites Grinsen. »Es wird ernst, Sophie!«

Ich rannte los und sammelte meine Sachen ein und hatte gar nicht genug Zeit, um mir zu überlegen, was das alles bedeutet und wie ich mich dabei fühle, aber jetzt sind wir tatsächlich unterwegs! *Wusch* – die Reise beginnt!

Die ersten paar Stunden waren hektisch, weil alle ihre Sachen noch einmal überprüften und sich um den Platz stritten. Onkel Stew und Brian verteilten Listen mit Aufgaben und Zeitplänen und taten ihr Bestes, um mir das Gefühl zu geben, ich bin ein absolutes Faultier, aber ich ließ mich nicht beeindrucken, ich blieb ganz cool und machte nicht mal eine freche Bemerkung.

Als wir aus der Bay of Fundy rausfuhren, machte es *Plopp*! Und dann noch mal *Plopp*! Und *Plopp*! *Plopp*! *Plopp*! Um uns herum waren Dutzende von Seehunden, die ihre niedlichen Gesichter aus dem Wasser streckten.

»Hey, ihr Süßen!«, rief Cody, als sie uns ihre Schnurrbärte zuwandten. Sogar Brian schien angetan. Zur Abwechslung gab er keine großkotzigen Kommentare von sich. Er saß auf Deck, das Gesicht in die Hände gestützt, und beobachtete die Seehunde.

Onkel Mo saß am Heck und zeichnete. Mir gefallen seine Bilder. Er zeigte mir, dass die Seehunde, die weiter weg sind, auf dem Bild kleiner aussehen sollen als diejenigen, die näher dran sind. Ich versuchte auch, sie zu zeichnen, aber mein Bild war nicht so gut wie seines.

»Bist du Maler?«, fragte ich ihn.

»Ich?«, fragte er. »Nein.«

»Aber ich finde, du bist ein Künstler«, sagte ich. »Du malst tolle Bilder.«

»Nein, nein«, brummte er. »Die sind nicht besonders gut. Ich bin aus der Übung.«

Ich fragte ihn, was er macht, um Geld zu verdienen. Er runzelte die Stirn. »Ich bin ein Zahlenzähler. Ich sitze den ganzen Tag am Computer und mache mit Zahlen herum.«

»Wolltest du denn nicht Künstler werden?«, fragte ich ihn. »Bevor du Zahlenzähler wurdest.«

»Doch, natürlich«, sagte er.

»Und warum hast du's nicht gemacht?«

»Warum habe ich was nicht gemacht?«, fragte Mo. Er war gerade dabei, den Seehunden Schnurrbärte zu malen.

»Warum bist du nicht Maler geworden? Statt Zahlenzähler.«

Mit dem Finger verwischte er die Wasserlinie auf seinem Bild, damit sie weich und unscharf aussah und eher wie Wasser. Ich dachte schon, er hätte mich gar nicht gehört, aber dann sagte er: »Keine Ahnung. Warum werden die Leute überhaupt irgendwas?«

»Ich dachte, weil sie es wollen, oder?«, sagte ich. »Wird man nicht das, was man gern sein möchte?«

Er sah mich an. Sein Mund stand halb offen, und irgendwie hatte ich das Gefühl, als wären lauter Wörter drin, die nicht herauskommen konnten. Er machte den Mund wieder zu und nahm noch einmal Anlauf. »Normalerweise nicht. Normalerweise läuft es nicht so, Sophie.«

»Aber warum nicht? Warum machen die Leute nicht das, was sie gut können und was sie gerne tun?«
Jetzt malte Onkel Mo Wellen um die Seehunde herum. »Weil sie manchmal einfach einen Job brauchen. Und oft ist der Job, den sie bekommen, nicht unbedingt der Job, den sie haben wollen.«
»Also, ich hoffe, dass es bei mir mal anders ist«, sagte ich. »Ich hoffe, dass ich später keinen Job habe, den ich nicht haben will. Meiner Meinung nach ist das Zeitverschwendung.«
»Ah«, sagte Onkel Mo und legte seine Zeichnung weg. »Die Jugend.«

In der ersten Nacht war kein Mond zu sehen. Das war sehr unheimlich, alles so dunkel, und der Himmel und das Meer legten sich wie eine riesengroße schwarze Decke um uns. Ich sah ein Glitzern und Funkeln im Wasser, und dann glitzerte und funkelte es noch mehr, kleine Lichterketten, die neben dem Boot her schwammen, wie Leuchtfeuer, die jemand schickt, der sich da unten verirrt hat.
»Meeresleuchten!«, sagte Onkel Dock. »Phosphoreszierendes Plankton. Wunderbarlich!«
Die ganze Nacht über leuchteten diese kleinen Lichter am ganzen Boot entlang, wie Leuchtkäfer unter Wasser. Das sah sehr geheimnisvoll aus, wie verzaubert, als würden diese Leuchtkäfer mir eine codierte Botschaft schicken. Ich wollte die Botschaft unbedingt entschlüsseln, aber das ging nicht, und dann wurde ich ausgeschimpft, weil ich immer nur die blinkenden Lichter bestaunte und ganz vergaß, auf die Segel aufzupassen.
Später in der Nacht, als wir ins offene Meer kamen, hörten wir im Wasser ein lautes Prusten und Bellen. Wale! Es war zu dunkel, um sie zu sehen, aber einer von ihnen prustete so dicht neben uns, dass ich fast vor Schreck den Mast hochgeklettert wäre. Er klang gigantisch!

Wenn ich daran denke, was jetzt kommt, überläuft es mich kalt. Wir überqueren den Ozean! Von jetzt an können wir nicht mehr aussteigen und herumlaufen. Wir lernen keine neuen Leute mehr kennen, wir können keine neuen Gerichte ausprobieren, wir können nicht allein sein, es gibt kein Festland, kein frisches Wasser, keine Bäume, keine Spaziergänge, außer eben auf dem Boot. Und wie werden wir miteinander auskommen, so eng zusammengepfercht, ohne dass man die Möglichkeit hat, den andern aus dem Weg zu gehen?
Ich habe Angst davor, mit Onkel Mo eingesperrt zu sein, weil er oft so laut ist. Und bei ihm und Cody hat man immer den Eindruck, sie sind kurz davor, sich gegenseitig den Schädel einzuschlagen. Und Onkel Stew und Brian kommandieren dauernd alle Leute herum, machen sich wegen jeder Kleinigkeit Sorgen und geben mir das Gefühl, als wäre ich ganz, ganz klein. Onkel Dock ist am ruhigsten, und in seiner Gegenwart fühle ich mich am wohlsten, aber manchmal wirkt er auch so durcheinander und er macht sich so viele Gedanken, was passieren könnte, dass ich mir gar nicht sicher bin, ob er wirklich will, dass wir weiterfahren, oder ob er plötzlich sagt, wir müssen umdrehen, wenn er das erste Leck oder den ersten kleinen Schaden entdeckt.
Aber auf der anderen Seite ist da dieses unglaublich tolle Gefühl, dass das Meer ruft und der Wind uns treibt, und *wusch*, sind wir unterwegs, *wusch*! Und du denkst, du bist genau da, wo du sein sollst, und du fragst dich, wohin die Reise geht, und du kannst gar nicht richtig denken, denn *wusch*, bist du unterwegs, *wusch*!

*Bäng, bumm!* Das war ein Donner! Der Wetterbericht sagt, es gibt Hagel und Sturm – uuuh! Das bringt Leben in die Bude, so viel ist sicher.

## 24 Orangen und Pizza
(Codys Logbuch)

Un-glaub-lich – aber wahr!! Wir sind tatsächlich unterwegs! Es regnet, aber wen interessiert das schon. Wir fahren mit dem Wind, und wir kommen gut voran.
Ich stand auf Deck und ließ mir den Wind ins Gesicht pusten und schaute hinauf zu den Segeln und dachte: So etwas Schönes habe ich noch nie gesehen. Man fühlt sich so *frei*!
Habe meinen Dad dabei erwischt, wie er mit Orangen jonglieren übte. Als er merkte, dass ich ihm zusehe, legte er die Orangen schnell weg und brummelte: »So was Blödes, diese Jongliererei!«

Ich sitze schon eine ganze Weile hier und denke über den letzten Abend nach, bevor wir von Grand Manan aufgebrochen sind. Mein Vater und ich haben meine Mom angerufen, um uns (noch einmal) zu verabschieden. Sie klang auffallend gut gelaunt. Vielleicht gewöhnt sie sich daran, dass sie allein ist und keiner sie nervt.
Dad war auch irgendwie komisch, er hat gar nicht geknurrt wie sonst. Er hat nur immer wieder gesagt: »Ich weiß« und »Ja, mach ich« und »Ist okay«. Lauter solche Minisätze. Am Schluss war er richtig gerührt (ist das wirklich mein Vater??) und sagte, dass er sie liebt.
Mannomann!
Als er auflegte, sagte er: »Willst du ’ne Pizza?«

## 25 Gefeuert
(Sophies Logbuch)

Das Meer!
Wir schieben im Moment wieder zu zweit Wache, und ich bin wieder mit Onkel Dock zusammen. Das ist gut – außer dass er nicht gern steuert, wenn es regnet, und es regnet die ganze Zeit, seit wir aufgebrochen sind. Er möchte den Autopiloten nehmen, aber ich steuere lieber selbst die ganze Zeit, als dass ich dieses Ding benutze. Ich habe das Gefühl, dass wir besser kontrollieren können, wohin wir fahren, wenn jemand das Steuer bedient.
Der Wind ist gut und stetig, und bis jetzt liegen wir hervorragend in der Zeit. Es wäre angenehm, wenn es aufhören würde zu regnen, aber wenn ich friere und mich nicht so gut fühle, dann denke ich an etwas, was Bompie einmal gesagt hat: »Leiden festigt den Charakter.« Er meinte, wenn man immer nur herumhängt und verwöhnt wird und das Leben zu einfach ist, dann wird man ein Schwächling ohne Rückgrat, aber wenn man leiden muss, dann lernt man, Herausforderungen anzunehmen, und man wird stärker. Das sind richtige Großvatersprüche, stimmt's?

Als ich mich heute Morgen in der Vorderkajüte angezogen habe, hörte ich, wie Onkel Dock und Onkel Stew sich in der Kombüse unterhielten. Onkel Stew hatte gar nicht seinen üblichen Kommando-Ton drauf. Seine Stimme war ganz heiser und die Wörter kamen angestolpert.
»Ich weiß auch nicht, warum – ich war völlig überrascht – es kam aus heiterem Himmel – ich hab wirklich gute Arbeit gemacht –«

»Du findest bestimmt was anderes«, sagte Onkel Dock.
»Und was soll ich machen, wenn ich nichts finde?«, sagte Onkel Stew. »Ich hätte nicht mitkommen dürfen. Ich hätte daheim bleiben sollen und mir einen Job suchen –«
»Das hier ist genau das Richtige für dich«, sagte Onkel Dock. »Glaub mir.«
Ich war schockiert. Onkel Stew war gefeuert worden? Jedenfalls klang es ganz danach. Als ich aus der Kajüte herauskam, drehte sich Onkel Stew weg und versteckte sein Gesicht.
»Hallo, Sophie«, sagte Onkel Dock. »Brian war vorhin hier und hat dich gesucht –«
»Warum? Muss das Klo geputzt werden?«, fragte ich. Es sollte ein Witz sein, aber es tat mir gleich Leid, weil Onkel Stew es bestimmt nicht nett fand, dass ich in dem Ton über Brian redete, während er da saß und sich so mies fühlte, weil er seinen Job verloren hatte.

## 26 Code
(Codys Logbuch)

Jetzt kommt etwas Komisches: Mein Dad hat seine erste Stunde gegeben und uns den Funk-Code erklärt. Ich hatte gedacht, das wird bestimmt mega-langweilig und er ist ein unfreundlicher Lehrer, aber man merkt, dass es ihm Spaß macht, und eigentlich war es echt interessant. Es ist wie ein Geheimcode. Und es ist ein Gebiet, auf dem sich Mr Alleswisser Brian und sein ebenfalls alleswissender Vater nicht auskennen. Also lernen wir es gleichzeitig. Ich will es als Erster und am besten von allen können. Dir werd ich's zeigen, Mr Alleswisser!
Dieses Funk-Code-Zeug ist echt cool. Zu jedem Buchstaben im Alphabet gehört ein Wort. Zum Beispiel:

A ist Alpha
B ist Bravo
C ist Charlie
D ist Delta
E ist Echo

Und so weiter und so fort. Das heißt, wenn man beispielsweise das Wort *Dad* sagt und sichergehen will, dass der Typ am anderen Ende alles richtig versteht, dann buchstabiert man: »Dad: Delta-Alpha-Delta.« Supercool – da kann man echt nichts sagen.

## 27 Versicherungen
(Sophies Logbuch)

Das Meer, das Meer, das Meer. Es rauscht und rauscht und ruft mich! Den ganzen Tag wechselt es immer wieder die Farbe, von Blau zu Schwarz zu Grau und dann gibt es noch sämtliche Zwischentöne – ach, ich liebe das Meer, ich liebe das Meer!
Die *Wanderer* kommt bisher gut voran, und wir machen mit rauem Wind gute Fahrt – über den Ozean! Wenn wir Wache gehen, verbringen wir den größten Teil der Zeit damit, die Segel zu trimmen und einen stetigen Kurs zu halten, und wenn wir nicht Wache haben, dann sind wir damit beschäftigt zu putzen und zu kochen und aufzuräumen (das freut Brian und Onkel Stew).
Gestern Abend haben wir uns per Funk mit einem anderen Schiff unterhalten, es war ein einzelner Seemann, der Probleme mit der Elektrik hatte und wissen musste, wo er sich befand. Sonst brauchte er keine Hilfe, aber ich musste die ganze Nacht an ihn denken, weil er ganz allein da draußen war. Fand er es gut, so allein zu sein, oder hatte er Angst?

Als ich mit der Wache fertig war, unterhielt sich Onkel Stew wieder über Funk mit dem Seemann.
»Hast du gar nicht geschlafen?«, fragte ich Onkel Stew.
»Nein – ich hab versucht, wie dieses Ding funktioniert, sonst nichts.«
Aber mir konnte er nichts vormachen. Er war genauso besorgt wegen des Seemanns wie ich.
Ich sagte: »Du brauchst mir nicht zu antworten, wenn du findest, ich bin zu neugierig. Aber ich wüsste gern, was du so machst, wenn du arbeitest – was für einen Job du hast?«
Er schaute mich nicht an. »Wenn ich arbeite, verkaufe ich Versicherungen.«
»Du meinst, Lebensversicherungen und Autoversicherungen und solche Sachen?«
»Ja«, antwortete er. »Man kann nie genug Versicherungen haben.«
»Ich kapiere gar nicht, wie das geht mit so einer Lebensversicherung«, sagte ich. »Wofür zahlt man eigentlich? Wofür versichert man sich? Dass man am Leben bleibt? Aber da hilft es doch gar nichts, wenn man Geld bezahlt – davon bleibt man nicht lebendig. Und wenn man nicht am Leben bleibt – tja, also, was hilft einem dann eine Versicherung?«
Onkel Stew rieb sich die Stirn. Wahrscheinlich bekam er Kopfweh von meinen Fragen. »Es ist ziemlich kompliziert«, sagte er. »Die Versicherung hilft den Leuten, die zurückbleiben.«
»Machst du das gern?«, fragte ich ihn.
»Was?«
»Versicherungen verkaufen.«
»Nicht besonders. Und außerdem bin ich sowieso gerade gefeuert worden.«
»Na ja, vielleicht ist das ja gut«, sagte ich. »Jetzt kannst du etwas machen, was du wirklich willst.«

»Hah«, sagte er.
»Was würdest du gern machen?«, fragte ich. »Was würdest du am allerallerliebsten machen?«
»Soll ich dir was sagen, Sophie?«, antwortete er. »Ich habe nicht die geringste Ahnung. Ist das nicht furchtbar?«
»Jep«, sagte ich. Na ja, es stimmt – in meinen Ohren klingt das furchtbar.

Die Wellen werden allmählich höher, und die Vorderkajüte geht rauf und runter wie eine Achterbahn. Als ich da geschlafen habe, habe ich geträumt, ich sei noch nicht geboren und meine Mutter würde einen Marathonlauf machen. Das Geschaukel macht mich ganz schläfrig, und wenn ich nicht Wache habe, würde ich am liebsten die ganze Zeit auf meiner schmalen Koje liegen, aber dann bekäme ich ziemlichen Ärger. Brian und Onkel Stew würden dauernd auf mir herumhacken und mir Vorträge halten, was ich alles tun muss.
Cody lernt, wie man funkt, und Onkel Dock hat mir erzählt, dass mein Vater versucht, eine Einseitenband-Antenne anzubringen, was mich sehr überrascht hat, und wenn er es schafft, dann könnten wir per Funk mit ihm Kontakt aufnehmen. Irgendwie hat mir die Vorstellung gefallen, dass ich immer noch in Kontakt mit ihm sein könnte, aber ich war auch enttäuscht, weil ich fand, das ist gemogelt, als würde ich unerlaubte zusätzliche Hilfe bekommen oder so.

Ich denke viel an Bompie und führe im Kopf Gespräche mit ihm. »Wir kommen, Bompie! Wir segeln über den Großen Teich zu den grünen Hügeln Englands. Wir kommen!«

## 28 Charlie-Oscar-Delta-Yankee

(Codys Logbuch)

*Uuuh!* Wir kommen ganz schön schnell voran! Keine Umwege. Aber draußen ist es unheimlich neblig, es sieht aus wie in einem Horrorfilm. Irgendwie erwartet man, dass gleich ein Riesenmonster auftaucht und uns verschlingt!
Ich kann die internationale Buchstabiertafel für den Funk-Code jetzt vollständig auswendig. Hier ist das Alphabet:

| | |
|---|---|
| A | Alpha |
| B | Bravo |
| C | Charlie |
| D | Delta |
| E | Echo |
| F | Foxtrott |
| G | Golf |
| H | Hotel |
| I | India |
| J | Juliet |
| K | Kilo |
| L | Lina |
| M | Mike |
| N | November |
| O | Oscar |
| P | Papa |
| Q | Quebec |
| R | Romeo |
| S | Sierra |
| T | Tango |
| U | Uniform |

V Victor
W Whiskey
X X-ray (so sagen wir zu Röntgenstrahlen)
Y Yankee
Z Zulu

Hier ist mein Name im Funk-Code: Cody: Charlie-Oscar-Delta-Yankee. Cool, was?
Und aus Mo, dem Namen meines Vaters, wird: Mike-Oscar.
Und Sophie heißt Sierra-Oscar-Papa-Hotel-India-Echo.
Wir sagen jetzt immer Charlie-Oscar und Mike-Oscar und Sierra-Oscar, um zu üben.
»Hast du Mike-Oscar gesehen?«
»Ich glaube, er ist auf Deck mit Sierra-Oscar.«
So in dem Stil.
Aus Brians Namen wird: Bravo-Romeo-India-Alpha-November. Also nennen wir ihn Bravo-Romeo. »Oh, Romeo! Bravo-Romeo!« Er hat gelacht. Brian hat tatsächlich *gelacht*!

Habe von Sierra-Oscar-Papa-Hotel-India-Echo (Sophie) einen tollen Knoten gelernt. Er heißt Webeleinenstek.
Ich habe ihn gerade an meinen Schnürsenkeln geübt. Ich habe sie an eine Stange unter Deck gebunden. Wurde angeschrien. »Was soll der Quatsch – warum bindest du deine Schnürsenkel um eine Stange, während du die Schuhe noch anhast?«, zeterte Onkel Stew. »Was würdest du machen, wenn du ganz schnell loslaufen müsstest?«
»Ich würde die Schuhe ausziehen«, sagte ich.

## 29 Echozeichen
(Sophies Logbuch)

Nun segeln wir also über das große, blaue, rauschende Meer nach England. Hier draußen habe ich das Gefühl, als wäre der Ozean lebendig, als würde er atmen und hätte verschiedene Launen – ziemlich extreme Launen, muss ich sagen! Manchmal ist er ruhig und friedlich, als würde er schlafen, und manchmal ist er verspielt und spritzt und braust, und dann wieder ist er sauer und wirft uns hin und her. Ich glaube, der Ozean hat viele Seiten, genau wie ich.

Gestern haben wir ganz schön geschuftet, weil zwei Grummets am Großsegel gerissen waren. Onkel Stew und Brian machten ein Riesentheater und wollten unbedingt einen Schuldigen finden. Offenbar hat derjenige, der die Segel ausgelassen hat (Onkel Stew sagt, es war Cody, Cody sagt, es war Brian), vergessen, auch die Ausholerleine auszulassen. Dadurch war auf einer Seite des Segels die Spannung zu groß – und *plopp*! sind die Grummets gerissen.
*Grummets. Mastrutscher. Ausholerleine.* Ich wusste schon vorher, was diese Wörter bedeuten, aber Cody kriegt sie einfach nicht in den Kopf – oder, falls er sie doch reinkriegt, weigert er sich, die richtigen Wörter zu verwenden. Er nennt die Grummets *Dingsbumslöcher* und die Rutscher *Metalldingsbumsdinger* und den Ausholer *Dingsbumsleine.* Er und Onkel Stew sind gestern unheimlich aneinander geraten, als Cody ihm sagte, die *Dingsbumslöcher* seien gerissen und hätten sich von den *Metalldingsbumsdingern* gelöst.
»Wovon redest du – was soll der Quatsch?«, schrie Onkel Stew ihn an. »Du klingst wie ein Vollidiot! Du gehörst nicht auf dieses Boot, wenn du die richtigen Bezeichnungen nicht lernen kannst!«

»Ich weiß genau, was ich tue, auch wenn ich die Sachen nicht mit ihrem Blabla-Begriff bezeichne«, entgegnete Cody.
»Es gibt aber einen Grund, warum jedes Ding einen Namen hat!«, beharrte Onkel Stew. Er bohrte seinen Finger in Codys Schulter. »Was sagst du denn in einer Notsituation? ›*Hilfe, das Dingsbumsloch ist futsch!*‹?«
»Nimm deine Finger weg!«, sagte Cody.
Ihr Streit holte Onkel Mo aus seiner Koje. »Du sagst zu meinem Sohn ›Vollidiot‹?«, wollte er wissen.
Onkel Stew drehte sich blitzschnell zu ihm um. »Ich habe gesagt, die Hälfte der Zeit *klingt* er wie ein Vollidiot ...«
»Das heißt, du bezeichnest ihn als Vollidiot? Und du glaubst, dein Waschlappen von einem Sohn ist schlauer als mein Sohn? Willst du das damit sagen?« Dann fing Onkel Mo an, seinen Finger in Onkel Stews Schulter zu bohren.
Onkel Stew schubste Onkel Mo weg. »Brian hat mehr Grips im kleinen Zeh als Cody in seinem ganzen Idiotenhirn!«
Ich glaube, die beiden hätten sich geprügelt, wenn Onkel Dock nicht eingegriffen hätte.
»Hört auf mit dem Unsinn«, sagte Onkel Dock. »Auf diesem Boot ist nicht genug Platz für zwei erwachsene Männer, die sich wie verwöhnte Kinder aufführen!«
»Willst du damit sagen, ich benehme mich wie ein verwöhntes Kind?«, schrie Onkel Mo.
»Jep«, sagte Onkel Dock.
Onkel Mo holte ganz tief Luft, atmete stoßweise aus, drehte sich zu Cody um und sagte: »Warum musst du auch immer Streit anfangen?«
»Ich?«, rief Cody.
»Ja, du«, antwortete Onkel Mo. »Geh jetzt runter und mach Mittagessen.«
Kopfschüttelnd ging Cody nach unten. Onkel Mo folgte ihm. Ich

hörte noch eine ganze Weile, wie sie sich anschrien, und dann war alles still, und wenig später brachten sie das Mittagessen hoch, und alle saßen da und schauten sich nicht an und mampften nur ihr Essen und versuchten, den Streit zu vergessen.

Heute Morgen haben wir das erste Mal seit unserer Abreise von Grand Manan die Sonne gesehen. Was für ein erfreulicher Anblick! Sonne, Sonne, Sonne! Du schöne, helle Sonne! Alle kamen auf Deck, um die Sonne zu begrüßen. Sie breitete ihr strahlendes Licht über uns und wärmte unsere Gesichter und unsere Knochen; sie trocknete unsere Kleider; sie tanzte auf den Wellen.

Bei Sonnenschein waren die Reparaturarbeiten viel leichter. Wir holten das Großsegel ein, trockneten die gerissenen Grummets und klebten Segelbandstreifen um die Kanten, um die Löcher zu schließen. Das Segelband klebte aber nicht richtig, also musste ich es festnähen, damit es hielt.

Brian konnte es sich nicht verkneifen zu sagen: »Nur gut, dass wir ein Mädchen an Bord haben, das nähen kann!«

Grrrr! Segel nähen ist Schwerstarbeit! Der Stoff ist steif und dick, man muss Spezialnadeln verwenden, und um sie durchzuschieben, braucht man als Schutz für die Handfläche einen Segelmacherhandschuh, das ist so ein Lederriemen mit Daumenöffnung.

Nachdem ich die Segel genäht hatte, stanzten Cody und ich neue Löcher in das Segeltuch und fügten neue Messinggrummets ein. Cody schlang eine dünne Leine durch die neuen Ösen und verband sie mit den Mastrutschern, und dann waren wir fertig.

In Hörweite von Onkel Stew sagte Cody: »Hör mal zu, Sierra-Oscar. Wir haben diese Dingsbumslöcher repariert, und jetzt halten sie ewig klasse an diesen Metalldingsbumsdingern.« Er grinste Onkel Stew an, und ehe dieser losbrüllen konnte, sagte Cody: »Und außerdem, Sierra-Oscar, wenn du richtig vornehme

Wörter verwenden willst, dann kannst du diese Dichsbumslöcher *Grummets* nennen und diese Metalldinger *Mastrutscher.*«

Ehe wir das Segel wieder setzten, merkte Cody, dass der Ausholer (»diese *Dingsbumsleine*, aber wenn du das vornehme Wort dafür verwenden willst, musst du sie *Ausholerleine* nennen«, sagte er) oben am Baum scheuerte, also nahm ich den Bootsmannsstuhl und meinen Sicherheitsgurt und hakte mich mit dem Gurt an das Fall, und Cody zog mich hinauf. Normalerweise versuche ich, mich selbst hinaufzuziehen, aber wenn die Wellen zu hoch sind, muss man sich darauf konzentrieren, dass man nicht gegen den Mast knallt.

Sobald ich ein paar Zentimeter über dem Deck war, flog ich hinaus über die Wellen, ich schwang in meinem Stuhl, während das Boot herumgewirbelt wurde wie eine wildgewordene Wippschaukel. Man schwingt über die rollenden Wellen, und das Boot rollt und die Wellen rollen und du schwebst da oben in den Lüften, mitten im Wind, und fliegst einfach mit!

Ich korrigierte die Leine so langsam wie möglich, damit ich lange oben bleiben konnte.

»Was ist los, Sophie?«, rief Onkel Stew. »Hast du Probleme? Schaffst du's nicht?«

»Alles in Ordnung, Sierra-Tango-Echo-Whiskey«, rief ich. Ich wollte gerade noch »du Vollidiot!«, hinzufügen, aber dann schaute ich auf ihn hinunter, und er sah so mickrig aus da unten, so klein und schrumpelig und ein bisschen jämmerlich, also verschluckte ich den »Vollidiot« lieber.

Unsere Fischbeute liegt bei null. Keine Ahnung, was wir falsch machen. Aber ich bin froh. Ich fand es furchtbar, die Fische umzubringen.

Aber wir haben Vögel gesehen (wo kommen die her?), und die Vögel finden die Köder ganz toll. Heute wollte sich eine Möwe den Köder schnappen, aber stattdessen hat sie sich in der Leine verfangen. Cody hat sie gerettet, es war richtig dramatisch, er zog sie an Deck und entwirrte die Leine, die sich um den Flügel gewickelt hatte, und ließ sie dann ganz vorsichtig ins Wasser zurückgleiten.

»Tschüs, Vögelchen!«, rief Cody, als sie davonschwebte.

Außerdem haben wir Delphine gesehen, gestern Abend und heute Morgen wieder – drei Stück, sie sprangen und tauchten und amüsierten sich köstlich.

»Hallooooo, ihr Süßen!«, rief Cody.

Ich sehe die Delphine unheimlich gern. Es kommt mir immer so vor, als wären sie Botschafter. Für mich.

Die Sonne von heute Morgen hat sich nicht lange gehalten, und jetzt haben wir wieder Regen, Regen und nochmal Regen.

Als Brian und ich gestern Abend im Nebel den Radar überprüft haben, sahen wir zwei Punkte, die sich etwa fünf Meilen nordöstlich von uns parallel zueinanderbewegten. Wir vermuteten, dass es sich um ein Schleppboot handelte, das einen Kahn zog. Dann bemerkten wir noch einen Punkt, etwa drei Meilen südöstlich von uns, der sich ganz schnell direkt auf uns zu bewegte. Also rannte ich sofort auf Deck und tutete in das Nebelhorn, und Cody versuchte, das Schiff über Funk zu erreichen. Keine Antwort.

Es war eine angespannte Situation. Irgendwie ist es ganz schön gruselig, wenn man nichts sehen kann und der Radar anzeigt, dass etwas in der Nähe ist. Man erwartet, dass man jeden Moment von einem großen Schiff gerammt wird, das plötzlich aus dem Nebel auftaucht. Mein Herz klopf-klopf-klopfte wie verrückt, weil ich dauernd dachte, gleich kommt das Riesenmonster.

Wir stellten den Motor an und bereiteten einen Kurswechsel vor, falls das Ding näher als zwei Meilen an uns herankommen sollte,

aber der Punkt sauste einfach an uns vorbei. Ein bisschen später tauchten fünf Punkte auf, aber sie reagierten auch nicht auf unsere Funksignale. Was für eine grässliche Vorstellung, dass ein riesiger Kahn über uns wegfahren und einfach weiterschippern könnte, ohne zu ahnen, dass etwas passiert ist!
Onkel Stew verbrachte sehr viel Zeit damit, verschiedene Handbücher zu studieren, und kam zu dem Schluss, dass unser Radar vermutlich Regenwolken aufgreift, da wir ja den ganzen Abend Regen gehabt hatten. Wir kamen uns blöd vor, weil wir Regenwolken angetrötet und angefunkt hatten.

Die Stimmung innerhalb unserer Bootsfamilie war heute ganz okay, aber wir bekommen alle nicht genug Schlaf. Ich glaube, wir sind nicht nur deswegen so müde, weil wir nicht durchschlafen, sondern vor allem auch deswegen, weil alles, was wir tun, so viel Anstrengung kostet. Es ist eine Staatsaktion, auch nur ein paar Schritte zu machen! Wie beim Bergsteigen – man muss sich genau überlegen, wo man Hände und Füße platziert, ehe man sich überhaupt in Bewegung setzen kann.
Ich bewege mich so schnell wie eine neunzigjährige Frau oder wie jemand mit gebrochenen Beinen. Bei jeder Welle muss man darauf gefasst sein, gegen eine Wand geschleudert zu werden. Man kann höchstens ein paar Sekunden frei stehen, dann verliert man schon wieder das Gleichgewicht, weil sich das Boot so unberechenbar rollt.
Kochen ist schwierig unter diesen Bedingungen. Der Herd hat eine kardanische Aufhängung, das heißt, er macht alle Bootsbewegungen so mit, dass er immer waagrecht bleibt, aber alles andere fliegt durch die Gegend, läuft aus, kippt aus den Regalen – kurz, ein Riesenchaos.
Beim Essen darf man seinen Teller nie abstellen, und man kann nicht gleichzeitig trinken, dafür hat man nicht genug Hände.

Schlafen ist auch ein Problem. Man schläft zu merkwürdigen Tageszeiten; es ist immer laut (irgendetwas klirrt, klappert, jemand stößt gegen etwas, die Segel schlagen, Leute reden); man schläft jedes Mal in einem anderen Bett (einfach in dem, das gerade frei ist); und es besteht immer die Gefahr, dass man aus dem Bett fällt und das Bettzeug davonfliegt und dass Sachen aus den Regalen fallen und einen am Kopf treffen oder dass über dem Schlafsack ein Leck auftaucht.

Aber trotzdem – trotz allem! – macht es mir großen Spaß, auf einem Boot zu leben. Es gefällt mir, dass wir eine eigenständige, abgeschlossene Einheit sind, die mit dem Wind über den Ozean saust.

Gestern Abend habe ich ziemlich unruhig geschlafen. Ich hatte diesen Traum, den ich öfter habe, den Traum von Der Welle. Sie baute sich immer höher auf, immer höher und höher, eine riesige schwarze Wasserwand, und vom Kamm wehte Gischt ab, und ich war nichts als ein winziger Punkt, und dann kippte Die Welle vornüber, und ich erwachte mit weit aufgerissenem Mund und wollte schreien.

Ich hasse diesen Traum.

## 30 Knoten

(Codys Logbuch)

Habe von Sierra-Oscar (Sophie) heute einen Achtknoten gelernt. Kinderleicht! Diese kleinen Knoten macht man am Ende der Leinen, damit sie nicht durch diese Dingsbumslöcher flutschen und übers Wasser wedeln.

Als ich Sophie gefragt habe, wo sie diese Knoten gelernt hat, machte sie das Gesicht, das sie ganz oft macht, wenn man ihr eine

Frage stellt. Sie schaut hinaus übers Wasser, als stünde die Antwort irgendwo am Horizont. »Keine Ahnung«, sagte sie und betrachtete das Tau zwischen ihren Fingern. »Vielleicht hat's mir ganz früher mal jemand gezeigt.«

Den Funk-Code kann ich auswendig. Diesmal habe ich Mr Alleswisser geschlagen. Hoh, hoh, hoh.
Heute gab's Sonne und Delphine, das heißt, es war ein schöner Tag. Sogar mein Vater kam auf Deck, um die Delphine zu sehen. Er sagte: »Wenn man das sieht, da wär man doch am liebsten ein Fisch, stimmt's?«
Zum ersten Mal seit hunderttausend Jahren waren wir uns einig. Man schaut diesen Delphinen zu und sie wirken so sorglos. Niemand schimpft mit ihnen, weil sie etwas falsch machen. Sie haben Spaß am Wasser und an ihren Luftsprüngen, mehr nicht.
Als Dad auf Deck war, hat er meine Zeichnungen von einem Webeleinenstek und von einem Achtknoten gesehen. »Hey!«, rief er. »Wann hast du zeichnen gelernt?«
Ich kann das entweder als Beleidigung betrachten, so nach dem Motto: *Ich habe dich so wenig beachtet, dass ich gar nicht gemerkt habe, dass du schon seit ein paar Jahren zeichnest* oder als Kompliment, im Sinn von *Hey! Du zeichnest ganz schön gut!*
Wie war es wohl gemeint – als Beleidigung oder als Kompliment?

## 31 Rosalie
(Sophies Logbuch)

Eine Woche auf See, und bisher wurde noch niemand erwürgt oder über Bord geworfen.
In den letzten Tagen hatten wir nicht viel Wind, und meistens haben der Nebel und die Wolken verhindert, dass wir die Sonne, den Mond und die Sterne zu Gesicht bekommen. Ich habe gar nicht gewusst, dass ich das so vermissen würde! Ich habe erwartet, dass ich hier draußen auf dem Ozean an der Reling stehe und hinauf in den Himmel blicke, aber die ganze Zeit sehe ich nur grauen Nebel.
Ohne Sonne ist es schwierig, irgendetwas zu trocknen, und die meisten Kleidungsstücke sind längst feucht. Jeder von uns hat einen heimlichen Vorrat an trockenen T-Shirts im Rucksack, den wir streng hüten, und wir ziehen nur frische Klamotten an, wenn wir die Feuchtigkeit keine Minute länger ertragen können. Ah, wie angenehm sich so ein trockenes Hemd anfühlt!
Wir hatten in letzter Zeit viel Tierbesuch, und ich bin überrascht, wie sehr ich mich freue, wenn ich die Tiere sehe. Gesellschaft! Gestern landete ein kleiner schwarzer Vogel im Cockpit. Er sah ganz zerzaust aus. Ich rief Cody, der unten in der Kajüte war, er sollte sich ihn ansehen. »Hallo, hallo, kleines Vögelchen«, sagte er und tippte vorsichtig auf die Füße mit den Schwimmhäuten und streichelte seinen Schnabel. »Woher hast du denn diese Beule auf deinem Schnabel? Woher kommst du? Wie bist du so nass geworden?«
Cody wärmte den kleinen Vogel in seinen Händen und trocknete ihn an seinem Hemd. »Das ist eine richtig süße kleine Piepsmaus, findest du nicht?«, sagte er. Und so bekam der Vogel den Namen *Piepsmaus.*

Als ich für meine nächste Schicht aufwachte, hatte sich die Piepsmaus nach unten begeben und sich in dem Regal neben dem Navigationstisch niedergelassen. Onkel Mo saß da und porträtierte den kleinen Vogel und zeigte mir, wie man zerzauste Federn malt. Die Piepsmaus blieb brav ein paar Stunden sitzen, als würde es ihr Spaß machen, Modell zu sitzen.

Ein zweiter Vogel, der sehr ähnlich aussah wie die Piepsmaus, folgte dem Boot die ganze Nacht und auch noch eine Weile am nächsten Tag. Wir dachten, dass es vielleicht der Freund unserer kleinen Piepsmaus sein könnte, aber der andere Vogel landete nicht, und die Piepsmaus schien ihn gar nicht zu bemerken.

Cody versuchte, die Piepsmaus unter sein Hemd zu stopfen, um sie warm zu halten, aber ich glaube, das machte ihr Angst. Sie fing an, kräftig mit den Flügeln zu schlagen. Sie flatterte ziemlich unsicher zur Reling und flog dann davon und umkreiste langsam und nicht besonders elegant das Boot, ehe sie über die Wellen entschwand.

»Tschüs, kleine Piepsmaus!«, rief Cody.

Ich wollte nicht, dass sie wegfliegt; ich konnte es kaum ertragen, sie ganz alleine über dem Wasser zu sehen.

»Du klingst ja so was von blöd«, sagte Brian und äffte Cody nach. »Oh, kleine Piepsmaus! Oh, kleine Piepsmaus!« Brian hob die Arme in die Luft, als würde er eine Botschaft in den Himmel schicken. »Wir sind nur ein schwimmender Zufluchtsort für verirrte Seelen.«

Cody musterte Brian von oben bis unten. »Stimmt genau«, sagte er.

Gestern haben wir auch Wale gesehen, kleine Grindwale. Sie sehen aus wie Delphine, nur dass ihre Köpfe rund sind und nicht spitz in eine lange Schnauze zulaufen.

»Wale ahoi!«, rief Cody.

Wir lagen auf dem Bauch auf Deck und schauten ihnen zu. Die Wale kamen sehr nah ans Boot, aber doch nicht so nah wie die Delphine, und sie blieben eher am Achterschiff. Nach einer Weile konnten wir ein paar von ihnen identifizieren – eine Mutter und ihr Baby, die nebeneinander schwammen, und dann noch ein ganz großer Wal auf der Steuerbordseite.

Ich war total hypnotisiert von diesem Trio. Ich kam zu dem Schluss, dass der Wal, der auf der Steuerbordseite schwamm, der Vater sein musste, er umkreiste alles und beschützte die Mutter und das Kind. Meistens blieb der kleine Wal dicht neben seiner Mutter und boxte immer wieder mit ihr zusammen, aber er drehte zwischendurch auch immer wieder ab, wackelte herum und sah ganz albern aus, und dann schwamm er zurück zu seiner Mutter und stupste sie an. Ich fand es sehr wichtig, dass die drei zusammenbleiben, und wurde ganz unruhig, wenn ich nicht alle drei sehen konnte.

Onkel Dock gesellte sich zu uns. »Wie wunderbarlich!«, rief er. Und während wir den Walen zuschauten, erzählte uns Onkel Dock von einer Frau, die er früher einmal gekannt hat. Sie hieß Rosalie und liebte die Wale über alle Maßen. Sie las alles, was es über Wale zu lesen gab, sie sah jeden Film, in dem ein Wal vorkam, sie hatte Bilder von Walen an der Wand aufgehängt und besaß kleine Wal-Kuscheltiere und winzige Wal-Figürchen.

»Aber einen lebendigen Wal hatte sie noch nie gesehen«, sagte Onkel Dock. »Jedenfalls nicht so richtig aus der Nähe. Eines Tages habe ich ein Boot gemietet und bin mit ihr auf den Ozean hinausgefahren und wir haben den ganzen Tag nach Walen gesucht und sie hat den ganzen Tag gebetet, dass wir einem Wal begegnen. Es war ein sehr schöner Tag.«

»Und habt ihr einen Wal gesehen?«, wollte ich wissen.

»Nein, an dem Tag nicht.«

»Also seid ihr noch mal rausgefahren?«

»Jep. Ich habe dem Bootsbesitzer meine beste Angel gegeben, weil ich so arm war wie ein Floh, und dann sind wir wieder losgefahren. Den ganzen Tag haben wir nach Walen gesucht –«

»Und sie hat den ganzen Tag gebetet, dass ihr einem Wal begegnet –«

»Genau«, sagte Onkel Dock. »Und dann – da – wir wollten gerade ans Ufer zurückfahren – da – oh, es war sagenhaft! Ein perlgrauer Wal tauchte langsam aus dem Wasser auf und Rosalie – oh, Rosalie! Ihr Mund verwandelte sich in ein großes ›O‹ und ihre Augen wurden riesengroß und strahlten und wir schauten diesem wunderschönen Wal zu, wie er dahinglitt, bis er wieder im Meer verschwand.«

Onkel Dock seufzte abgrundtief.

»Und Rosalie?«, fragte ich. »Was ist aus Rosalie geworden?«

Dock stand auf und wischte sich die Hose ab, als wollte er die Erinnerung wegwischen. »Oh, sie hat einen anderen geheiratet.«

Cody stand auf, breitete die Arme aus und rief übers Wasser: »Rosalie! Oh, Rosalie!«

Dock grinste und rief auch: »Rosalie! Oh, Rosalie!«

Dann schüttelte Dock den Kopf, ging und verschwand unter Deck.

Brian beobachtete mich, wie ich die Wale beobachtete. »Sophie, das Wal-Mädchen«, sagte er.

»Interessiert es dich überhaupt nicht, was es hier draußen alles gibt?«, fragte ich ihn. »Findest du diese Wale nicht auch wahnsinnig toll?«

»Ähm«, machte er.

»Findest du sie nicht interessanter als Bücher und Karten?«, fragte ich ihn.

»Ähm«, machte er noch einmal, aber er stellte sich neben mich, und einmal lachte er sogar, als der kleine Wal seine Mutter anstupste, aber dann war es ihm peinlich, glaube ich, dass jemand merkte, wie er sich freute, und er ging wieder zurück zu seinen Karten.

Heute sind wieder Delphine gekommen und haben in den Bugwellen gespielt. Einer von ihnen sprang ganz aus dem Wasser, direkt vor dem Bug, als würde er sagen: »Seht mal her! Wow!«
Ich war ganz gefesselt von einem Mutter-Kind-Paar. Die beiden machten alles gleichzeitig, als wären sie nur ein Wesen.
»Das Baby ist wie eine Miniaturausgabe von seiner Mutter«, sagte Brian. »Es ist nur kleiner, aber es ist genauso schnell und beweglich wie die Mutter –«
»Brian!«, rief ich. »Soll das heißen, du fängst tatsächlich an, dich für diese Dinge zu interessieren?«
»Schau mal«, sagte er. »Es sieht aus, als würde sie ihm beibringen, wie man spielt«, und dann sagte er noch: »Was denkst du, warum die Delphine uns so vertrauen?«
Genau das Gefühl hatte ich auch: Dass sie uns instinktiv vertrauten. Am liebsten hätte ich geweint. Dabei hätte ich mich doch eigentlich freuen müssen, weil es so aussah, als würden sie uns auffordern, mit ihnen zu spielen. Sie wirkten unglaublich glücklich, für sie gab es nichts als spielen, erforschen, gleiten und springen und rollen. Ich weiß nicht, warum ich deswegen am liebsten geweint hätte. Ich dachte nur immer wieder, sie sind da, und ich bin hier. Sie haben keine Probleme, keine Sorgen, und sie wollen mit uns zusammen sein, aber ich stehe hier oben auf Deck und fühle mich bleischwer, als würde ich mindestens eine Tonne wiegen.
Onkel Mo kam mit seinem Skizzenblock heraus und zeichnete schnell und geschickt die Delphine, wie sie in die Luft sprangen. Er sagte: »Sie erinnern einen daran, wie man als Kind war, neugierig und immer unterwegs. Und dann denkt man plötzlich, dass man immer so sein könnte und gar nicht unbedingt daraus

herauswachsen sollte.« Er schaute mich und Cody und Brian an, als hätte er gerade erst gemerkt, dass wir auch da waren, und dann widmete er sich wieder seiner Zeichnung und brummelte: »Oder so was Ähnliches.«

## 32 Bompie und das Schwimm-Loch
(Codys Logbuch)

Nebel, Nebel, Nebel, Nebel, Nebel.

Und ich rede selbst im Schlaf Funk-Code. Hotel-India-Lima-Foxtrott-Echo! (HILFE!)

Wir haben Wale gesehen und Delphine und einen kleinen schwarzen Vogel. Ich wäre gern ein Fisch oder ein Vogel. Im Wasser schwimmen oder durch die Luft fliegen …

Sophie schloss den Vogel richtig ins Herz und machte sich große Sorgen um ihn. Ich habe ihr gesagt, sie muss aufpassen, sie ist schon fast wie Onkel Stew.

»Stimmt doch gar nicht!«, protestierte sie.

Jedes Mal, wenn Delphine oder Wale ans Boot kommen und spielen, ist Sophie auf Deck und schaut ihnen zu. Sie kann die Augen nicht von ihnen lassen, und dann überlegt sie sich, woher sie kommen, wohin sie gehen, warum sie hier sind, ob sie eine Familie sind und ob sie vielleicht alle miteinander verwandt sind.

Brian musste natürlich mal wieder sein Ding mit den Waisenkindern anbringen. Erst sagte er zur Piepsmaus *Vogelwaise,* dann redete er dauernd davon, dass der kleine Delphin seine Mutter nachahmt, während wir den Delphinen zuschauten. »Ich wüsste ja gern, was mit Delphinwaisen passiert«, sagte er. »Wie lernen die etwas?«

Sophie meinte: »Wahrscheinlich sind sie schlau genug, um selbst dahinter zu kommen. Was bleibt ihnen anderes übrig?«
Und Brian sagte: »Hast du das auch so gemacht? Hast du auch alles selbst rausgefunden?«
Und Sophie sagte: »Schau dir das mal an! Hast du gesehen, wie hoch sie gesprungen ist?« Und dann ist sie unter Deck gegangen. Als ich nach ein paar Minuten auch hinuntergegangen bin, jonglierte sie mit Erdnusstüten. Sie wird immer besser!
»Zeig mir, wie man mit vier Gegenständen jongliert«, sagte sie. »Und dann zeig mir, wie man jemanden aus Versehen absichtlich verprügelt und über Bord schmeißt.«
Ich vermute, sie meinte Mr Alleswisser, Bravo-Romeo, Brian.

Später erzählte sie eine neue Bompie-Geschichte. Sie ging folgendermaßen:
In der Nähe von Bompies Haus auf dem Land war ein Schwimm-Loch. Es war an einer Flussbiegung und sehr, sehr tief. An der Seite waren große Felsen und Baumstämme, und auf diese Felsen und Baumstämme konnte man klettern und dann ins Wasser springen, *plotsch*! Es war aber sehr gefährlich, weil unter Wasser auch Steine und Baumstämme waren. Man konnte nicht sehen, wo man landet. Und weil es so gefährlich war, durfte Bompie dort nicht schwimmen gehen.
Aber an einem heißen, heißen, heißen Sommertag wollte Bompie unbedingt schwimmen gehen. Er wollte ins kühle Wasser springen und so lange darin herumschwimmen, bis seine Haut ganz schrumpelig wird. Also ging er zu dem Schwimm-Loch, kletterte auf einen der Felsen und schaute hinunter in das kühle Wasser. Ach, es war so heiß! Heiß, heiß, heiß. Und das Wasser sah so schön kühl aus. Und so kam es, dass Bompie hineinsprang.
Und er landete in dem kühlen, kühlen Wasser, und es fühlte sich so wunderbar an und er tauchte immer tiefer und tiefer, und

dann – *plonk*! – stieß er gegen etwas. War es ein Fels? Ein Baum? Und *plonk*! stieß er wieder gegen etwas. Ihm wurde ganz schwindelig da unten im kühlen, kühlen Wasser, und *peng*! knallte er mit dem Kopf gegen etwas Hartes.

Und er drehte sich hin und her und war ganz durcheinander da unten in dem kühlen, kühlen Wasserstrudel, aber schließlich kam er doch wieder nach oben und kletterte ans Ufer und lag da, bis ihm der Kopf nicht mehr wehtat, und dann ging er nach Hause.

»Er hat eine Tracht Prügel bekommen, stimmt's!«, rief Brian. »Ich wette, sein Vater hat ihm eine kräftige Tracht Prügel verpasst.«

»Stimmt«, sagte Sophie. »Und dann –«

»Warte!«, sagte Brian. »Sag's nicht. Apfelkuchen, stimmt's? Seine Mutter hat ihm ein Stück Apfelkuchen gegeben, stimmt's?«

»Nein«, sagte Sophie.

»Was?«, rief Brian. »Sie hat ihm keinen Apfelkuchen gegeben? Aber warum denn nicht? Sie wollte ihm doch bestimmt einen Apfelkuchen geben, weil er wieder in Sicherheit war!«

»Nein, sie hat ihm keinen Apfelkuchen gegeben«, sagte Sophie. »Diesmal war es ein Heidelbeerkuchen. Sie hatte keine Äpfel im Haus.«

Als Sophie mit ihrer Geschichte fertig war, sagte Brian: »Warum landet Bompie eigentlich immer im Wasser?«

»Was?«, fragte Sophie. »Wie meinst du das?«

»Er kriegt doch immer Probleme im Wasser – warum geht er trotzdem rein? Eigentlich würde man doch erwarten, dass er möglichst weit weg bleibt!«

Sophie presste die Lippen aufeinander und sah plötzlich ganz zerbrechlich aus, fand ich.

Ich sagte: »Vielleicht geht ja Bompie genau deswegen immer ins Wasser –«
Sophie schaute mich an. Ihre Augen glänzten feucht.
»Vielleicht ist er wasserscheu oder er hat Angst«, sagte ich, »aber er geht immer wieder hin, weil er – weil er irgendetwas beweisen muss –«
»Zum Beispiel?«, fragte Brian.
»Keine Ahnung«, sagte ich. »Aber überleg doch mal – wenn man etwas schafft, wovor man ganz große Angst hat, dann fühlt man sich hinterher wahrscheinlich – ich weiß auch nicht – na ja, wahrscheinlich fühlt man sich dann frei oder so. Glaubst du nicht?«
Brian sagte: »Das ist doch bescheuert. Wenn man vor etwas Angst hat, gibt es garantiert einen guten Grund dafür, und man sollte lieber wegbleiben. Finde ich.«
Sophie sagte nichts. Sie ging zur Reling und stand da, wie sie das immer macht, und starrte hinaus aufs Meer.

## 33 Das Leben
(Sophies Logbuch)

Als ich heute Morgen aufwachte, habe ich gedacht: *Ich hasse das Meer – und das Meer hasst mich.* Das war ganz komisch. Ich hasse das Meer doch gar nicht!
Onkel Stew war in der Kombüse, als ich mir etwas zu essen holen wollte. Ich sehe ihn nicht oft. Er schläft meistens, wenn ich wach bin, und ich schlafe, wenn er wach ist. Bis jetzt hatte ich nichts dagegen einzuwenden.
Es war irgendwie unangenehm, allein mit ihm in der Kombüse. Ich weiß nie, was ich mit ihm reden soll! Deshalb beschloss ich, ihn nach Rosalie zu fragen.

»Hast du Rosalie gekannt?«, fragte ich ihn. »Ich meine, die Rosalie, von der Onkel Dock uns erzählt hat?«
»Klar«, antwortete er.
»Onkel Dock mochte sie sehr, stimmt's?«
»Das ist noch vorsichtig ausgedrückt«, sagte Onkel Stew. Er beschäftigte sich gerade mit einem Stapel Listen, strich etwas aus und schrieb etwas Neues hin.
»Als Rosalie einen anderen geheiratet hat, war er bestimmt sehr traurig, oder? Es hat ihm sicher das Herz gebrochen, oder?«
»Könnte man sagen«, antwortete Onkel Stew.
»Was hat er dann gemacht?«, fragte ich. »Hat er sie vergessen oder was?«
Onkel Stew blickte auf. »Ob er Rosalie vergessen hat? Soll das ein Witz sein? Was denkst du wohl, warum wir dauernd irgendwo Station machen – Block Island, Martha's Vineyard, Grand Manan?«
»Was? Warum? Ich dachte, Dock wollte seine Freunde besuchen! Und wir mussten doch die *Wanderer* reparieren!«
»Ja, klar«, murmelte er. »Klar.« Er legte die Zettel zu einem ordentlichen Stapel zusammen. »Hör zu«, sagte er. »Sag Dock nichts von dem, was ich dir jetzt erzähle. Er ist extrem empfindlich, wenn's um Rosalie geht.«
»Ich sag ihm nichts«, versprach ich.
»Auf Block Island – da hat Onkel Dock Rosalie kennen gelernt.«
»Ehrlich?«, sagte ich.
»Und Martha's Vineyard – erinnerst du dich an Joey? Also, Joey ist Rosalies Bruder.«
»Ihr Bruder? Ehrlich?«
»Und von Joey hat Dock erfahren, dass Rosalie nach dem Tod ihres Mannes –«
»Ihr Mann ist gestorben? Das heißt, sie ist nicht mehr verheiratet?«, fragte ich.

»Genau«, sagte Onkel Stew. »Also – Dock hat erfahren, dass Rosalie nach Grand Manan gefahren ist, um Frank zu besuchen und die Wale zu sehen –«
»Du meinst, zu unserem Frank – zu dem Frank, den wir auf Grand Manan besucht haben? Meinst du den Frank?«
»Ganz genau.«
»Aber Rosalie – wo war Rosalie, als wir in Grand Manan waren?«
»Weg.«
»Und – wo ist sie jetzt?«
»Rate mal!«, sagte Onkel Stew.
Aber ich konnte nicht raten, weil in dem Moment Onkel Dock nach unten kam, und Onkel Stew musste sich plötzlich furchtbar dringend um seine Papiere kümmern und gab mehr als deutlich zu verstehen, dass das Thema abgeschlossen war.
Später fragte ich Onkel Stew noch einmal, aber er sagte: »Ich hab dir sowieso schon zu viel erzählt. Lass es mal lieber auf sich beruhen.«
Ich sagte: »Du weißt echt viel über Rosalie! Und ich dachte, dir erzählt nie einer was.«
»Hoh, hoh, hoh«, sagte er. »Ein paar Sachen weiß ich trotzdem.«
Jetzt frage ich mich die ganze Zeit, wo Rosalie wohl sein könnte. Vielleicht fahren wir ja gar nicht zu Bompie! Vielleicht bringt uns Onkel Dock ganz woanders hin – auf der Suche nach Rosalie. Vielleicht ist sie ja in Grönland! Das liegt auf der Strecke, glaube ich. Oder sie ist in den Staaten und Dock beschließt auf einmal, dass er umdrehen und sie suchen muss.

Wegen Onkel Dock habe ich mir gestern Nacht ziemliche Sorgen gemacht, als ich mit ihm Wache hatte. Ich steuerte, und er stand auf dem Vorderdeck und starrte hinaus ins Meer. Dann drehte er

sich um, schaute mich an, musterte mich eine ganze Weile und sagte schließlich: »Wozu das Ganze, Sophie?«
»Wie meinst du das? Wozu was?«
Er seufzte tief. »Du weißt schon. Das Leben.«
»Das fragst du *mich*?«
Seine Unterlippe zitterte. Ich dachte schon, gleich fängt er an zu weinen. Das wäre ein ziemlicher Schock für mich gewesen, weil Onkel Dock immer so ruhig und ausgeglichen ist. Man würde nicht denken, dass er sich Gedanken über den Sinn des Lebens macht, und man denkt erst recht nicht, dass er mitten in der Nacht auf einem Segelboot zu weinen anfängt.
Aber dann schlenderte er zum Heck, machte an den Leinen herum und redete nicht mehr über das Leben. Ich schaute hinaus aufs Meer und zum Himmel hinauf und hatte ganz komische Gefühle. Zuerst war mir ganz friedlich zumute, als wäre ich genau am richtigen Ort, genau da, wo ich sein will, aber plötzlich schlug dieses friedliche Gefühl in unendliche Einsamkeit um.
Und dann fing ich an, über Lebensversicherungen nachzudenken und wie schön es wäre, wenn man eine Versicherung für ein glückliches Leben abschließen könnte und eine Versicherung dafür, dass alle Leute, die man kennt, auch glücklich sind und dass sie alle genau das tun, was sie tun wollen, und dass sie alle genau die Menschen finden, die sie finden möchten.

## 34 Albträume
(Codys Logbuch)

Ich habe nicht viel geschlafen, weil mein Vater mich genervt hat, und Onkel Stew und Brian haben sich gestritten, und Onkel Dock hat mich angeschrien, weil ich eine Leine auf Deck herumliegen ließ. Außerdem regnet es dauernd und es ist neblig, und das Meer hat ziemlichen Wellengang und mir fallen ständig irgendwelche Sachen auf den Kopf.

Und wenn ich dann doch mal schlafe, weckt mich Sophie, weil sie Albträume hat, aber sie will mir nicht sagen, *was* sie träumt. Einmal hat sie mir wieder von dem kleinen Kind erzählt, das sie kennt.

Als das kleine Kind etwa drei Jahre alt war, ging es an den Ozean. Vielleicht war seine Mutter auch dabei, aber da war sich Sophie nicht ganz sicher. Das kleine Kind legte sich auf eine Decke (sie war blau, sagte Sophie) und schlief ein.

Dann war da Wasser, ganz viel Wasser, und das Wasser türmte sich vor dem kleinen Kind auf, das Wasser sah aus wie eine riesige schwarze Wand, und diese Wand stürzte sich auf das Kind. Die Mutter packte das kleine Kind an der Hand, aber das Wasser wollte das kleine Kind haben und zerrte an ihm, und das kleine Kind konnte nichts sehen und bekam keine Luft mehr.

*Wusch!* Die Mutter zog das kleine Kind hoch.

»Aber weißt du was?«, fragte Sophie. »Das kleine Kind träumt immer noch, dass eine Welle kommt.«

»Du meinst, das Kind hat immer noch Angst vor Wasser?«

»Das habe ich nicht gesagt«, erwiderte Sophie. »Das kleine Kind liebt das Wasser, es liebt den Ozean –«

»Aber warum hat das Kind dann immer noch den Traum?«

»Das weiß ich nicht«, antwortete Sophie. »Vielleicht hat es damit zu tun, dass das Wasser so unerwartet kam. Erst war das Kind in Sicherheit, es hat tief und fest geschlafen und alles war in Ordnung, und dann kam plötzlich diese Welle und wollte das Kind mitnehmen –«

»Wow!«, sagte ich. »Das klingt ja so, als würde die Welle das kleine Kind verfolgen und als hätte das kleine Kind Angst, dass die Welle wieder kommt –«

»Vielleicht«, sagte Sophie. »Vielleicht auch nicht –«
Den ganzen Tag benahm sich Sophie sehr komisch. Sie starrte hinaus aufs Meer, dann rannte sie unter Deck, aber dann kam sie wieder nach oben gerannt, als würde sie unten ersticken, rauf und runter, rauf und runter. Vielleicht machte sie sich Sorgen um das kleine Kind.

## 35 Die blaue Büchse
(Sophies Logbuch)

Wir sind jetzt schon anderthalb Wochen auf See und die *Wanderer* hat über dreizehnhundert Meilen zurückgelegt. Die Hälfte der Strecke haben wir hinter uns – wir sind schon halb bei Bompie! Wir haben zwei Zeitzonen durchquert, das heißt, wir mussten unsere Uhren schon zwei Stunden vorstellen, seit wir abgefahren sind. Drei Zeitzonen haben wir noch vor uns. Jedes Mal, wenn wir die Uhr umstellen, sagte Cody: »Tschüs, Stunde!« Wohin gehen diese Stunden?
Wir befinden uns etwa fünfhundert Meilen östlich von Neufundland, und neunhundert Meilen südlich von Grönland. Ich erwarte dauernd, dass Onkel Dock sagt: »Hey, wollen wir nicht in Grönland Station machen?«, oder: »Wollen wir nicht in Neufundland Station machen?« Und dann würden wir Halt machen und er würde sich auf die Suche nach Rosalie begeben. Aber bis jetzt redet keiner davon, dass wir anhalten sollten.

In den letzten Tagen war es sehr kalt, aber jetzt wird es wärmer, weil wir uns dem Golfstrom nähern. Onkel Stew sagt, die Kombination aus dem Labradorstrom (dem kältesten Strom im Atlantik, aus dem Norden) und dem Golfstrom (dem wärmsten

Strom, aus dem Süden) sorgt für »ausgesprochen interessante Wetterbedingungen«.

»Was heißt das?«, fragte ich.

»Ach, du weißt schon, steifer Wind, schwere Unwetter –«

Ich kann nie sagen, ob Onkel Stew mich testen will, wenn er solche Sachen sagt – vielleicht will er sehen, ob ich Angst bekomme und weine. Aber vielleicht sagt er es ja auch nur, um mich auf das, was uns bevorsteht, vorzubereiten.

Ich werde es ihm nicht zeigen, wenn ich Angst habe, und ich werde nicht weinen.

Als wir gestern in die Ausläufer eines Gewitters geraten sind, erteilte Onkel Stew sofort eine endlose Kette von Befehlen. »Stellt alle elektrischen Geräte ab!«

»Warum?«, wollten Cody und ich wissen.

»Habt ihr etwa Lust, als riesiger Blitzableiter zu dienen?«

Fette schwarze Wolken türmten sich in der Ferne, und ein plötzlicher Windstoß packte die *Wanderer.*

Onkel Stew ratterte seine Liste herunter. »Radar?«

Cody stellte ihn aus. »Ausdiemaus!«

»GPS!«

»Ausausaus!«

»Loran!«

»Ende!«

Onkel Stew schrie Cody an: »Was soll der Quatsch? Hast du die Sachen abgestellt oder nicht?«

»Ende gut, alles gut!«, antwortete Cody.

Ich blieb nicht lang genug, um mitzukriegen, wie es ausging, weil ich Wache hatte. Wir sausten blitzschnell übers Wasser, und es war ein tolles Gefühl – so viel Wind! Wir trugen alle unsere Schlechtwetter-Klamotten, deshalb machte es uns nichts aus, dass der Regen auf uns herunterpeitschte, während wir durchs Wasser pflügten. Wir hätten nur noch hochdramatische klassische Musik im Hintergrund gebraucht! Man fühlt sich unglaublich lebendig, und gleichzeitig muss man schuften wie verrückt, um am Leben zu bleiben. Das Boot hilft einem dabei, und man hilft dem Boot, und alle sitzen buchstäblich im selben Boot, ziehen an einem Strang – *wusch*! ab die Post.

Bisher haben wir fast jeden Abend mit der Zivilisation Kontakt aufgenommen, und Cody hat alle verblüfft, weil er sich zum Funker-König entwickelt. Dazu gehört jede Menge Spezialjargon, und man muss die ganze Zeit unheimlich aufpassen, damit einem ja nichts entgeht. Unsere Nummer ist N1IQB Maritime Mobile, und in der Sprache der Amateurfunker sagt man *November One India Quebec Bravo Maritime Mobile.* Es macht unheimlich Spaß, Cody zuzuhören, wenn er so redet. Es klingt wie eine Fremdsprache.

»Hier ist N1IQB Maritime Mobile ... November One India Quebec Bravo Maritime Mobile ... Over.«

Onkel Mo hat uns heute ein paar neue Sachen beigebracht.

QSL == Hören Sie mich?

TKS == Danke!

CHEERIO == Bis bald!

Hier ist Cody beim Funken. Originalton:

»Roger, hier ist N1IQB Maritime Mobile, versuche Kontaktaufnahme mit WB2YPZ Maritime Mobile – Whiskey Bravo Two Yankee Papa Zulu. Over.«

Antwort: »Roger, N1IQB, sende Botschaft, over.«

Wir haben es immer noch nicht geschafft, zu jemandem durchzukommen, den wir kennen, deshalb müssen wir im Amateurfunknetz nach jemandem in Connecticut fragen, bei dem wir eine Nachricht hinterlassen können oder über den wir einen Telefonanruf machen können. Cody sagt, die meisten Funker an Land können ihr Telefon mit ihrem Funkgerät verbinden und

melden bei der gewünschten Nummer ein R-Gespräch an, und dann kann man jeden, den man will, anrufen.
Die Stimmen sind verzerrt und undeutlich, aber wenn es funktioniert, kommt es einem vor wie ein Wunder. Bis jetzt hat es allerdings noch nicht oft geklappt. Wir haben versucht, zu meinem Vater durchzukommen, aber ohne Erfolg.
Wenn Cody am Funkgerät sitzt, werde ich ganz aufgeregt. Man möchte unbedingt eine vertraute Stimme hören! Aber meistens dauert es ewig, und man bekommt keine Verbindung oder man kann nicht richtig verstehen, und dann ärgere ich mich so und denke, es wäre besser gewesen, wir hätten es gar nicht erst versucht. Und es kommt mir immer noch so vor, als würden wir mogeln, wenn wir mit anderen Leuten Kontakt aufnehmen können.
Ich habe das Onkel Dock gegenüber erwähnt, und er hat gesagt: »Was? Du *möchtest* von allen anderen Menschen abgeschnitten sein? Von der ganzen Welt?«
»So meine ich es nicht. Ich finde nur irgendwie, wir müssen es aus eigener Kraft schaffen.«
Onkel Dock sagte: »Weißt du, Sophie, es ist gar nicht so schlimm, wenn man sich auf andere verlässt.«
Darüber habe ich den ganzen Tag nachgedacht. Ich weiß nicht, warum es mir so wichtig erscheint, dass ich alles selbst mache und mich nicht auf andere verlasse. Ich habe immer gedacht, das ist gut, aber bei Onkel Dock klingt es eher egoistisch. Das kapiere ich nicht.

Beim Mittagessen – einer der seltenen Anlässe, bei dem wir alle gleichzeitig wach sind – sagte Onkel Dock heute: »Hey, erinnert ihr euch, wie wir als Kinder das Gummi-Dingi gefunden haben? Wisst ihr noch –«
Onkel Mo rief gleich: »Ja, klar! Es war blau, stimmt's?«

Onkel Stew meldete sich auch zu Wort: »Genau! Es wurde ans Ufer gespült, stimmt's? Und wir haben es als unser Eigentum betrachtet –«

»Und wir haben ihm einen Namen gegeben – wisst ihr noch, wie wir es genannt haben?«, fragte Onkel Dock.

Mo und Stew überlegten. Dann grinste Stew ganz breit – ich glaube, das war das erste Mal, dass ich gesehen habe, wie er lächelt! – und sagte: »Ich weiß es! *Blaue Büchse*! *Blaue Büchse* – stimmt's?«

Mo lachte. »Genau! Die *blaue Büchse*!«

»Und wir haben uns wahnsinnig darauf gefreut, endlich damit loszufahren – wisst ihr noch?«, sagte Onkel Stew. »Wir haben es ins Wasser geschoben und haben gelacht wie die Hyänen …«

»Und wir haben so gelacht, dass wir gar nicht gemerkt haben, dass …«

»Dass wir immer weiter rausgetrieben wurden –«

Stew konnte vor Lachen kaum reden. »Und dann haben wir erst kapiert …«

»Dass wir keine Paddel haben!«

Jetzt lachten sie alle drei. Zuerst lachte ich mit, weil alle lachten – sie waren richtig übermütig, das war ansteckend. Aber eigentlich begriff ich nicht so ganz, was so lustig daran sein soll, wenn man in einem Dingi ohne Paddel sitzt. Ich bekam eine Gänsehaut, als ich mir vorstellte, wie sie hilflos immer weiter ins Meer hinaustrieben.

»Und was ist dann passiert?«, fragte Cody. »Wie seid ihr wieder ans Ufer gekommen?«

»Hmmm – daran kann ich mich gar nicht richtig erinnern«, sagte Onkel Mo.

»Aber irgendwie haben wir's geschafft«, sagte Onkel Stew.

Natürlich hätte ich wissen müssen, dass sie wohlbehalten zurückgekommen waren, denn sie saßen ja hier und erzählten ihre

Geschichte, aber irgendwie war ich erst beruhigt, als Onkel Stew sagte, dass sie das Abenteuer unbeschadet überstanden hatten.
»Und Bompie – oh, Mann!«, sagte Onkel Dock.
»Was?«, fragte Cody. »Hat er euch verprügelt?«
»Bompie?«, sagte Onkel Stew. »Bompie hat uns nie verprügelt.«
»Stimmt«, bestätigte Onkel Dock.
»Was hat Bompie denn gesagt, als ihr zurückgekommen seid?«, wollte Cody wissen.
Onkel Stew sagte: »Er hat uns in den Schuppen mitgenommen und gesagt: ›Seht ihr diese Holzdinger? Diese Holzdinger nennt man Paddel. Wenn ihr das nächste Mal aufs Meer hinausfahrt, nehmt ihr besser zwei Paddel mit!‹«
Es klang ziemlich lustig, so wie Onkel Stew das erzählte, und sie saßen noch lange oben auf Deck und lachten. Ich musste nach unten gehen, weil ich das Bild, wie sie draußen in einem Dingi ohne Paddel auf dem Meer trieben, nicht aus dem Kopf kriegte.

Gestern bin ich wieder den Mast hoch, diesmal bis ganz oben. Die Flaggleine war kaputt und steckte im Block oben am Mast, also befestigte ich eine neue Leine an meinem Sicherheitsgurt und Cody zog mich hinauf. Das Boot rollte und der Wind pfiff, und ich hatte ziemliche Mühe, mich festzuhalten. Es war eine Art Wettkampf zwischen mir und dem Wind, als würde der Wind sagen: *Na, schaffst du's, Sophie? Ich wette, das schaffst du nicht!* Und ich würde antworten: *Doch, ich schaff's! Sieh mal her!* Wenn etwas besonders schwierig ist, fühlt man sich manchmal hinterher besonders gut.
Wir haben außerdem am Ende des Baums Risse bemerkt. Das ist ein großes Problem. Onkel Dock sagt, wir werden ihn schienen – und hoffen, dass die Risse nicht größer werden.

Ein weiteres Problem auf der Liste ist die Anlage zum Entsalzen des Meerwassers – die ist ebenfalls kaputt. Niemand weiß so genau, wo das Problem liegt, aber Brian will heute Abend unbedingt eine warme Dusche nehmen, deshalb werden wir alles dransetzen, um sie zu reparieren. Apropos Dusche – wir stinken alle! Überhaupt stinkt alles auf dem Boot.

Onkel Stew schreit, ich soll ihm helfen, etwas zu reparieren, also verabschiede ich mich mit: »Over und out« von Sophie: Sierra-Oscar-Papa-Hotel-India-Echo.

QSL?

TKS!

CHEERIO!

# V Wind und Wellen

## 36 Geschaukel
(Codys Logbuch)

Alles schwankt, alles schaukelt und ich würde am liebsten kotzen.
Später:
Ich kotze.
Später:
Ich kotze nicht mehr.

## 37 Wind
(Sophies Logbuch)

Das Meer, das Meer, das Meer. Es tobt und rollt und rauscht mir zu.
Seit Sonnenuntergang gestern heult der Sturm, und wir sind total erschöpft, weil es so anstrengend ist, die Lage in den Griff zu bekommen. Als der Wind aufkam, refften wir das Großsegel, das heißt, wir verkleinerten es, um dem Wind weniger Angriffsfläche zu bieten, und als wir gerade auch das Besansegel reffen wollten, krachte der Großbaum. Das hatten wir schon halb befürchtet!
Onkel Dock und Onkel Mo schienten ihn mit einem Stahlrohr, das sie an den Baum laschten. Wir können nur beten, dass es hält!
Der Wind pfeift um die Segel, greift uns von der einen Seite an, wechselt dann blitzschnell zur anderen und wirft uns hin und

her. Die Wellen werden immer höher und schleudern Gischt über uns. Ich kann gar nicht richtig beurteilen, wie hoch die Wellen eigentlich sind – sie sehen aus, als wären sie mindestens zwei Stockwerke hoch –, und man kann kaum glauben, dass das tatsächlich Wasser ist, was sich da so hoch aufbaut.

Wir haben jetzt beide Segel doppelt gerefft, und Onkel Dock schreit Kommandos – wie ein echter Kapitän. Ich bin froh, dass ich die meisten der Begriffe verstehe. Man hat keine Zeit zu überlegen, wo Steuerbord ist und wo das Bootsmannsschapp ist und was der Unterschied zwischen dem Fall und einer Ausholerleine ist. Das muss man einfach wissen. Und ich bin froh, dass ich jede Leine und jede Kurbel auf der *Wanderer* angefasst habe und weiß, wie alles funktioniert. Jetzt habe ich das Gefühl, dass ich eine echte Hilfe bin, und im Moment ist es auch völlig egal, wer was macht, ob Junge oder Mädchen, Hauptsache, es wird gemacht. Dock ruft schon wieder …

## 38 Geheule
(Codys Logbuch)

Die Welt besteht nur noch aus Wind und Wasserwänden. Alles heult und kracht. Ich glaube, es ist aus.

## 39 Auf und ab

(Sophies Logbuch)

Wir haben alles festgebunden, was nicht niet- und nagelfest ist. Seit etwa sechs Stunden arbeiten wir ohne Pause, aber der Wind wird immer stärker und kommt jetzt aus Südosten. Vorher war es, als würden wir Achterbahn fahren, und manchmal hat das fast Spaß gemacht, so dahinzurasen und zu versuchen, immer im rechten Winkel zu den Wellen zu bleiben, damit sie uns nicht umschmeißen. Die Welle hochjagen und wieder hinab, rauf und runter!

Jetzt sind die Wellen heftiger. Sie haben einen Schaumkamm und brechen, wie gierige, sabbernde Monster, die schwere Gischtstreifen durch die Luft spucken. Wenn sich diese Riesenwellen hinter uns aufbauen, sieht man manchmal große Fische darin schweben.

Die Sicht ist miserabel, man kann kaum einen Gedanken fassen, sich kaum auf den Füßen halten. Ich kniete auf Deck und war dabei, eine Leine festzubinden, und als ich mich umdrehte, konnte ich niemanden mehr sehen, obwohl Dock, Cody und Onkel Mo gerade noch da gewesen waren, und als ich nach ihnen rief, drückte mir der Wind die Stimme zurück in den Mund. In meinem Kopf hörte ich ein Stimmchen leise wimmern.

»Zu viel Spannung auf den Segeln!«, brüllte Onkel Dock, als er aus dem Nebeldunst auftauchte. Er starrte hinauf zu den Segeln – an beiden Segeln rissen oben die Grummets, *ping, schnapp, zong*! Das Großsegel riss oben immer weiter ein. Wir holten es herunter und versuchten, das schwere Sturmsegel aufzuziehen, aber ehe wir es ganz oben hatten, war schon die Hälfte der Grummets ausgerissen. Ein Windstoß schleuderte Onkel Mo gegen mich, und ich wurde gegen das Jackstag gedrückt.

»Die Flaggleine am Besan ist gerissen!«, rief Cody.
»Seht ihr?«, knurrte Onkel Mo, während er sich wieder hochrappelte. »Der Junge ist kein Vollidiot. Er kennt sich aus.«
Das Besansegel fing auch an zu reißen, also holten wir es ein, aber während wir es einholten, lockerte sich das Fall und verhakte sich oben am Mast.
Onkel Dock klammerte sich an die Reling und rief ins Brausen des Meeres: »Oh, Rosalie!«
Und jetzt sind wir mit kahlen Masten dem Sturm und der schweren See ausgesetzt, wie ein Korken hüpfen wir auf und ab und wir sind so weit vom Festland entfernt, wie man nur irgend sein kann.

## 40 Keine Zeit
(Codys Logbuch)

Keine Zeit für Bompie-Geschichten, keine Zeit zum Jonglieren oder um Knoten zu lernen. Der Wind heult, das Meer tobt, unsere Segel sind eingeholt.
Als ich nach unten kam, nahm mich mein Vater in die Arme.
»Ich will nicht sterben«, sagte ich zu ihm.
Er drückte mich an sich. »Du kannst nicht sterben«, sagte er. »Das geht nicht. Und Sophie kann auch nicht sterben.«
»Sophie? Und was ist mit Onkel Dock – und mit Brian – und mit –«
»Wir dürfen es nicht zulassen.«
Was meint er damit? Es ist so, als würde er in Rätseln reden. Überhaupt ist es, als würden alle verschlüsselt reden, wenn es um Sophie geht. Selbst Sophie redet in Rätseln.

## 41 Wellenreiten
(Sophies Logbuch)

Ich bin die meiste Zeit am Steuer. Diese Wellen kennen kein Erbarmen. Alle fünf Minuten stürzen Wasserwände über uns ein, der Wind heult – *Ho-uuu! Ho-uuuu!* – und versucht uns umzupusten. Eine Monsterwelle hat Cody einfach umgeschmissen, während er am Bug arbeitete.

»Du musst den Sicherheitsgurt anlegen, Cody!«, kläffte Onkel Dock. »Du musst das Steuer feststellen, Sophie!«

Ich stellte es so dicht wie nur irgend möglich an unserem gewünschten Kurs fest, während Onkel Stew heiße Schokolade kochte, um uns aufzuwärmen, und dann setzten wir uns alle zusammen, um zu überlegen, was wir als Nächstes tun mussten. Wir waren todmüde vom Kampf gegen Wind und Wellen. Hier draußen waren wir nichts als winzige Sandkörner, umgeben von einer tobenden Energie, die uns in unzählige Atome zertrümmern konnte. Ob du willst oder nicht – du bekommst das Gefühl, dass der Wind und das Wasser etwas gegen dich persönlich haben.

Ich sitze in der Vorderkajüte und die Wellen sind noch höher als sonst, der Wind bläst mit fünfzig Knoten. Das Meer ist weiß und unheimlich, und es liegt ein merkwürdiger Geruch in der Luft, wie eine Mischung aus Fisch, Seetang und Schimmel.

Onkel Stew und Brian versuchen, das Sturmsegel zu reparieren, aber der Wind hat wieder gedreht, und wir machen unseren Kurs gänzlich ohne Segel. Wir kämpfen nicht mehr gegen die Wellen an, stattdessen schieben uns die Wellen mit großer Schnelligkeit vorwärts.

Cody hat gerade nach unten gerufen, dass der Besanbaum auch gebrochen ist.

Was kommt als Nächstes?

Später:
Wir haben beschlossen, das Sturmsegel nicht aufzuziehen, weil wir nur wenig Falls haben und weil die Belastung der Bäume zu groß ist. Stattdessen surfen wir jetzt. Wellenreiten nach Irland!

Später:
Ich bin total deprimiert, obwohl ich das nicht sein will. Es ist immer wieder das Gleiche, was mich fertig macht. Ich will mich an allem beteiligen und zum Beispiel alles mitmachen, was auf Deck so anfällt. Ich melde mich immer wieder freiwillig, aber irgendwie lande ich jedes Mal am Steuer.
»Ich glaube, das ist nichts für dich, Sophie. Geh ans Steuer.«
»Hier oben ist es ziemlich turbulent, Sophie. Geh lieber ans Steuer.«
Eigentlich ist es ja gar nicht so übel, am Steuer zu stehen; aber da oben ist es maßlos aufregend, finde ich, draußen im Freien, wenn das Boot fliegt und die Wellen brechen.

Später:
Als ich angeboten habe, mit dem Sturmsegel zu helfen, wandte sich Dock stattdessen an Cody, und ich bekam einen kleinen Anfall.
»Ich weiß, ich bin nicht so stark wie Cody, aber das mache ich durch Einsatz wett!«
Onkel Dock wirkte unglaublich müde. »Geh ans Steuer, Sophie«, sagte er.
Ich stand also unten am Steuer und führte wütende, stumme Zwiegespräche mit dem Wind, als Brian kam und zu mir sagte: »Sei doch nicht so egoistisch, Sophie.«
»Ich – egoistisch? Was redest du für einen Quatsch?« Ich war unheimlich sauer auf ihn. Ich weiß gar nicht, woher diese Wut kam.

»Es geht doch nicht nur um dich! Jeder soll das tun, was er am besten kann, und alle müssen die Befehle des Kapitäns befolgen.« Er boxte mich gegen die Schulter.
»Hör auf!«
Er boxte mich noch einmal. »Du bist doch nur mit dabei, weil Onkel Dock Mitleid mit dir hatte. Du bist nämlich –«
»Was? Was bin ich?«
Das Boot rollte, und er boxte mich wieder, und ich schubste zurück und er fiel gegen die Reling. Das Boot rollte wieder, und er versuchte, die Reling zu packen. Gleich geht er über Bord, dachte ich. Starr vor Entsetzen klammerte ich mich am Steuerrad fest.
Da tauchte plötzlich Cody auf, wie aus dem Nichts. Er packte Brian und stieß ihn in die Mitte des Bootes und sagte. »Leg deinen blöden Sicherheitsgurt an, Mister Alleswisser!«
Brian stürzte in die Kajüte und Cody sah mich ganz komisch an. »Was war denn hier los?«
»Nichts«, sagte ich. Ich zitterte. Ich zittere immer noch. Brian geht mir aus dem Weg und ich gehe ihm aus dem Weg.
Ich fühle mich gar nicht wie Sophie. Ich fühle mich wie ein dummer kleiner Seefloh.

## 42 Kämpfen
(Codys Logbuch)

Rasender Wind, tobende Wellen. Mir kommt es vor wie ein Kampf, und es ist besser, wenn man oben auf Deck ist und versucht, die Sachen zu reparieren und sich auf den Beinen zu halten. Wenn man aufhört und nach unten geht und auch nur eine Minute Zeit zum Nachdenken hat, dann ist einem völlig klar, dass man sterben muss.

Und genau das ist der Grund, weshalb ich jetzt wieder auf Deck gehe.

## 43 Erschöpft
(Sophies Logbuch)

Es ist fürchterlich. Wir sind alle so erschöpft. Ich bin zu erschöpft, um zu schreiben.
Alle haben heute geweint, außer mir. Ich will nicht weinen.

## 44 Der Sohn
(Codys Logbuch)

Heute hat mein Vater zu mir gesagt, dass ich ein guter Sohn bin und dass er ein schlechter Vater ist und dass es ihm Leid tut.
Aber er irrt sich: Ich bin kein guter Sohn.

## 45 Allein
(Sophies Logbuch)

Furchtbar, furchtbar, furchtbar. Wie lang soll das noch so weitergehen?
Vorhin war ich am Steuer und alle waren gleichzeitig oben auf Deck. Da habe ich mich umgedreht und gesehen, Onkel Stew hatte seinen Arm um Brian gelegt, und Onkel Mo hatte seinen Arm um Cody gelegt, und Onkel Dock klammerte sich an die Reling und starrte hinaus aufs Meer. Dachte er an Rosalie? Am lieb-

sten hätte ich das Steuer im Stich gelassen und wäre zu Onkel Dock gegangen und hätte den Arm um ihn gelegt, oder vielleicht hätte er ja den Arm um mich gelegt, aber ich konnte meine Stellung nicht verlassen.
Wir sind ganz alleine hier draußen.

## 46 Bompie und der Ozean
(Codys Logbuch)

Vielleicht sind wir in eine Welt geraten, wo das Meer immer tobt und der Wind immer heult, und vielleicht fahren wir im Kreis und kommen nie wieder heraus und werden elend verhungern.
Als Sophie und ich uns heute auf unsere Pritschen fallen ließen und zu schlafen versuchten, erzählte sie mir eine Bompie-Geschichte. Sie lautete folgendermaßen:
Als Bompie ein junger Mann war, machte er sich auf den Weg zum Ozean, weil er den Ozean noch nie gesehen hatte. Er trampte von Kentucky zur Küste von Virginia, und als er ans Meer kam, setzte er sich an den Strand und verliebte sich sofort in den Ozean. Er mochte alles an ihm: den Geruch, die Geräusche, die Art, wie sich die Luft auf seinem Gesicht anfühlte.
Er watete ins Wasser. Die Wellen warfen ihn immer wieder um, aber er ging trotzdem weiter und schließlich stand ihm das Wasser bis zum Hals. Da legte er sich auf den Rücken und ließ sich treiben und schaute in den Himmel hinauf, und er musste an einen anderen Ozean denken, der weit entfernt war, in England. Da wurde ihm klar, dass er den Ozean schon einmal gesehen hatte, vor langer, langer Zeit, als er noch ganz klein war. Und dann wurde ihm klar, dass das Wasser sich über Tausende von

Meilen erstreckte, von Virginia bis nach England, und vielleicht hatte das Wasser, das ihn jetzt trug, vorher in England das Ufer umspült, und vielleicht war es dasselbe Wasser, in dem er als kleiner Junge herumgeplanscht hatte.

Und schließlich wollte er wieder stehen, aber er bekam keinen Boden unter die Füße, und als er zum Ufer schaute, merkte er, dass er ganz weit abgetrieben war. »*Auf geht's, auf geht's!*«, sagte er zu sich selbst, aber das Ufer war so weit weg, und er war so müde, und eine Welle spülte über ihn hinweg und tauchte ihn unter, und er war so müde, todmüde, und er wusste nicht, ob er genug Kraft hatte, und er versuchte wieder, sich treiben zu lassen und sich auszuruhen, und dann schwamm er ein Stück, und schließlich schaffte er es zurück ans Ufer.

Er legte sich in den Sand und schlief, und als er aufwachte, trampte er zurück nach Kentucky.

Den Rest kann man sich denken: Eine Tracht Prügel und ein Stück Kuchen (diesmal wieder Apfelkuchen).

## 47 Windstärke zehn

(Sophies Logbuch)

Das Meer, das Meer, das Meer. Es rauscht und wütet. Man hat das Gefühl, als könnte es die *Wanderer* jeden Moment verschlingen, und ich habe Angst.

Wir befinden uns in einem Sturm mit Windstärke zehn, sagt Onkel Dock, die Winde haben eine Geschwindigkeit von fünfzig Knoten in der Stunde. Tag und Nacht stürzen Wellen wie Wasserwände über uns ein, und wir haben immer noch keine Segel gesetzt. Alle zwanzig Minuten bricht eine Welle hinter uns und füllt das Cockpit mit Wasser. Wir sagen die ganze Zeit, dass

der Wind demnächst nachlassen muss; er bläst schon zu lang zu stark.
»›Mut!‹«, schrie Onkel Dock heute früh. »›Die Welle, die sich aufbaut, wird uns bald ans Ufer tragen!‹« Das klang absurd, denn wir sind ja denkbar weit weg vom Ufer, aber dann sagte er, das ist ein Zitat von einem Dichter namens Tennyson.
Onkel Stew (der berühmte »Ich-werde-nie-seekrank«-Stew!) ist seekrank. Er ist ganz gelb im Gesicht und ganz schwach, und wir anderen übernehmen seine Schichten und beten zum Himmel, dass es uns nicht erwischt.
Jetzt ist es schon nach Mitternacht, gerade hat wieder eine Welle das Cockpit überschwemmt, und ich gehe Wache. Bitte, lass den Wind schwächer werden.

## 48 Nacht
(Codys Logbuch)

Ob jemand dieses Bogluch findet, wenn es im Wasser treibt? Wird meine Mutter erfahren, was mit uns passiert ist?
Mom, gestern haben wir versucht, dir eine Nachricht zu schicken. Wir lieben dich.
Wenn ich mein Leben noch mal ganz von vorn anfangen könnte –

Es gibt keinen Tag. Nur Nacht.
Wir müssen schreien, damit wir uns bei dem Sturm überhaupt verständigen können, dabei will ich eigentlich nur flüstern. Ich möchte ganz nette Sachen sagen, aber dafür ist keine Zeit. Die ganze Zeit geht damit drauf, den Sturm zu bekämpfen.
Gestern Nacht habe ich von Sophie geträumt, und heute Morgen habe ich Onkel Dock gefragt, ob Sophie weiß, was mit ihren El-

tern passiert ist. Er sagte: »Auf irgendeiner Ebene muss sie es wissen. Aber ob es ihr bewusst ist? Das kann nur Sophie selbst beantworten.«

Ich habe ihn gefragt, weshalb keiner darüber redet und warum niemand mir oder Brian etwas erzählt. Er meinte: »Jetzt ist nicht der richtige Zeitpunkt. Und vielleicht muss es von Sophie kommen. Es ist ihre Geschichte.«

## 49 Um die eigene Achse

(Sophies Logbuch)

Cody und Onkel Dock und ich hatten ab ein Uhr nachts Wache. Es sah fast so aus, als würde das Unwetter etwas nachlassen, und wir hofften schon, wir könnten die *Wanderer* am Ende unserer Wache bei ruhigerer See an Onkel Mo und Brian und Onkel Stew übergeben.

»›Lasst die Sorgen fahr'n dahin!‹«, rief Onkel Dock.

»Ist das auch ein Gedicht?«, fragte ich.

»Jep«, antwortete er.

Etwa nach einer Stunde rief Cody mir zu: »Sierra-Oscar! Dein Kindheitshut – wo ist der?«

Mein Kopf war ganz dumpf, meine Ohren waren wie zugestöpselt. Was hatte er gesagt?

Er schrie wieder und zupfte an seinem Gürtel. »Dein Kindheitshut!«

Ich kapierte gar nichts mehr. Was sollte der Quatsch? Vielleicht meint er so eine Art Fang-den-Hut-Hütchen, dachte ich und klopfte mir auf den Kopf, als hätte ich einen spitzen Hut auf, weil ich glaubte, Cody würde eins seiner Spielchen spielen.

Er verließ seinen Posten und rannte unter Deck, und als er wieder hochkam, hielt er meinen Sicherheitsgurt in der Hand. Er hatte *Sicherheitsgurt* gesagt! Ich kam mir unheimlich blöd vor. Cody schnallte ihn mir um und sagte: »Du musst das Ding anlegen, Sophie! Es geht nicht anders.«

»Ach«, sagte ich, »das Wetter wird doch besser. Wir haben das Schlimmste hinter uns.«

»Nein, wir haben's nicht hinter uns, Sophie. Leg ihn an.«

Aber das Wasser beruhigte sich tatsächlich etwa eine Stunde lang, und der Wind ließ nach. Ich beobachtete, wie Cody sich auf Deck bewegt. Erst trimmte er ein Segel, gleich darauf befestigte er eine Leine, hob ein Polster auf, verstaute es, dann ging er wieder zurück zu den Segeln. Dock machte das Entsprechende auf der anderen Seite. Sie bewegten sich scheinbar mühelos bei dieser schweren See, und es sah so aus, als wäre es eine Theateraufführung und als wären ihre Bewegungen genau choreographiert.

Etwa um halb vier, also eine halbe Stunde vor Ende unserer Schicht, wurden Wind und Wellen wieder heftiger. Onkel Dock war im Cockpit, Cody am Steuer, und ich saß neben der Kajütenluke und beobachtete die Wellen hinter uns, um Cody und Dock eventuell warnen zu können.

Wenn sich eine Welle aufbaute, wurde mir jedes Mal ganz übel, aber weniger von der Bewegung, sondern aus Angst, diese Welle könnte uns endgültig überrollen. Da sah ich in der Ferne eine Welle, die anders aussah als die übrigen. Sie war viel größer, mindestens fünfzehn Meter hoch, würde ich schätzen, und nicht so dunkel wie die anderen. Sie war weiß – ganz weiß – die ganze Welle bestand aus Gischt und Schaum. Ich starrte ein paar Sekunden darauf und versuchte zu begreifen, was das zu bedeuten hatte, und da war die Welle schon direkt hinter uns und sie wurde immer größer, immer größer und war immer noch mit Schaum bedeckt.

Ich rief Cody warnend zu: »Cody! Hinter dir –«

Er drehte sich blitzschnell um, kauerte sich nieder und schlang die Arme um sich.
Die meisten Wellen, die hinter uns brechen, rollen unter das Achterschiff, und die Gischt spritzt manchmal seitlich über das Cockpit. Aber diese Welle war anders. Sie hatte eine unübersehbare Krümmung. Immer höher türmte sie sich hinter uns auf, immer höher, und dann stürzte sie sich auf die *Wanderer.* Tausende Gallonen Wasser. Weiß, peitschend.
»Cody! Dock!«, schrie ich.
Und dann sah ich, wie die Welle Cody erwischte, sie traf ihn am Kopf, an den Schultern, wie eine Million Backsteine. Ich holte tief Luft, machte die Augen zu und schlang die Arme um den Kopf.
Ich war in der Welle drin, ich drehte mich, wirbelte, wurde hin und her geworfen. Ich weiß noch, dass ich dachte: *Halt die Luft an, Sophie!* Aber ich hatte keine Ahnung, ob mein Atem ausreichen würde. Ich wurde mit einer Wucht herumgeschleudert – das fühlte sich gar nicht an wie Wasser – das Wasser, das sanfte, weiche Wasser konnte sich doch nicht so aufführen!
Ich wusste nicht mehr, ob ich den Sicherheitsgurt angelegt hatte oder nicht. Es kam mir jedenfalls nicht so vor, als wäre ich irgendwo angebunden. Trug ich den Sicherheitsgurt oder nicht?
Ich ging über Bord, das spürte ich genau. Eine Ewigkeit war ich unter Wasser, zu einer kleinen Kugel zusammengerollt. War das der Ozean? War ich über die Reling geschleudert worden? War ich im Meer? War ich vier Jahre alt? In meinem Kopf schrie ganz laut eine Kinderstimme: »Mommy! Daddy!«
Und dann hörte ich meinen Namen: »Sophie!«
Ich glaube, mir wird übel beim Schreiben.

## 50 Die Welle
(Sophies Logbuch)

Die Welle. Die Welle. Sie schleuderte mich durch die Persenning, den Segeltuchschutzbezug zur Abdeckung der Kajüte, und ich landete auf Deck neben der Reling. Ich lag auf dem Rücken, wie eine Schildkröte, und fuchtelte mit Armen und Beinen, in der Hoffnung, irgendetwas zu fassen zu bekommen. Mein Impuls war, alles zu tun, um nur ja noch vor der nächsten Welle wegzukommen. Mein Sicherheitsgurt war eingehakt und er hatte gehalten; wenn er nicht gehalten hätte, dann wäre ich längst weit hinter dem Boot gewesen.

Ich sah, wie Onkel Stew sein gelbes Gesicht aus der Hauptluke steckte. Er sah aus, als hätte ihm jemand gerade einen Schlag in die Magengrube versetzt. Sein Mund stand sperrangelweit offen, und er starrte geradeaus.

Ich konnte nur einen einzigen Gedanken denken: *Wo sind Cody und Onkel Dock?*

Onkel Stew griff nach meinem Sicherheitsgurt und zog mich durch die Persenning und durch die Luke. Unten sackte ich am Navigationstisch zusammen. Meine Beine taten unheimlich weh, als wären sie beide gebrochen. Mir war übel, ich war kaputt, und mein Herz klopfte so schnell, dass der Rest des Körpers gar nicht mithalten konnte, und meine Beine konnten mich nicht tragen, obwohl ich saß.

Ich glitt zu Boden. Dort stand das Wasser mindestens dreißig Zentimeter hoch. Ich versuchte mich darauf zu konzentrieren, wo die anderen waren und ob sich alle noch an Bord befanden und ob sie unverletzt waren. Im Wasser schwammen Kleidungsstücke und Lebensmittel. Onkel Stew war da. Onkel Mo ebenfalls. Brian. Mein Kopf weigerte sich nachzurechnen.

Ich krabbelte über den Boden. Wer fehlte? Stew. Mo. Brian. Sie waren da. Ich schlappte durchs Wasser und durch den Müll, aber plötzlich fing ich an zu schreien: »Cody Dock Cody Dock!« Ich schaffte es bis zur Achterkajüte und ließ mich auf einen nassen Kleiderhaufen fallen. »Cody Dock Cody Dock!«

Und dann war auf einmal Brian da und kniete neben mir. »Es geht ihm gut, Sophie. Ihm ist nichts passiert. Er ist oben.«

»Wer ist oben?«

»Dock. Es geht ihm gut.«

»Aber Cody – wo ist Cody?«

Leute rannten hin und her und versuchten das Wasser abzupumpen.

»Es geht ihm gut, Sophie«, sagte Brian. »Er ist hier. Ich habe ihn gesehen.«

»Was ist mit deinem Arm passiert? Er sieht so komisch aus.«

Brian legte seinen rechten Arm schützend über seinen linken. »Ich hab mich gestoßen, glaube ich.«

Mein Gehirn wollte unbedingt sicher sein, dass alle da waren. Ich zählte die Namen bestimmt zwanzigmal auf, und jedes Mal sagte ich dazu, wo sich der Betreffende gerade aufhielt: Dock: Er bedient die Notfall-Bilgenpumpe. Mo: Er ist auf Deck und sichert die Luke. Brian: Er schöpft hier unten Wasser ab. Stew: Er schöpft auch Wasser ab. Cody? Wo ist Cody? Bei Cody kam ich immer ins Stocken. Bis es mir wieder einfiel: Er ist auf Deck.

Und dann stand Cody unten an der Leiter, sein Gesicht blutüberströmt. Die Wucht der Welle hatte ihn gegen das Steuerrad geschleudert, seine Nase und seine linke Augenbraue waren aufgeplatzt. Er rannte an mir vorbei ins Bad.

Ich ging hinter ihm her. Er saß auf dem Boden, hatte ein paar Pflaster im Schoß und wirkte hilflos und verwirrt.

»Sophie?«, sagte er. »Verbinde mich.«

Ich krabbelte zur Vorderkajüte, um den Erste-Hilfe-Beutel zu holen, und dann krabbelte ich zurück zu Cody und wusch das Blut mit frischem Wasser ab. Die Platzwunden waren tief, und als ich anfing an, sie mit einem Antiseptikum zu säubern, zuckte er zusammen und musste sich übergeben.

Ich versuchte ihn zu beruhigen: »Es wird alles gut, Cody, es wird alles gut, das ist nur der Schock, es ist alles okay, Cody.«

Ich reinigte die Platzwunden noch einmal und legte ganz viel Gaze darauf, die ich mit Pflaster festklebte. Er sah ganz schön lädiert aus, aber für den Augenblick war sein Gesicht gerettet. Ich suchte trockene Klamotten für ihn, half ihm in eine Koje und deckte ihn mit Wolldecken zu.

Rasende Schmerzen schießen immer wieder wie Pfeile meine Beine rauf und runter, während ich hier neben Cody sitze und auf ihn aufpasse. Um mich herum herrscht das totale Chaos. Die Persenning liegt zur Hälfte oben auf Deck, und der Metallrahmen, der ins Deck genagelt war, ist herausgerissen. Der Tisch im Cockpit ist kaputt, unsere Amateurfunk-Antenne ist weg, die Lukentüren sind weg. Die äußeren Lautsprecher sind ebenfalls flöten gegangen, genau wie der Eimer, ein blauer Stuhl und mehrere Polster.

Der Deckel des Frischwasser-Notbehälters wurde weggerissen, der Inhalt herausgesaugt. Das Holz im Cockpit sieht mindestens drei Schattierungen heller aus als vorher, es ist ganz zerkratzt und rissig.

Unten ist alles überschwemmt. Das Wasser kam durch die Luke geschossen wie aus einem Feuerwehrschlauch und hat alles einfach weggeschwemmt. Ein riesiger Topf Chili, der halb voll war, als die Welle zuschlug, ist immer noch halb voll, aber das Chili ist weg, stattdessen haben wir Salzwasser.

Das GPS, das Amateur-Funkgerät und der Radar sind kaputt, und der Kerosinofen ist zerdrückt.

Es ist ein Gefühl, als würden wir auf einem Stier reiten, bei jeder Welle werden wir durchgerüttelt, harte Schläge, Stein auf Stein.

## 51 Mit letzter Kraft
(Codys Logbuch)

Wir schleppen uns mit letzter Kraft dahin. Wir pfeifen auf dem letzten Loch. Ich bin total daneben – es kommt mir vor, als wäre ich gar nicht richtig hier, sondern irgendwo anders und würde mir einen ganz merkwürdigen Film ansehen. Ich wüsste nur gern, wie er ausgeht! Wenn ich sicher sein könnte, dass wir wieder an Land kommen, könnte ich mich entspannen. Aber was ist, wenn wir es nicht schaffen – wozu reparieren wir dann stundenlang das ganze Zeug und reden dauernd nur über das Boot? Warum machen wir nicht etwas Wichtiges? Aber was ist wichtig?

## 52 Chaos
(Sophies Logbuch)

Das Meer, das Meer, das Meer. Es donnert und rauscht und bringt mich ganz durcheinander; es bringt uns alle durcheinander.
Wir zittern richtig, während wir dem Schlagen der Wellen zuhören. Wenn ich die Augen zumache, sehe ich immer diese hohe weiße Welle vor mir, und ich höre das dumpfe Grollen, das immer lauter wird, bis die Welle bricht. Wir haben alle Angst vor dem Schlafen, weil es sein könnte, dass Die Welle wiederkommt.

Wenn wir uns dann doch hinlegen, schrecken wir hoch, sobald wir das Donnern einer neuen Welle hören, und sei es auch noch so leise und noch so weit weg. Immer wieder sehe ich die Szene vor mir, immer wieder, aus ganz verschiedenen Blickwinkeln. Es war wie eine Geburt: Ich war in meiner schaukelnden kleinen Welt, bis eine riesige Wasserflut über mich hereinbrach, mich zu einem winzigen Bündel zusammenquetschte und durch einen engen Kanal presste, und dann lag ich hilflos und nass auf dem Rücken, nur durch eine kurze rote Schnur irgendwo befestigt – bis eine große Hand kam und mich wegholte. Ich konnte nicht reden, nur wimmern und stöhnen.

Die Luke ist gesichert, der größte Teil des Wassers unten herausgepumpt. Cody ist wieder auf den Beinen, aber jetzt ist Onkel Mo seekrank geworden, das heißt, ihm und Onkel Stew geht es richtig mies. Brians Arm ist ziemlich übel geprellt, und Onkel Dock hat sich den Rücken verrenkt. Wir sind ein jämmerlicher Haufen.
Mein rechtes Bein klopft immer noch und tut am Knie und hinten am Oberschenkel weh. Das andere Bein ist okay; da habe ich mir nur den Knöchel verstaucht. Aber davon abgesehen und bis auf eine dicke Beule am Hinterkopf bin ich körperlich unversehrt.
Aber innerlich bin ich ganz kaputt. Ich fühle mich irgendwie komisch – schutzlos und verwirrt. Manchmal habe ich das Gefühl, als könnte ich beim leisesten Schwanken des Bootes in tausend Stücke zerbrechen, und diese Stücke schwirren dann alle hinaus ins Meer.
Neben mir ist mein Sicherheitsgurt, der kleine Karabinerhaken, der mir das Leben gerettet hat, und genauso ein Ding hat auch Dock und Cody gerettet. Bis jetzt jedenfalls.

Codys Gesicht sieht immer noch schlimm aus. Als er gestern endlich richtig aufgewacht ist, hat er mich gefragt, ob ich ihm einen Kuchen backen kann. Ich habe zuerst nicht kapiert, was er meint, aber dann sagte er: »Du weißt schon – wie bei Bompie. Er hat doch immer ein Stück Apfelkuchen bekommen, wenn er etwas überlebt hat.«

»Und eine Tracht Prügel«, sagte ich. Ich hatte erwartet, dass Cody darüber lachen würde, aber er sagte: »Meinst du, seinem Vater hat es Leid getan, dass er ihn so oft verprügelt hat?« Also erzählte ich ihm noch eine Geschichte von Bompie, die eigentlich keine Antwort auf diese Frage war, aber trotzdem irgendwie passte.

## 53 Bompie und sein Vater

(Codys Logbuch)

Als ich völlig daneben war, weil ich mir den Kopf angeschlagen hatte, erzählte mir Sophie eine neue Bompie-Geschichte. Sie war anders als die bisherigen. Bompie fiel nicht ins Wasser oder so was. Die Geschichte ging folgendermaßen:

Als Bompies Vater sehr alt und sehr krank war, besuchte Bompie ihn. Drei Wochen lang saß er Tag für Tag am Bett seines Vaters.

In der ersten Woche saß Bompie da und war wütend auf seinen Vater und konnte gar nicht richtig mit ihm reden. In der zweiten Woche war er noch wütender und er erinnerte seinen Vater daran, wie oft er ihn geschlagen hatte.

»Erinnerst du dich, wie ich von der Brücke gefallen bin und fast im Ohio River ertrunken? Erinnerst du dich, dass du mir danach eine Tracht Prügel gegeben hast?«, fragte Bompie. »Und erinnerst du dich daran, wie ich mit dem Auto im Fluss umgekippt bin – und als ich nach Hause kam, hast du mich grün und blau geschlagen?« So redete er immer weiter, während sein Vater im Bett lag und blinzelte.

In der dritten Woche hörte Bompie auf zu reden und schaute seinen Vater nur an. Er betrachtete seine Hände und seine Füße, seine Arme und seine Beine, sein Gesicht. Er berührte seine Stirn und seine Wangen. Dann verließ Bompie das Krankenhaus, und als er am nächsten Tag zurückkam, sagte er zu seinem Vater: »Ich hab dir was mitgebracht. Ein Stück Apfelkuchen.«
Sein Vater weinte. Und Bompie weinte auch.

Als Sophie mit der Bompie-Geschichte fertig war, wollte ich ihr auch eine Geschichte erzählen. Aber es fiel mir keine ein.

## 54 Der große Bastler
(Sophies Logbuch)

Codys Gesicht sieht zwar schlimm aus, aber sonst geht es ihm gut, jedenfalls körperlich. Er ist sehr ernst und still, und man könnte fast denken, er will die verlorene Zeit nachholen. Er ist wie eine Ein-Mann-Reparaturwerkstatt und konzentriert sich ganz darauf, was wie repariert werden muss.
Wir anderen funktionieren nur phasenweise, aber Cody arbeitet pausenlos. Er schläft nicht mal! Alle wollen, dass Cody oder ich das Steuer übernehmen, weil wir beide eine Methode haben, wie man das Boot gut durch die Wellen bekommt, und sie sagen, die *Wanderer* kommt besser voran, wenn wir sie steuern. Ich kann nicht sehr lang am Steuer stehen, weil mir die Beine wehtun.
Alle sind im Moment unglaublich froh, dass Cody da ist. Ich habe noch nicht gehört, dass jemand es laut sagt, aber ich weiß, dass es so ist. Vielleicht sind sie auch ein bisschen froh, dass ich da bin, aber irgendwie finde ich es nicht mehr so wichtig, mir darüber Gedanken zu machen.

Onkel Dock hat bestätigt, dass sowohl das GPS als auch das Amateur-Funkgerät und der Radar nicht mehr funktionieren. Wir wissen nicht, wo wir sind. Niemand weiß, wo wir sind! Und wir können auch keine Hilfe herbeirufen, wenn wir in Seenot geraten sollten.

Wir haben immer noch keine Segel gesetzt. Wir beten, dass der Wind nachlässt und das Meer sich beruhigt, und in der Zwischenzeit verbringen wir jede wache Minute damit, das allgemeine Chaos zu beseitigen. Wir sind alle stiller als sonst, wir denken nämlich darüber nach, was es heißt, noch am Leben zu sein, und wie hauchdünn die Linie ist, die *lebendig* von *nicht lebendig* trennt.

## 55 Nass

(Codys Logbuch)

Nass, nass, nass. Fast alles ist durchnässt. Nur die Vorderkajüte ist teilweise trocken, deshalb ziehen wir uns dahin zurück, wenn wir mal ein paar Stunden Schlaf herausschlagen können.

Sophies Bein tut immer noch weh, Schmerzpfeile sausen rauf und runter, aber sie kann gehen. Sie ist sehr wackelig, gibt sich aber große Mühe, den Eindruck zu erwecken, als hätte sie alles unter Kontrolle.

Wir sind alle müde, müde, müde. »Schlaffischlaff, hoh, hoh, hoh«, sagte Brian vor ein paar Minuten. Das sollte eine Art Witz sein.

Aber wir haben wieder Segel gesetzt und kommen gut vorwärts. Sophie und ich haben das Großsegel doppelt gerefft, und das reparierte Sturmsegel haben wir am Besanmast angeschlagen. Die *Wanderer* sieht zwar ein bisschen merkwürdig aus, aber wir sind gut unterwegs. Wir tun alles, um das Boot wieder bewohn-

bar zu machen. Die Persenning ist wieder an Ort und Stelle, die Heizung ist repariert, und das Steuerrad (das ganz schief war, weil ich mit dem Kopf dagegengedonnert bin) ist auch wieder in Ordnung.
Vielleicht schaffen wir's ja doch.

## 56 Nützlich
(Sophies Logbuch)

Wir versuchen die ganze Zeit, mit dem Sextanten zu navigieren, da unser GPS »hopps gegangen« ist, wie Onkel Dock immer sagt. Brian und Onkel Stew können als Einzige gut mit dem Sextanten umgehen, und ich habe gehört, wie Cody zu ihnen sagte: »Ich bin echt froh, dass ihr zwei wisst, wie man mit dem Ding umgehen muss.«
Die beiden haben Cody angeschaut und gegrinst. Sie haben gar nichts Schnippisches zu ihm gesagt.
Cody setzte sich neben mich. »Weißt du was?«, sagte er. »Vielleicht haben alle Menschen im Grunde nur einen Wunsch: Sie wollen nützlich sein.« Er machte Achterknoten in meine Schnürsenkel. »Und dass es jemand merkt«, fügte er hinzu.
»Du bist nützlich, Cody«, sagte ich.
»Du auch, Sierra-Oscar«, sagte er.

Ich habe seit der großen Welle ziemliche Schwierigkeiten bei der Wache. Die Wellen sind jetzt längst nicht mehr so hoch, aber sie jagen mir trotzdem Angst ein. Ich schaue die ganze Zeit hinter mich, weil ich denke, jede Welle mit einem noch so winzigen Schaumkamm ist eine Neuauflage der großen Welle.
Es kommt mir vor, als wäre es hundert Jahre her, dass wir auf

Grand Manan Muscheln gesammelt und Hummer gefangen haben und dass wir die Expedition zu Wood Island gemacht haben. Es ist auch mindestens hundert Jahre her, dass wir unbedingt losfahren wollten und keine Ahnung hatten, was uns bevorsteht.
Ich glaube, ich muss ganz von vorne anfangen, um wieder gern zu segeln – im Moment gefällt es mir nämlich überhaupt nicht. Ich will nur eins: Ich will bei Bompie sein und den Ozean eine Weile vergessen.
Aber wir sind noch nicht dort. Wir sind hier.

Ich habe das Gefühl, als hätte ich irgendwelche Sachen in mir, die bisher sicher verstaut waren – so ähnlich wie die Bilge da unten, unter den Bodenbrettern der *Wanderer*. Aber irgendwie glaube ich, dass meine inneren Bodenbretter von der großen Welle weggeschwemmt wurden, und jetzt schwimmt alles in der Gegend herum, und ich weiß nicht recht, wohin damit.

Der geniale Cody hat ein kanadisches Kriegsschiff gesichtet und kontaktiert, und das Schiff hat unsere Position bestätigt. Wir sind jetzt in der Nähe der Schifffahrtsstrecken, das heißt, wenn wir mindestens ein Schiff am Tag sehen, dann kann Cody es über die UKW-Frequenz erreichen und um seine Position bitten.
Wir sind fünfhundert Meilen von Irland entfernt, also achthundert Kilometer. Weniger als eine Woche, wenn wir Glück haben – und von Irland aus geht's dann weiter nach England.
Oh, Bompie!

## 57 Gedanken
(Sophies Logbuch)

Ich denke an Bompie. Endlich werde ich Bompie sehen. Warum habe ich Angst?

## 58 Das kleine Kind: Hin und Her
(Codys Logbuch)

Wenn ich schlafe, träume ich von Sophie. In meinen Träumen redet sie Funk-Code, und ich versuche, das, was sie sagt, zu entschlüsseln, aber die Wörter, die ich aufschreibe, ergeben keinen Sinn. Sie redet lauter und ich schreibe schneller, aber ich kann mit den Wörtern, die ich schreibe, immer noch nichts anfangen.

Gestern hat mir Sophie wieder eine Geschichte erzählt, aber diesmal war es keine Bompie-Geschichte. Ich habe sie gefragt, ob sie noch weiß, wie es war, als sie klein war.

Sie sagte: »Warum stellen die Leute immer diese Frage?« Ich dachte schon, sie geht einfach weg, aber da erzählte sie mir plötzlich wieder von dem kleinen Kind. Sie erzählte folgendes:

Also, da ist dieses kleine Kind. Und das kleine Kind hat keine Ahnung, was los ist. Es friert nur und hat Hunger und Angst und es will seine Mommy und seinen Daddy. Aber die anderen Leute sagen ihm, Mommy und Daddy sind jetzt im Himmel, und im Himmel ist es wunderschön, immer warm und sonnig, ohne Sorgen und Probleme, und da ist das kleine Kind ganz unglücklich und es versteht nicht, warum die Eltern ihr kleines Kind nicht mitgenommen haben zu diesem wunderschönen Ort.

Und überall, wohin das kleine Kind kommt, fragen die Leute, was es noch von den Erwachsenen weiß, die zu diesem wunderschönen Ort gegangen sind, aber das kleine Kind will sich nicht erinnern, weil das wehtut. Das kleine Kind findet es schon schwierig genug, mit dem Alltag fertig zu werden. Das kleine Kind will genau da sein, wo es jetzt ist, und genau jetzt, und es will das Jetzt sehen und das, was kommt, am Horizont da drüben, es will nicht rückwärts schauen, es will nicht an die Zeit denken, als es allein zurückgelassen wurde.
Aber egal, was das kleine Kind will, es ist ein Hin und Her: Irgendetwas im Innern drängt das kleine Kind vorwärts, während gleichzeitig etwas oder jemand es zurückhält.

Als Sophie fertig war, wusste ich gar nicht, was ich sagen soll. Mir fiel nur ein Satz ein: »Würdest du jetzt auch gern ein Stück Kuchen essen?«
Sie sagte: »Ja.«
Seither ist sie auffallend still, als würde sie etwas oder jemanden hören, das oder den niemand außer ihr hören kann. Und manchmal steht sie ganz dicht neben mir, als würde sie hoffen, dass ich für sie spreche. Dann komme ich mir vor wie in meinem Traum, weil ich keine Ahnung habe, welche Wörter ich für sie sagen soll.

## 59 Neue Träume
(Sophies Logbuch)

Man merkt, dass Onkel Mo sich Mühe gibt, netter zu Cody zu sein. Er blafft ihn nicht mehr ständig an und bezeichnet ihn auch nicht mehr als Obertrottel. Cody weiß gar nicht, wie er reagieren

soll, glaube ich. Er starrt seinen Vater an, als würde er ihn nicht verstehen.
Codys Gesicht sieht schon viel besser aus. Wir haben das Nähzeug gefunden und konnten die Platzwunden über dem Auge und an der Nase besser schließen. Sobald wir in England sind, kann Cody sich von einem richtigen Arzt untersuchen lassen. Onkel Stew sagt, Brian soll seinen Arm untersuchen lassen und ich mein Bein, aber mein Bein ist fast gut, es tut nicht mehr so weh, und man sieht nur noch den Bluterguss ums Knie herum.
Es ist komisch mit Onkel Stew. Man würde denken, jetzt gibt es noch viel mehr Sachen, um die er sich Sorgen machen muss, aber er wirkt wesentlich gelassener und netter.
Als er sich nach meinem Bein erkundigte, sagte er noch: »Es ist komisch, Vater zu sein. Oder Mutter. Eltern eben. Man fühlt sich für alles verantwortlich, man will seine Kinder beschützen und macht sich dauernd solche Sorgen um sie, dass man oft gar nicht richtig denken kann. Aber manchmal merkt man plötzlich, dass man viele Dinge gar nicht unter Kontrolle hat, und manchmal kann man nur hoffen, dass alles gut geht.«
Er schaute hinüber zu Brian, der gerade in der Kombüse eine Liste aufhängte. »Und manchmal muss man loslassen«, sagte Onkel Stew, »und einfach nur beten, dass die Kinder es schon schaffen werden. Allein.«
Ich verstand, was er sagte, aber ich fragte mich, ob das auch für Kinder gilt – dass man manchmal die Dinge nicht kontrollieren kann und loslassen muss. Vielleicht muss man sogar seine Eltern loslassen. Aber dann wurde mir ganz wirr im Kopf, und ich begriff überhaupt nichts mehr, ich wusste nicht einmal mehr, wo ich bin oder warum ich da bin, wo ich bin.

Seit Cody und ich wieder zusammen Wache gehabt haben, fangen wir an, über das, was passiert ist, zu reden. Ich weiß nicht, ob irgendeiner von den anderen kapiert, welche Wirkung Die Welle auf uns hat – die anderen haben sie nicht gesehen, außer Onkel Dock. Und sie haben auch nicht gespürt, mit welcher Wucht sie über uns hereingebrochen ist und dass wir zerquetscht wurden wie Nüsse im Nussknacker.

Und ich muss dauernd an den Wellentraum denken, den ich so oft träume. Ich finde es besonders unheimlich, dass die Welle in diesen Träumen genauso aussieht wie Die Welle – genau gleich, gleiche Höhe, gleiche Form. Der einzige Unterschied ist, dass die Welle in meinen Träumen schwarz ist, während Die Welle weiß war.

In meinen Träumen war ich immer an Land, meistens habe ich am Strand gespielt. Ich weiß noch, dass ich in einem Traum Die Welle aus der Ferne kommen sah und angefangen habe, Sandsäcke zu stapeln, damit ich einen Schutzwall habe. Ich werde einfach das Gefühl nicht los, dass die Wellen in meinen Träumen alle auf Die Welle hindeuten, die uns jetzt im Ozean erwischt hat.

Und jetzt habe ich neue Träume, die noch viel schlimmer sind. In den neuen Träumen bin ich nicht an Land, sondern auf einem Boot, und Die Welle kommt und packt mich und spült mich ganz, ganz weit weg, und wenn ich aufwache, habe ich das Gefühl, ich würde immer noch weit draußen auf dem Meer treiben.

Und mir fallen immer wieder Dinge ein, die ich unbedingt machen möchte, schnell, schnell, es gibt so viel zu tun! Ich will weben lernen – ich möchte meinen eigenen Webstuhl bauen und Seidenstoffe weben, so wie meine Mutter. Ich will mit einem Heißluftballon fliegen. Ich will Skydiving machen. Den Appalachian Trail entlangwandern. Tausend Meilen mit dem Mountainbike fahren. Mit dem Kanu einen langen, langen Fluss hinunterpaddeln und unterwegs zelten. Bergsteigen. Auf einer Insel eine Hütte bauen, so wie die Frau mit dem Hund auf Grand Manan.

Und ich möchte verschiedene Leute mitnehmen. Bompie und Cody und Onkel Dock. Meine Eltern. Von mir aus auch Brian und Onkel Stew.

Vielleicht rutscht Segeln auf meiner Liste weiter nach hinten, wenn wir erst mal in Irland sind. Heute waren die Delphine wieder da, sie sind gesprungen und gehüpft und haben mich zum Lachen gebracht. Es war wie eine Einladung: *Komm schon, Sophie, amüsier dich im Ozean.*

Cody meint, wir haben während des ersten Teils unserer Fahrt genug Energie getankt, und als Die Welle uns getroffen hat, wirkte diese Energie wie so eine Art Schutzschicht, die sich um uns legte und uns rettete. Das leuchtet mir genauso ein wie alles andere zurzeit.

Und Cody sagte: »Weißt du was? Als Die Welle gekommen ist – soll ich dir sagen, was ich gedacht habe, als das Wasser auf mich eingestürzt ist? Ich habe an Bompie gedacht ...«

»Ich auch!«, sagte ich. Ich hatte es ganz vergessen, es fiel mir erst wieder ein, als Cody davon redete. »Mitten in der Welle, als ich schon geglaubt habe, ich bin in den Ozean hinausgespült worden, da habe ich an Bompie gedacht, wie er mit dem Wasser gekämpft hat – im Fluss, im Atlantik –«

»Ich auch! Ist das nicht komisch?«, sagte Cody. »Und weißt du, was ich zu mir gesagt habe, als die Wassermassen mich begraben haben? Ich habe gesagt: ›*Auf geht's! Auf geht's!*‹«

»Ich auch. Wie komisch.«

»Vielleicht verlieren wir allmählich den Verstand«, meinte Cody.

Gestern Abend haben Cody und ich auf einmal angefangen, sehr ernst über das Leben zu reden. Wir haben uns überlegt, ob die Menschen vielleicht gar nicht sterben, sondern weiterleben und nur gewisse Ebenen hinter sich lassen. Wenn man sich dem Tod

nähert, stirbt man zwar irgendwie – und deshalb ist man für alle Menschen, mit denen man zusammengelebt hat, tot, aber *du* – sozusagen das *du* in dir – hörst nicht auf zu existieren. Stattdessen lebst du so weiter wie immer, und es hat nur den Anschein, als wärst du nicht mehr da. Wir haben uns überlegt, ob wir vielleicht nicht nur eine Person sind, sondern viele Personen, die auf Millionen von verschiedenen Ebenen existieren, wie eine Linie, die sich immer wieder teilt und verzweigt, aber trotzdem einen zentralen Stamm hat.
Ich bekam schon Kopfschmerzen vom vielen Denken, und dann sagte Cody: »Nachts auf dem Ozean fängt man an, komische Sachen zu denken. Ich finde, wir hören jetzt auf zu denken und jonglieren lieber ein bisschen.«
Das haben wir dann auch gemacht. Wir jonglierten mit nassen Socken.

## 60 Fragen
(Codys Logbuch)

Mein Vater schreit mich nicht mehr an, sondern fragt mich dauernd, ob es mir gut geht. Ich würde gerne mit ihm reden, aber ich weiß nicht, wie ich das machen soll und was ich sagen könnte.

Ich überlege mir Folgendes: Wie kommt es, dass man nicht merkt, wie die Zeit vergeht? Man denkt nie, dass man sich irgendwie verändert, aber auf einmal merkt man, dass das, was man heute denkt, ganz anders ist als die Gedanken von gestern und dass man anders ist, als man gestern war – oder letzte Woche oder letzten Monat. Wie kommt das?
Ich habe das Gefühl, als hätte ich mein ganzes Leben geschlafen.

Ich wollte, ich hätte immer Fragen gestellt, so wie Sophie. Ich wüsste gern viel mehr! Aber obwohl ich diesen Wunsch habe, weiß ich nicht, wie ich mich in einen Menschen verwandeln kann, der Fragen stellt und mehr weiß.
Und mein Vater – ich habe ihn in meinem ganzen Leben so gut wie jeden Tag gesehen, aber jetzt habe ich plötzlich das Gefühl, dass ich ihn überhaupt nicht kenne! Ich weiß nichts über ihn. Ich weiß nicht, wo er geboren ist und was er arbeitet und woher die Narbe auf seiner Stirn kommt.
Alle reden schon von unserer Ankunft in Irland, aber ich habe das komische Gefühl, dass wir nie ankommen. Oder bin ich noch nicht so weit? Und was passiert mit Sophie, wenn wir bei Bompie sind? Vielleicht ist das der Grund, weshalb ich nicht ankommen möchte. Ich habe Angst um Sophie.
Und ich frage mich immer wieder, woher Sophie die Bompie-Geschichten kennt und ob die Geschichten wirklich von Bompie stammen. Und wenn sie von ihm stammen – hat er ihr nur Geschichten von furchtbaren Wasser-Abenteuern erzählt? Und wenn ja – warum hat er das getan?
Und dann fiel mir die eine Bompie-Geschichte ein, die nichts mit Wasser zu tun hatte. Es war die Geschichte vom Tod seines Vaters. Gestern Nacht habe ich geträumt, dass Bompie mir diese Geschichte erzählt, und als ich aufwachte, bin ich aufgestanden und habe meinen Dad gesucht. Er lag in einer Koje, und ich habe ihn so lange gestupst, bis er aufgewacht ist.
»Wollte nur mal nachsehen«, sagte ich.

# VI Land

## 61 Ahoi, ahoi
(Sophies Logbuch)

Cody und Dock und ich hatten Wache in den frühen Morgenstunden, als Cody plötzlich rief: »Da drüben – ahoi!«
Ich spähte in die Dunkelheit. »Was? Wo?«
»Da – seht ihr das dunkle Dingsbums da?«
Wir starrten alle auf Codys dunkles Dingsbums da, bis wir merkten, es war nur eine tief hängende Wolke.
Eine halbe Stunde später rief Cody: »Ahoi!«
»Wo?«
»Da – Lichter!«
»Du meinst die Lichter da drüben, die sich bewegen – die Bootslichter?«
»Mist«, brummte er.
Aber dann, kurz vor Anbruch der Dämmerung, war es so weit: Wir sahen eine dunkle Form, die unter blaugrauen Wolken hervorlugte.
»Ahoi, ahoi, ahoi!«, rief Cody. »Ahoi, seht ihr's?«
Es war ein Berg. Land. Land in Sicht!
»Oh, Berg, mein Berg!«, sang Cody. »Oh, du wunderschöner Berg!«
Das Land, das Land, das Land! Oh, gelobtes Land. Oh, liebes, liebes Land!
Wir weckten die anderen, und ein paar Stunden später segelten wir tatsächlich die Südküste von Irland entlang. Was für eine Erleichterung, wenn man sich am Land orientieren kann und beim Steuern nicht den Kompass nehmen muss. Oh, Land!

Onkel Dock lief zu Höchstform auf. Er stand an der Reling und rezitierte den Teil eines Gedichts. Er sagte, die Zeilen seien aus *Die Weise vom alten Seefahrer*:

*Oh! Traum der Freude! Oh, ist dies*
*Der Leuchtturm über dem Strand?*
*Ist dies der Hügel, die Kirche,*
*Ist dies mein eigenes Land?*

Als ich ihn bat, die Zeilen langsam zu wiederholen, damit ich sie aufschreiben kann, sagte er, dass der Dichter manche Wörter ganz komisch geschrieben hat. Das gefiel mir. Und tatsächlich sahen wir von unserer Warte aus einen Leuchtturm und eine Kirche.
Also sagten wir den Text noch einmal auf, gemeinsam mit Onkel Dock, und als wir fertig waren, rief Cody: »Oh, Rosalie!«
Onkel Dock fragte ihn: »Warum sagst du das?«
Und Cody antwortete: »Keine Ahnung. Ich fand, es passt irgendwie.«

Wir sind die Südwestküste hochgefahren, und jetzt nähern wir uns Crosshaven. Das Wetter ist gut und die Sonne leuchtet über den felsigen Klippen und den satten grünen Wiesen Irlands. Immer wieder kommen wir an alten Schlössern und Farmhäusern mit weidenden Kühen vorbei, und kleine Autos tuckern die Straßen entlang. Am liebsten würde ich das Dingi aufpumpen und ans Ufer paddeln.
Aber jetzt streiten sich Onkel Stew und Onkel Mo unter Deck. Man hört sie ganz laut schreien, und außerdem klingt es, als würden irgendwelche Gegenstände durch die Luft fliegen.

## 62 Land
(Codys Logbuch)

Wir sind an Land. Wir leben noch, und wir sind an Land!
Zuerst dachte ich, ich habe Halluzinationen, als wir Land sahen – richtige Erde, auf der Bäume wachsen und Autos herumfahren.
Und dann hätten wir es fast nicht in den Hafen geschafft, weil mein Dad und Onkel Stew Riesenkrach hatten. Es fing damit an, dass Onkel Stew fragte, ob einer von uns dafür sorgen könnte, dass die *Wanderer* repariert wird, während die anderen ein Auto mieten und schon mal zu Bompie fahren, statt dass alle herumsitzen und warten, bis das Boot fertig ist und wir nach England segeln können.
Und dann stritten sie gleich noch darüber, welcher von den Erwachsenen beim Boot bleiben soll, und Onkel Stew sagte, Sophie soll auch bleiben und nicht zu Bompie mitfahren. Brian meinte das auch. In dem Moment kam Sophie unter Deck und verkündete: »Ich gehe mit zu Bompie, Schluss, aus, basta.«
So ein Chaos!

Wir haben versucht, Mom anzurufen, aber es nahm niemand ab. Dann versuchte Sophie es bei ihren Eltern: Auch keine Antwort. Schließlich wollte Onkel Stew seine Frau anrufen. Bei ihr war wenigstens der Anrufbeantworter dran, also hinterließ Onkel Stew die Nachricht, wir seien in Irland angekommen. Ich konnte es nicht fassen, dass keiner zu Hause war! Irgendwie hatte ich gedacht, sie sitzen alle neben dem Telefon und warten! Aber Onkel Dock sagte: »Na ja, sie konnten ja nicht ahnen, wann wir Irland erreichen – es hätte schon vor drei Tagen sein können oder erst nächste Woche oder –« Das stimmt, klar, aber es wäre trotzdem

schön gewesen, eine vertraute Stimme zu hören und dass sich jemand über unsere Ankunft freut.
Sophie geriet fast in Panik. »Wo sind sie?«, fragte sie immer wieder.

Jetzt schwanken wir durch die Gegend und müssen erst wieder richtig laufen lernen, und mein Dad ist losgegangen, um ein Auto zu mieten, damit wir von hier nach England fahren können, und wir wissen immer noch nicht, wer mitfährt und wer nicht.
Aber wir sind an Land! Und wir leben noch!!

## 63 Fast geplatzt
(Sophies Logbuch)

Ich wollte eigentlich nicht mehr Tagebuch schreiben, wenn wir an Land sind, aber Cody schreibt auch immer noch in sein Bogluch. Er meint, die Reise ist noch nicht zu Ende.
Nachdem wir gestern Nachmittag die *Wanderer* vertäut hatten, stolperten wir an Land. Das war sehr komisch! Wir sahen bestimmt total lächerlich aus, weil wir alle so weiche Knie hatten. Es fühlte sich an, als würde sich das Land unter uns bewegen. Wir konnten uns nicht gerade halten. Zum ersten Mal wurde ich seekrank – an Land! Wir gingen in einen Pub und bestellten uns etwas zu essen – riesige Teller, auf denen alles in Soße schwamm, und dicke Scheiben frisches Brot und frisches Gemüse und Obst. Und wir mussten beim Essen unsere Teller nicht mehr festhalten und konnten gleichzeitig essen und trinken – sehr seltsam!
Wir redeten alle durcheinander, jeder redete ohne Pause und mit jedem, der bereit war, ihm zuzuhören. Als ich mich zwischen-

durch umschaute, sah ich, dass jeder von uns auf einen anderen Fremden einquatschte und unbedingt unsere Geschichte loswerden wollte.

»Den Sturm hättet ihr erleben sollen –«

»Unser Baum ist gebrochen –«

»Die Wellen – die reinsten Berge –«

»Der Radar futsch und überhaupt alles –«

»Dachte schon, jetzt ist es aus –«

»Lauter Platzwunden im Gesicht –«

»Der Wind – so was kann man sich nicht vorstellen – dieser Krach –«

»Zertrümmert –«

»Weggefegt –«

»Herumgewirbelt –«

Wir platzten fast! Die Fremden nickten verständnisvoll und fingen dann auch an zu erzählen.

»Das Meer ist ein Teufel –«

»Ein hinterhältiges Element –«

»Und mein Onkel, der ist draußen ertrunken –«

»Siebzehn Schiffe haben wir 1992 verloren –«

»Siehst du das Bein hier? Das ist nicht echt. Das Meer hat das richtige gefordert –«

So ging das stundenlang, die Wörter blubberten richtig aus uns heraus, und an einem Punkt fragte ich mich plötzlich, ob sich diese Fremden überhaupt für unsere Geschichte interessierten und warum wir ihnen unbedingt alles erzählen wollten und warum sie uns ihre Geschichten erzählten.

Mittendrin spürte ich, dass Cody mich beobachtete und mir zuhörte und ein Gesicht machte, als hätte ich etwas Komisches gesagt. Ich versuchte, auf das, was ich sagte, zu horchen, aber ich konnte mich nicht konzentrieren, weil ich dauernd redete und gleichzeitig allen anderen zuhörte.

Als das Licht hinter den Fenstern verblasste, hatten wir das Gefühl, dass wir diese Leute schon lange kennen und dass sie uns kennen. Sie zeigten uns, wo wir Zimmer für die Nacht finden, und gingen dann mit uns hinunter zur *Wanderer.* Kopfschüttelnd begutachteten sie den traurigen Zustand von Docks »Baby«. Sie halfen uns, die nassen Sachen den Hügel hinaufzutragen, und wünschten uns eine ruhige Nacht auf irischem Boden.

Ich hatte seltsame Träume, in denen alle möglichen Leute kamen und gingen: Docks Freund Joey von Block Island und Frank und seine Familie von Grand Manan, die Frau mit dem Hund und Docks Rosalie und die irischen Fremden, und außerdem spazierten auch noch Cody und Onkel Dock und Stew und Mo und Brian herum. Und ich. Und noch andere Leute, die mir irgendwie bekannt vorkamen und die mich zu kennen schienen, aber sie verschwanden in der Menge, bevor ich herausfand, wer sie sind.

## 64 Ein neuer Körper
(Codys Logbuch)

Es ist noch nicht richtig hell draußen, aber ich kann nicht schlafen. Alles riecht anders, alles fühlt sich anders an. Nichts schaukelt, nichts schwankt, kein Wind. Wir sind in einem irischen Gasthaus oben auf einem Hügel, und vom Fenster aus blicke ich auf den Hafen und kann die *Wanderer* sehen.

Gestern war ein komischer Tag. Ich kam mir vor, als hätte ich einen neuen Körper, und dieser neue Körper kannte sich gar nicht mehr richtig aus. Er ging ganz komisch und stieß dauernd gegen irgendetwas und wollte die komischsten Dinge berühren: den Fußboden, die Kissen, die trockenen Handtücher.

Wir waren alle total aufgedreht gestern Abend und redeten pausenlos, als wären wir vorher stumm gewesen. Ich habe Sophie noch nie so viel reden hören. Zuerst redete ich selbst so viel, dass ich den anderen gar nicht zuhören konnte. Und dann hörte ich, wie Brian sagte: »Ich habe geschlafen, als es uns erwischt hat, und ich habe gedacht, na, dann tschüs. So viel Angst habe ich im Leben noch nicht gehabt. Ich kam mir vor wie ein Miniküken auf einem Fleischmarkt.« Er haute auf den Tisch und fasste sich an den Hals, und irgendwie war ich total überrascht, weil er die ganze Katastrophe so schildern konnte, dass sie fast komisch klang.

Und dann hörte ich, wie Sophie zu jemandem sagte: »Jep, das sind meine Cousins« – sie deutete auf mich und Brian – »und wir haben diese Reise geplant, seit wir klein waren –«

Ich wollte sie gerade verbessern, aber dann begriff ich, dass sie ihre Geschichte mit der von Dad und Onkel Stew und Onkel Dock vermischte.

»Brian hat nicht gedacht, dass wir es tatsächlich machen«, sagte sie. »Aber ich hab's immer gewusst.«

Und dann redete sie über Die Welle und wie sie sich hinter dem Boot aufbaute. »Und sie war ganz schwarz und riesig und –«

Die Welle war weiß.

## 65 Hin und Her
(Sophies Logbuch)

Wir sitzen im Auto und fahren zu Bompie: Ich, Cody, Brian, Onkel Mo, Onkel Stew und Onkel Dock. Onkel Dock hat jemanden gefunden, der mit den Reparaturarbeiten an der *Wanderer* anfängt, während wir alle zu Bompie fahren. Vorher gab es allerdings einen großen Krach. Jetzt sind alle gereizt und keiner redet viel. Onkel Dock ist sehr enttäuscht, weil wir nicht mit der *Wanderer* um die irische Küste herumsegeln können. Er wollte bei einem Freund vorbeischauen, der in irgendeiner Stadt an der Küste wohnt. Immerhin hat er es geschafft, die anderen Onkel dazu zu überreden, dass wir mit dem Auto dort vorbeifahren und kurz anhalten.

»Aber nur kurz!«, sagte Onkel Stew.

»Nicht dass wir wieder eine ganze Woche dort bleiben oder so was«, sagte Onkel Mo.

Wir sind gestern Abend nicht mit dem Telefonsystem im Gasthaus zurechtgekommen, deshalb haben wir immer noch nicht zu Hause angerufen. Das macht mich ganz rappelig. Wo stecken sie alle? Hoffentlich können wir bei Onkel Docks Freunden anrufen.

Wir sind im Auto wie die Sardinen zusammengequetscht und es ist gar nicht leicht zu schreiben, weil Brian mir dauernd über die Schulter schaut und lesen will, was ich schreibe. Onkel Stew sitzt am Steuer, und wir können froh sein, wenn wir lebendig ankommen. Die Straßen sind wahnsinnig schmal und er vergisst immer, dass er links fahren muss. Bis jetzt haben wir schon fast eine Schafherde und zwei Bauern überfahren.

Es ist wunderschön hier: Grüne, grüne Wiesen und hohe Klippen überm Meer. Waren wir wirklich vor ein paar Tagen noch draußen auf dem Ozean und wurden von den Wellen hin und her geworfen? Ich wollte, es wären nicht alle so furchtbar schlechter Laune, dann könnten wir nämlich anhalten und uns diese kleinen Städtchen anschauen, aber die Onkel sehen alle drei finster entschlossen aus. Sie haben nur ein Ziel vor Augen: Erst schauen wir ganz kurz bei Onkel Docks Freunden vorbei und dann geht's weiter zu Bompie.

Ich fühle mich hin und her gerissen: Ich freue mich darauf, Bompie zu sehen, aber andererseits habe ich auch Angst davor.

## 66 Der Besuch

(Sophies Logbuch)

Oh, Wunder über Wunder über Wunder!

Wir fuhren durch eine enge Straße in einem winzigen Dorf an der irischen Küste, und dann hielten wir vor einem Minihäuschen und Onkel Dock ging zur Haustür, und als die Tür aufging, taumelte er rückwärts und fasste sich an die Brust.

Wir strecken alle die Köpfe zum Fenster hinaus wie eine Herde von Glotzmonstern, um besser sehen zu können. Dann umarmte Onkel Dock eine Frau in einem gelben Kleid, er umarmte sie wie verrückt, und wir hörten, wie er sagte: »Oh! Rosalie!«

»Rosalie?«, riefen wir alle. »Rosalie?«

Und dann kletterten wir aus dem Wagen, und Onkel Dock ließ Rosalie los, und wir konnten sie endlich richtig sehen. Sie sieht unheimlich nett aus, mit riesigen Kulleraugen, und sie strahlte übers ganze Gesicht, es war das strahlendste Lächeln, das man sich vorstellen kann, nur Onkel Dock strahlte noch mehr, das war das strahlendste Lächeln im ganzen Universum.

## 67 Telefongespräche

(Codys Logbuch)

Unser Leben ist ja schon seltsam genug, aber es wird immer seltsamer. Gestern hat Onkel Dock eine Riesenüberraschung erlebt: Er hat Rosalie bei seinem – und ihrem – Freund in Irland getroffen! Ich dachte schon, wir kriegen die beiden nie mehr auseinander.

Docks Freund hat uns erlaubt, sein Telefon zu benutzen, also haben wir zu Hause angerufen, und alle hüpften vor Freude auf und ab – diesseits und jenseits des Atlantiks, und alle lachten und redeten durcheinander, und dann ließen wir uns völlig erschöpft auf den Boden fallen.

Sophie sagte immer wieder: »Ich kann's nicht fassen. Ich habe schon gedacht, ich höre ihre Stimmen nie wieder. Ich träume nicht – oder? Ich habe sie angerufen und sie waren da, stimmt's?«

Die einzige weniger gute Nachricht des Tages ist, dass Sophies Mutter sagte, es geht Bompie nicht sehr gut, und wenn wir sie bis morgen nicht angerufen hätten, um ihr zu sagen, dass wir fast bei Bompie sind, dann hätte sie sich ins Flugzeug gesetzt und wäre zu ihm geflogen.

Und dann wurden wir alle ganz hektisch und beeilten uns, um möglichst schnell zu Bompie zu kommen. Dock wollte sich nicht von Rosalie trennen, und wir mussten ihn praktisch zur Tür tragen. Er war nur bereit zu fahren, weil Rosalie ihm versprach, in ein paar Tagen nachzukommen.

Sobald wir wieder im Wagen saßen, seufzten alle: »Rosalie! Oh, Rosalie!«, und Onkel Dock wurde rot, aber er war so glücklich und es ärgerte ihn nicht weiter, dass wir ihn aufzogen.

Jetzt sind wir auf der Fähre und dampfen über die Irische See in Richtung Wales. Ich will immer nach den Segeln sehen, weil ich das Gefühl habe, ich muss etwas tun. Keiner von uns hatte Lust, schon wieder mit einem Schiff zu fahren, das muss ich sagen.

»Gibt's denn keine Brücke?«, hat mein Vater immer wieder gefragt. »Seid ihr sicher, dass es keine Brücke nach Wales gibt?«

»Trottel«, sagte Onkel Stew.

»Fang ja nicht wieder an!«, warnte ihn mein Vater.

Brian hört nicht auf, Sophie zu belabern. Er hat zum Beispiel gesagt: »Meinst du denn, Bompie erkennt – uns?«

»Natürlich erkennt er uns«, antwortete Sophie.
»Uns alle?«
»Ja, klar«, sagte Sophie.
Aber an der Art, wie Brian an Sophie herumstichelt, hat sich irgendwas verändert. Er kommt mir nicht mehr so gemein vor wie vorher; es ist eher so, als würde er verzweifelt versuchen, sie zu verstehen, und als würde er sich Sorgen um sie machen. Für Brian gibt es nur die Wahrheit und Fakten und Listen, und so jemand wie Sophie bringt ihn ganz aus dem Konzept, glaube ich, weil sie die Welt völlig anders sieht als er. Brian fragt mich dauernd, was eigentlich mit Sophie ist und was passiert, wenn wir bei Bompie sind. Ich habe ihm gesagt, ich kann keine Gedanken lesen und ich bin auch kein Hellseher.

## 68 Wales
(Sophies Logbuch)

Wir sind quer durch Wales gefahren. Die Landschaft ist unglaublich grün und üppig und einladend, aber es ist gar nicht leicht, sich an die vielen Autos und an den Krach und das Tempo zu gewöhnen. Ich fände es schön, wenn wir öfter anhalten würden. Ich würde gern in die Fenster schauen und den Leuten zuhören. Was tun sie den ganzen Tag? Wer wohnt in diesen Häusern?
Aber wir wollen jetzt möglichst schnell zu Bompie, weil es ihm nicht gut geht, und alle machen sich Sorgen um ihn, und ich ängstige mich halb zu Tode. Vorher hatte ich nur Angst davor, Bompie zu sehen, und davor, wie das wohl ist, aber jetzt habe ich Angst, dass er gar nicht mehr lebt, wenn wir kommen, und das wäre noch viel, viel schlimmer.

Wir haben in einem kleinen Gasthaus in einem dunklen, stillen Dorf Halt gemacht, und ich gehe jetzt noch mal nach unten, um zu hören, wie die Leute reden.

## 69 Das kleine Mädchen
(Codys Logbuch)

Wir sind quer durch Wales gebrettert. Sophie war total begeistert! Die ganze Zeit sagte sie: »Hättest du nicht auch Lust, hier zu wohnen? Hier in diesem Dorf? Wo würden wir in die Schule gehen? Was würden wir zum Frühstück essen? Was denkst du – wer wohnt in dem kleinen Haus da drüben?«
Aber gestern Abend war alles noch komischer als sonst. Wir hatten uns in einem Gasthaus einquartiert und warteten unten auf Sophie, weil wir essen wollten, und Brian nervte Onkel Dock und sagte, dass er uns doch endlich erzählen soll, was mit Sophies richtigen Eltern passiert ist.
»Wir haben ein Recht, das zu erfahren«, beharrte Brian.
»Da bin ich mir nicht so sicher«, erwiderte Onkel Dock.
»Was ist passiert?«, fragte Onkel Stew. »Mir sagt nie einer was!«
Brian sagte: »Warum lügt sie immer, wenn es um ihre Eltern geht? Das sind doch gar nicht ihre Eltern! Warum lügt sie wegen Bompie? Ich frage sie jetzt dann ganz direkt, warum sie lügt!«
»Sophie lügt nicht«, erklärte Onkel Dock.
»Doch, sie lügt«, sagte Brian.
Onkel Dock sagte: »Hör zu – ich mach dir einen Vorschlag. Ich erzähle dir eine Geschichte –«
»Ich will aber keine Geschichte hören!«, sagte Brian. »Ich will die Wahrheit wissen.«

»Hör einfach zu«, sagte Onkel Dock. »Es war einmal ein Kind, das lebte mit seinen Eltern am Meer. Es war eine nette kleine Familie, und alle liebten das kleine Mädchen sehr. Aber dann passierte etwas – die Eltern – die Eltern starben und dann –«

Ich hatte das Gefühl, als würde mein Kopf mit lauter zischenden Feuerwerkskörpern beschossen. »Halt!«, rief ich. »Danach haben alle zu dem kleinen Mädchen gesagt, seine Eltern sind jetzt im Himmel –«

»Na ja, das weiß ich nicht so genau –«, sagte Dock.

Ich redete weiter. »Alle sagten, der Himmel ist ein wunderschöner Ort und so, dort hat man keine Sorgen, keine Probleme, und da war das kleine Mädchen ganz traurig, weil es allein zurückgeblieben war, während seine Eltern an diesen wunderbaren Ort gegangen waren –«

»Na ja, ähm, so genau weiß ich das nicht«, sagte Dock. »Ich weiß nur, bei wem das kleine Mädchen gewohnt hat, nämlich bei –«

»Warte!«, rief ich. »Bei seinem Großvater, stimmt's? Das kleine Mädchen hat bei seinem Großvater gelebt.«

»Jep«, sagte Onkel Dock. »Aber nur kurz, und als der Großvater gestorben ist, hat eine Tante das kleine Mädchen bei sich aufgenommen, aber diese Tante –«

»Die Tante wollte das kleine Mädchen gar nicht haben, stimmt's?«, sagte ich. »Deshalb kam das kleine Mädchen zu einer Pflegefamilie oder so was und dann zur nächsten und so weiter und so fort. Wahrscheinlich wollte keiner das kleine Mädchen haben. Es hat bei ganz vielen verschiedenen Leuten gewohnt, stimmt's?«

»Jep«, sagte Onkel Dock.

»Was geht hier ab?«, fragte Brian ärgerlich. »Woher weißt du das alles, Cody?«

»Weshalb erzählt mir keiner diese Sachen?«, beschwerte sich Onkel Stew.

»Und dann wurde das kleine Mädchen endlich, endlich adoptiert – stimmt's?«, sagte ich.
»Jep«, sagte Onkel Dock.
»Und diesmal« – ich redete jetzt ganz schnell – »diesmal wollte das kleine Mädchen unbedingt, dass man es haben will, und deshalb hat es sich eingeredet, es ist seine richtige Familie, seine einzige Familie. Und die Eltern hatten das kleine Mädchen ausgesucht und sie liebten es und konnten ohne es nicht mehr leben.«
In dem Moment kam Sophie herunter, und wir starrten sie alle an, und Brian stützte den Kopf in die Hände und sagte: »Oh-oh!«, und Onkel Stew sagte: »Ach du lieber Gott! Mir erzählt nie einer was!«
Und dann aßen wir zu Abend.
Ich konnte gar nicht richtig essen, weil ich dauernd Sophie ansehen musste, diese neue Sophie, und die anderen schauten sie auch alle an, und schließlich legte Sophie ihre Gabel weg und sagte: »Warum starrt ihr mich alle so an, als wäre ich ein Gespenst oder was?«
Onkel Dock sagte: »Du siehst heute Abend besonders bezaubernd aus, Sophie, das ist alles.« Und sie senkte den Kopf, und ich habe gesehen, wie eine Träne über ihre Wange kullerte und auf den Teller tropfte.

Wir haben gerade die Seven River Bridge überquert (ja, es gibt eine Brücke von Wales nach England! Keine Fähre!) und jetzt sind wir in England. Onkel Dock und mein Vater haben beide geweint, als wir auf englischem Boden waren. Sophie fragte sie, was los sei, und Onkel Dock hat gesagt: »England! England!« – was ja eigentlich keine richtige Antwort ist.
Sophie fragte weiter: »Was ist mit England?«
Mein Dad sagte: »Unser Vater ist hier geboren.«

»Ich weiß«, sagte Sophie.
»Warum müsst ihr deswegen weinen?«, wollte Brian wissen.
»Unser Vater. Bompie. Hier geboren.« Mein Dad wandte sich an Onkel Stew. »Du weißt doch, was ich meine, oder? Bompie ist hier geboren!«
Onkel Stew, der am Steuer saß, sagte: »Ich muss mich auf die Straße konzentrieren – wie geht es hier weiter? Wer hat die Straßenkarte?«
Mein Dad wandte sich an Onkel Dock. »Dock? Erklär du's.«
»Klar«, sagte Dock. »Ich weiß, was du meinst. Unser Vater ist hier geboren, und das heißt ja auch, dass ein Teil von uns von hier stammt. Wir kommen alle von hier –«
Und dann waren sie ganz still und schauten hinaus auf die Landschaft.
»Das muss man sich mal überlegen!«, sagte Sophie. »Wenn Bompie und seine Eltern nicht nach Amerika gekommen wären, dann wärt ihr in England aufgewachsen. Ihr wärt keine Amerikaner. Ihr wärt hier zu Hause.«
Mein Dad nickte. »Genau das habe ich auch gerade gedacht.«
Brian sagte: »Na ja, wenn Bompie hier aufgewachsen wäre, dann hätte er ja nicht die Frau geheiratet, die er geheiratet hat, und ihr wärt alle gar nicht auf der Welt. Und selbst wenn ihr auf der Welt wärt, dann wärt ihr hier aufgewachsen, und ihr hättet nicht die Frauen geheiratet, die ihr geheiratet habt, und dann wäre ich nicht auf der Welt. Und Cody auch nicht –«
Sophie flüsterte: »Wäre ich auf der Welt?«
Alle schauten sie an und dann schauten sie wieder hinaus auf die Landschaft und dann sagte Brian ganz trocken: »Tja, das ist die Jahrhundertfrage.«
Sophie lehnte den Kopf ans Fenster und machte die Augen zu. Ich glaube, jetzt schläft sie.
Brian hat mir gerade zugeflüstert: »Aber was ist mit den Bompie-

Geschichten? Woher kennt sie die ganzen Bompie-Geschichten? Hat sie die alle erfunden?«
»Keine Ahnung«, sagte ich. Und nun denke ich über die vielen anderen Dinge nach, die ich nicht über Sophie weiß. Ich wüsste gern, *wie* ihre Eltern ums Leben gekommen sind. Hatten sie eine schlimme Krankheit? Sind sie gleichzeitig gestorben oder nacheinander? Und wenn sie nacheinander gestorben sind – wer ist dann zuerst gestorben? Und wie war das für Sophie? Was hat sie damals gedacht?

Ich wüsste gern, was Sophie gerade träumt.
Heute Abend sind wir bei Bompie.

## 70 Das Schloss
(Sophies Logbuch)

Wir sind quer durch England gefahren: An Bristol und Swindon und Reading vorbei, und jetzt sitzen wir auf einer Bank vor Windsor Castle. Windsor Castle ist ein riesiges graues Schloss aus Stein. Und drinnen sitzt die Queen und trinkt wahrscheinlich gerade Tee. Auf der anderen Straßenseite ist ein McDonald's. Wir essen Cheeseburger, direkt vor Windsor Castle.
Die Luft ist warm und knistert vor Spannung. Wir sind ganz in der Nähe von Bompie, vielleicht noch eine halbe Stunde entfernt.
Ich glaube, es geht los. Jetzt.

## 71 Das Cottage

(Codys Logbuch)

Als ich heute Morgen aufgewacht bin, dachte ich, vielleicht bin ich auf einem anderen Planeten gelandet und stecke in einem anderen Körper. Zum Teil kam das daher, dass ich auf dem Fußboden geschlafen hatte, aber nicht nur – es lag auch an dem, was uns erwartet hat, als wir gestern Abend hier bei Bompie angekommen sind.

Das Dorf – es heißt Thorpe – fanden wir ohne größere Probleme, aber weil die Häuser hier keine Nummern haben, war es gar nicht so einfach, Bompies Haus zu finden. Die Häuser haben Namen, sie heißen zum Beispiel Glenacre und The Yellow Cottage und The Green Cottage und The Old Post Office.

Bompies Haus heißt Walnut Tree Cottage, deshalb haben wir die ganze Zeit nach einem Nussbaum Ausschau gehalten, aber wie sich herausstellte, gibt es vor Bompies Haus längst keinen Nussbaum mehr. Schließlich haben wir die Adresse doch gefunden. Wir haben vor einem Haus angehalten, ich bin ausgestiegen und habe an die Tür geklopft. Eine Frau öffnete mir und sagte: »Ach, du suchst sicher das Haus auf der anderen Straßenseite!«, und sie deutete auf das kleine weiße Cottage gegenüber.

In Bompies Haus brannten alle Lichter. Wir klopften, und als die Tür aufging, stand da eine Krankenschwester. Onkel Dock erklärte ihr, wer wir sind, und dann drängten wir uns in den Flur, und Onkel Dock sagte: »Wo ist er?« Die Schwester führte uns durch ein Zimmer und durch noch ein Zimmer, und die Decken waren so niedrig, dass man fast den Kopf einziehen musste, und dann folgten wir ihr hinunter in Bompies Schlafzimmer.

Und da war Bompie. Er lag im Bett und hatte die Augen geschlossen. Ich dachte schon, wir haben kein Glück und er ist tot.

## 72 Bompie
(Sophies Logbuch)

Oh, Bompie!
Ich kann verstehen, warum er nach England zurück wollte. Es ist so schön hier! An der Hauswand klettern Rosen hoch, am Weg wachsen dichte Büschel Lavendel, und das Haus hat winzig kleine Zimmer und Minifenster und Minikamine.
Ich hatte mir so gewünscht, ihn allein zu sehen, aber stattdessen standen wir alle zusammen im Zimmer.
»Ist er tot?«, fragte Cody.
»Pssst!«, machte die Krankenschwester. »Nein, er ist nicht tot, aber ein bisschen verwirrt. Man darf ihn nicht erschrecken.«
Er sah anders aus, als ich erwartet hatte, aber das lag sicher daran, dass er die Augen und den Mund geschlossen hatte. Ich sah ein sanftes, rundes Gesicht, sehr blass, mit dünnen grauen Haarsträhnen auf dem Kopf. Er sah aus wie eine ältere Ausgabe von Onkel Dock.
Onkel Dock nahm Bompies Hand und streichelte sie zärtlich. »Bompie«, flüsterte er. »Bompie?«
Bompie schlug die Augen auf, blinzelte und starrte Onkel Dock an. »Peter?«, sagte er zu Onkel Dock.
»Peter?«, wiederholte Onkel Dock. »Wer ist Peter? Ich bin's – Dock – Jonah.«
»Jonah ist fort«, sagte Bompie. »Er ist im Ferienlager.«
Onkel Dock biss sich auf die Unterlippe.
»Bompie?«, sagte Onkel Mo.
Bompie musterte ihn aufmerksam. »Wer bist du?«, fragte er dann.
»Ich bin's, Moses.«
»Moses ist fort«, sagte Bompie. »Er ist im Ferienlager.«

Onkel Stew sagte: »Bompie? Kennst du mich? Ich bin's, Stuart.«
Bompie blinzelte wieder, drei- oder viermal. »Stuart ist fort«, sagte er. »Er ist im Ferienlager.«
Und da trat Cody vor und Bompie sagte: »Oh! Da ist Moses. Bist du zurück vom Ferienlager?«
Cody sagte: »Ja, ich bin zurück vom Ferienlager.«
Und als Brian vortrat, sagte Bompie: »Und hier ist Stuart! Bist du auch vom Ferienlager zurück?«
Und Brian sagte: »Ja.«
Und dann trat ich vor. Ich kniete neben Bompie auf dem Boden und sagte: »Bompie? Weißt du, wer ich bin?«
Und er musterte mich angestrengt und fragte: »Bist du Margaret?«
Ich sagte: »Nein.«
»Claire?«
»Nein.«
Brian sagte: »Sophie, hör auf! Er kennt dich nicht.«
Und Bompie sagte: »Sophie! Du bist Sophie?«
Und ich sagte: »Ja.«

## 73 Die Geschichte
(Codys Logbuch)

Ich habe das Gefühl, als wären wir schon viel länger als eine Woche hier bei Bompie, und unsere erste Atlantiküberquerung kommt mir vor wie eine Geschichte aus einem anderen Leben.

An unserem ersten Tag hier schlief Bompie eigentlich die ganze Zeit und erkannte uns nicht. Am zweiten Tag fing Sophie an,

Bompie seine eigenen Geschichten zu erzählen. Sie sagte: »Erinnerst du dich, Bompie, wie du jung warst und auf der Farm in Kentucky gelebt hast und wie deine Familie zwei Maulesel gegen ein Auto eingetauscht hat? Erinnerst du dich daran, Bompie?«

Er riss die Augen ganz weit auf und nickte.

»Und erinnerst du dich, Bompie, wie du in die Stadt gegangen bist, um das Auto zu holen? Und auf dem Heimweg –«

Bei jeder Einzelheit nickte Bompie und sagte: »Ja, ja, genauso war's.«

»Und wie du dich im Wasser abgestrampelt hast und gekämpft hast –«

»Ich?«, fragte Bompie.

»Überall Wasser, und du warst unter Wasser –«

»An den Teil kann ich mich nicht mehr so richtig erinnern«, sagte Bompie.

Am Nachmittag erzählte ihm Sophie noch eine Geschichte. »Erinnerst du dich, Bompie, wie du klein warst und in Kentucky gewohnt hast, in der Nähe vom Ohio River, und eines Tages wolltest du über die Eisenbahnbrücke gehen –«

»Ja, die Brücke mit dem Zug, ja, ja«, sagte Bompie.

»Und erinnerst du dich, wie es gestürmt und geregnet hat –«

»Ja, ja.«

»Und als der Zug gekommen ist, da musstest du loslassen und bist ins Wasser gefallen ...«

»Ja, ja, genauso war's.«

»Und überall war Wasser, es hat dich hin und her geworfen und du hast kaum noch Luft gekriegt und –«

»An den Teil kann ich mich nicht mehr so richtig erinnern«, sagte Bompie.

Sie erzählte Bompie die ganzen Geschichten, die sie uns erzählt hatte, und währenddessen gingen wir im Zimmer aus und ein,

und alle anderen waren ganz still und hörten zu, und Bompie erinnerte sich an fast alles, was Sophie erzählte, nur nicht an die Teile, wenn er im Wasser zu kämpfen hatte.
Einmal, als ich gerade im Zimmer war, erzählte Sophie eine Geschichte, die ich noch nicht von ihr gehört hatte. Sie ging folgendermaßen:
»Bompie, erinnerst du dich, wie du noch ganz klein warst, ein Kind, und dann bist du mit deinen Eltern segeln gegangen?«
»Ach, ja?«, sagte er.
»Auf dem Ozean, auf dem riesigen blauen blauen Ozean. Und ihr seid immer weiter rausgesegelt, und dann wurde der Himmel ganz grau, und der Wind begann zu heulen – erinnerst du dich?«
Er sah sie an, blinzelte ein paar Mal, sagte aber nichts.
»Der Wind – erinnerst du dich? Er heulte, heulte, heulte, und das Boot schwankte, und es wurde eisig kalt, und deine Mutter hat dich in eine Decke gewickelt und hat dich in das Dingi gesetzt – erinnerst du dich?«
Bompie starrte sie an, sagte aber immer noch nichts. Und Sophie redete ganz schnell weiter: »Erinnerst du dich? Erinnerst du dich? Und – und – der Wind – die Kälte – und das Wasser, eine riesige schwarze Wasserwand stürzte über dir zusammen, und dann triebst du auf dem Meer, immer weiter, immer weiter – und – und – die Eltern – die Eltern –«
Sie sah mich flehend an, und auf einmal wurde mir ganz vieles klar. Ich kniete auf der anderen Seite des Betts nieder. »Die Eltern haben es nicht geschafft.«
Sophie stöhnte: »Die Eltern haben es nicht geschafft«, wiederholte sie, und dann redete sie wieder schnell weiter: »Und dann warst du ganz allein, Bompie, ganz allein, und triebst immer weiter, immer weiter –«
Bompie sagte: »Aber ich –«

Ich legte meine Hand auf Sophies Hand und sagte: »Sophie – vielleicht ist das gar nicht Bompies Geschichte. Vielleicht ist es deine Geschichte.«

Bompie flüsterte: »Sophie, er hat Recht. Das ist deine Geschichte, mein Schatz.«

Sophie starrte erst mich an und dann Bompie. Sie sah so erschrocken aus und so winzig, wie sie da neben Bompie saß. Dann legte sie den Kopf auf Bompies Brust und weinte und weinte und weinte.

Ich ließ die beiden allein und ging hinters Haus in den Garten und legte mich ins Gras, unter den Apfelbaum.

Etwa eine Stunde später kam Sophie heraus und gab mir eine blau gebundene Stoffkladde.

»Ich möchte, dass du das liest«, flüsterte sie. »Er ist auch dein Bompie.« Und dann ging sie durch das Gartentor und die Dorfstraße hinunter.

In der Kladde befanden sich lauter handgeschriebene Briefe, so etwa zwanzig oder dreißig. Die Daten waren alle aus den letzten drei Jahren. Die Briefe waren »An meine liebe Sophie« adressiert und hatten alle die Unterschrift: »Von deinem Bompie.«

Im ersten Brief wurde Sophie von Bompie in der Familie willkommen geheißen. Er erzählte ihr, dass er ihr Großvater sein könnte, aber auf jeden Fall sei er ihr Bompie. In jedem Brief erzählte er ihr eine Geschichte von sich, aus seiner Kindheit und Jugend, damit sie ihn besser kennen lernte, sagte er.

Es gab noch andere Geschichten, außer denen, die Sophie uns erzählt hatte. Es waren Geschichten von Bompie in der Schule und wie er mit seinem Großvater angeln ging; es waren Geschichten von dem ersten Mädchen, das er küsste, und von dem Tag, an dem er Margaret, seine Frau, kennen lernte.

Es war komisch, die ganzen Geschichten zu lesen: Vom Auto im Fluss, von dem Sprung von der Brücke, von Bompies Taufe und

von Bompie im Schwimm-Loch und von Bompie am Ozean. Das meiste, was Sophie uns erzählt hatte, klang genau wie das, was Bompie in seinen Briefen geschrieben hatte, bis auf den Teil, der im Wasser spielte. Bompie landete zwar jedes Mal im Wasser, aber er hatte nie geschrieben, dass er kämpfen musste.
Den Teil hatte Sophie immer hinzugefügt.

Als ich alle Briefe gelesen hatte, ging ich die Dorfstraßen auf und ab, um Sophie zu suchen.

## 74 Äpfel
(Sophies Logbuch)

Bompies Garten ist sehr hübsch: Rosen und Lavendel und Rittersporn und Petunien und Stiefmütterchen. Im hinteren Teil des Gartens steht ein Apfelbaum mit ganz vielen reifen Äpfeln. An unserem dritten Tag ging Onkel Mo in den Garten und pflückte ein paar von den allerreifsten, und später kam er in Bompies Schlafzimmer und sagte: »Bompie? Sieh mal, was ich dir bringe …«
Bompie richtete sich auf und rief: »Apfelkuchen!« Er lachte, und dann weinte er, und dann lachte er wieder, und Onkel Mo lachte und weinte auch, und dann kamen alle ins Zimmer und lachten und weinten wegen des Apfelkuchens.
»Woher weißt du, wie man so einen Kuchen macht?«, wollte Onkel Stew wissen.
»Ich hab Großmutters Kochbuch gefunden! Dann bin ich dem Rezept gefolgt!« Onkel Mo war maßlos stolz auf sich. »Ich bin schließlich kein kompletter Trottel!«
Am Nachmittag saßen Cody und ich bei Bompie und schauten

zu, wie er schlief. Auf einmal holte Bompie ganz abrupt Luft, und dann folgte eine lange Pause, bis er wieder kurz Atem holte, und danach war alles still.

Cody und ich schauten uns erschrocken an. Aber dann prustete Bompie, schnappte noch einmal kurz nach Luft und atmete schließlich ganz normal weiter.

»Hast du das Gleiche gedacht wie ich?«, fragte Cody. »Hast du auch gedacht: *Auf geht's, Bompie?*«

»Ja«, sagte ich.

Man würde denken, unter den gegebenen Bedingungen, solange Bompie so schwach im Bett liegt, wären alle besonders nett und rücksichtsvoll, aber Onkel Stew und Onkel Mo fingen wieder an, sich zu streiten. Es ging darum, ob sie Bompie mit nach Amerika nehmen sollen oder nicht.

»Er kann doch nicht hier bleiben!«, verkündete Onkel Stew. »Er kann sich nicht mehr selbst versorgen – wer soll sich um ihn kümmern? Ich sage, er kommt mit nach Amerika.«

»Ich sage, er bleibt hier«, entgegnete Onkel Mo. »Und außerdem – wo soll er denn wohnen, wenn er mit nach Amerika kommt? Nimmst du ihn bei dir auf?«

Onkel Stew protestierte: »Ich? Wir haben nicht genug Platz – wir sind nicht darauf eingerichtet – warum nimmst du ihn nicht?«

Onkel Dock mischte sich ein. »Vielleicht sollten wir Bompie fragen, was er will.«

Also fragten sie Bompie, und der sagte: »Ich bin hier zu Hause! Ich bleibe, wo ich bin!« Onkel Dock sagte, dass Bompie eine Entscheidung getroffen hat. Er ist nach Hause zurückgegangen, es ist wunderschön hier, und wir müssen ihn in England lassen, bei den Rosen und beim Lavendel.

»Und wer versorgt ihn?«, fragte Onkel Stew.

»Ich könnte das übernehmen«, sagte ich. »Jedenfalls den Sommer über. Oder nicht?«

»Zu jung«, sagte Onkel Stew. Dann verschränkte er die Arme vor der Brust, genau wie Brian manchmal, und sagte: »Wisst ihr was? Ich werde mir darüber nicht den Kopf zerbrechen. Ihr könnt euch ja was überlegen. Ich mache jetzt einen Mittagsschlaf.«

Etwa gleichzeitig erschien Rosalie. Wir standen alle herum und starrten Dock und Rosalie an. Sie fanden es lästig, so angeglotzt zu werden, denn sie erklärten sehr bald, sie würden ein Stück spazieren gehen.

In der Küche probierte Brian das Apfelkuchenrezept aus. »Auf dem ganzen Atlantik habe ich an diesen Kuchen gedacht!«, sagte er. »Jetzt will ich endlich lernen, wie man ihn macht.«

»Hey!«, rief Cody. »Seht mal da draußen!«

Im Garten hinter dem Haus jonglierte Mo mit mehreren Äpfeln. Er jonglierte sogar noch weiter, als wir rauskamen, um ihm zuzusehen. »Schaut mal her!«, sagte er. »Ich kann mit vier Äpfeln auf einmal jonglieren. Jonglieren ist echt cool! Was denkst du, mein Sierra-Oscar-Himalaja-November?«

»Cool, Delta-Alpha-Delta«, antwortete Cody. »Echt cool.«

Also pflückten wir jeder ein paar Äpfel und stellten uns vor Bompies Fenster. Bompie stopfte sich ein paar Kissen in den Rücken, damit er uns zuschauen konnte, und wir fingen alle an zu jonglieren, und immer wieder traf ein fliegender Apfel jemanden am Kopf, und so fand uns Onkel Dock, als er von seinem Spaziergang zurückkam.

## 75 Oh, Rosalie!

(Codys Logbuch)

Diese Frauen!

Rosalie ist weg.

Onkel Dock kam allein vom Spaziergang zurück. Er machte ein ganz grimmiges Gesicht. Wir überfielen ihn mit tausend Fragen, weil wir natürlich wissen wollten, wo Rosalie war.

»Weg«, sagte er.

»Weg?«, fragte Sophie. »Das kann doch nicht wahr sein! Sie ist gerade erst angekommen!«

»Weg«, wiederholte Onkel Dock. »Weg, weg, weg, weg.«

Alle fragten weiter, ohne Pause, weil wir unbedingt wissen wollten, wohin sie gegangen war und warum sie gegangen war und ob sie wiederkommen würde.

Onkel Dock sagte: »Sie hat Pläne, die sie nicht ändern kann. Morgen fährt sie nach Spanien.«

Dann sagte Sophie: »Hol sie zurück!«, und Brian sagte: »Du musst sie aufhalten!«

Onkel Dock zuckte die Schultern. »Sie ist ziemlich eigensinnig, diese Rosalie.«

Brian und Sophie sagten immer wieder: »Hol sie zurück!«, und dann – ich weiß nicht, wo das her kam, aber ich sagte: »Warum hast du sie nicht gefragt, ob sie dich heiratet oder so was?«

»Hab ich doch«, sagte Onkel Dock.

»Gut gemacht, Dock«, sagte Onkel Mo.

Ich fragte: »Und was hat sie geantwortet? Warum ist sie weggegangen?«

»Wie gesagt – sie hatte schon andere Pläne.«

»Aber was hat sie zu deinem Heiratsantrag gesagt?«, fragte ich.

Onkel Dock stand da und warf mit einer Hand immer wieder

einen einsamen grünen Apfel in die Luft. »Sie meinte, es ist noch zu früh –«

»Zu früh?«, sagte Sophie. »Du wartest doch schon dein ganzes Leben auf sie. Du hast dich immer nach ihr gesehnt –«

»Mist!«, rief Onkel Dock. »Kann man hier denn keine Geheimnisse haben?«

Dann sagte jemand, vielleicht würde Rosalie es sich ja anders überlegen oder vielleicht würde sie tun, was sie geplant hat, und dann zurückkommen, und schließlich sagte Sophie: »Wenn ihr zwei je heiratet, dann zwingst du sie nicht, den ganzen Haushalt zu machen und alles, stimmt's?«

Onkel Stew, der inzwischen auch dazugekommen war, sagte: »Okay, genug geredet! Was machen wir mit Bompie – wer versorgt ihn?«

»Ich weiß vielleicht eine Lösung«, antwortete Onkel Dock.

»Und die wäre?«, fragte Onkel Stew.

»Ich bleibe hier«, sagte Onkel Dock. »Ich bleibe in England und sorge für ihn.«

Alle schienen erleichtert und fanden die Lösung irgendwie gut. Aber als Brian, Sophie und ich später unsere Sachen packten, sagte Brian: »Ich finde das traurig. Onkel Dock hat Rosalie gerade wiedergefunden, und dann verliert er sie gleich wieder. Und jetzt will er alles aufgeben und hier bleiben, um einen alten Mann zu versorgen.«

Ich sagte, dass Bompie nicht irgendein alter Mann ist, sondern Onkel Docks Vater.

Und dann fing Sophie an, darüber zu spekulieren, ob Rosalie es sich vielleicht eines Tages anders überlegen könnte und ob es Bompie vielleicht bald besser geht, und ich sagte, vielleicht könnten wir die beiden ja in England besuchen, zum Beispiel in den Sommerferien, und dann meinte Sophie: »Und vielleicht könnten wir ja alle noch eine Reise mit der *Wanderer* machen.«

»Cool!«, sagte ich. »Wir machen alle gemeinsam eine Reise und segeln ganz weit weg –«
»Nicht *zu* weit«, sagte Brian. »Nicht *zu* bald.«
Und Sophie sagte, wenn Rosalie bis dahin immer noch nicht zurück ist, dann machen wir uns alle auf die Suche nach Rosalie, oh, Rosalie!

## 76 Geschenke
(Sophies Logbuch)

Gestern Abend saßen wir alle bei Bompie und erzählten ihm von unserer Überfahrt mit der *Wanderer*, und er fand es sehr spannend, glaube ich. Als wir fertig waren, sagte Bompie: »Ihr müsstet jetzt alle ein Stück Kuchen bekommen. Wo ist der Kuchen? Her mit dem Kuchen!«
Onkel Mo sagte: »Wartet mal einen Augenblick – ich habe etwas –«
Wir dachten, er würde einen Kuchen holen, aber stattdessen kam er mit ein paar flachen Päckchen zurück. Er nahm das oberste und sagte: »Das hier ist für Bompie.«
Bompie riss das Papier auf und innen war eins von Mos Bildern: Eine Skizze von Bompie, wie er im Bett sitzt und Kuchen isst.
»Kuchen!«, rief Bompie. »Ha, ha, ha! Kuchen!«
Unten auf der Zeichnung stand in Mos Schrift *Ulysses beim Kuchenessen.*
»Ulysses!«, rief Bompie. »Ha, ha, ha! Das bin ich.«
Onkel Mo verteilte die nächsten Päckchen: Onkel Stew, Brian und Onkel Dock. Das Geschenk für Onkel Stew war eine Zeichnung von Stew und Brian mit dem Sextanten. Brians Päckchen enthielt eine Skizze von Brian, wie er gerade in der Kombüse eine

Liste aufhängt. Und das für Onkel Dock war ein Aquarell von Docks »Baby«, der *Wanderer*, mit Kapitän Dock am Bug.

Wir riefen alle immer wieder »Oooh!« und »Aaah!«, wenn eine neue Zeichnung ausgewickelt wurde.

»So, und das Päckchen hier ist für Cody«, sagte Onkel Mo.

Cody riss die Verpackung auf. Drinnen war eine Tuschzeichnung von Cody, wie er jongliert. Er steht auf der *Wanderer* und das Boot ist ganz schief, aber Cody hält perfekt das Gleichgewicht, und er jongliert nicht mit Erdnüssen oder Socken, sondern mit Menschen. Jeder von uns ist eine winzig kleine Person in der Luft, und Cody jongliert mit uns.

»Mann!«, rief Cody. »Das ist ja toll!«

»Hast du die Knoten bemerkt?«, fragte Onkel Mo.

Wir schauten alle genauer hin. Und dann sahen wir sie. Codys Haare waren zu winzigen Achterknoten und Webeleinensteks geknüpft.

»Das ist das genialste Bild, das ich je gesehen habe!«, sagte Cody.

Ich glaube, Onkel Mo hat sich sehr über das Kompliment gefreut.

Dann sagte Cody: »Moment mal!«, und rannte aus dem Zimmer, und als er zurückkam, gab er Onkel Mo eine Seite, die er aus seinem Bogluch herausgerissen hatte. »Für dich«, sagte er. »Den Rand schneide ich später ordentlich ab –«

»Für mich?«, fragte Onkel Mo.

Es war eine Zeichnung von Onkel Mo, wie er auf der *Wanderer* gemütlich im Liegestuhl liegt. Im Schoß hält er seinen Skizzenblock. Unten auf die Seite hatte Cody geschrieben *Moses, der Maler.*

»*Moses*!«, rief Onkel Mo. »Das bin *ich*!«

Bompie sagte: »Hey! Und was ist mit den anderen beiden Dingern da drüben? Für wen sind die?«

»Ach ja, genau«, sagte Onkel Mo. »Die letzten beiden sind für die neuesten Mitglieder der Familie. Aber –« Er schaute Onkel Dock an. »Das hier war für Rosalie gedacht. Wahrscheinlich machst du es am besten auf –«

Onkel Dock wickelte das Bild langsam aus. Es war eine Zeichnung von drei Walfischen: Mutter, Baby und Vater Wal, die wir auf dem Ozean gesehen hatten.

»Oh«, wisperte Onkel Dock. »Oh, Rosalie –«

Bompie sagte: »Rosalie? Wer ist diese Rosalie, von der ihr alle dauernd redet? Kenne ich sie?«

Cody sagte: »Sie ist eine echt tolle Frau, eine Bekannte von Onkel Dock. Aber zurzeit ist sie verschwunden.«

»Schickt ein Suchkommando los!«, sagte Bompie.

Wir schauten alle Onkel Dock an. »Schon kapiert«, sagte er. »Aber was ist mit dem letzten Päckchen?«

Onkel Mo sagte: »Das ist für Sophie.«

Meine Hände zitterten. Ein Geschenk? Für mich? Ich schaffte es kaum, die Verpackung aufzureißen, so aufgeregt war ich. Drinnen befand sich eine von Mos Zeichnungen.

Da bin ich, hoch oben in der Luft mit dem Bootsmannsstuhl, und ich schwinge weit hinaus über die Wellen, und das Wasser ist sehr blau, und der Himmel ist blau, und unter mir im blauen Wasser sind zwei Delphine, die in die Luft springen.

Unten auf die Zeichnung hatte Onkel Mo geschrieben: *Auf geht's, Sophie!*

## 77 Erinnerungen
(Codys Logbuch)

Der Abschied von Onkel Dock und Bompie war echt schwer. Aber wir sagten Auf Wiedersehen und flogen zurück über den großen Ozean, und ich fand es wirklich erstaunlich, dass wir die ganze Strecke gesegelt waren.

Ich bin zu Hause, und Sophie wohnt bis Ende der Woche bei uns. Gestern sind wir runter ans Meer und sind am Strand entlanggegangen. Wir haben aufs Wasser rausgeschaut und ununterbrochen über unsere Fahrt geredet. Wir gingen zurück bis an den Anfang, als wir die *Wanderer* das erste Mal gesehen haben, und wir redeten über die ganzen Sachen, die wir repariert haben, und darüber, wie wir nach Block Island gesegelt sind und zu Martha's Vineyard und nach Grand Manan, und dann diese endlose, gefährliche Fahrt nach Irland.

Ich sagte: »Erinnerst du dich, dass du erzählt hast, du hättest als Kind mit Bompie zusammen auf Block Island Muscheln gesammelt?«

»Ja, klar«, sagte sie.

»Wenn du dich nicht daran erinnern kannst, macht es auch nichts – aber ich habe gedacht, vielleicht war das ja dein anderer Bompie, dein erster Bompie –«

Sie blieb abrupt stehen. »Mein erster Bompie?«

»Ja, vielleicht ist er ja mit dir Muscheln sammeln gegangen, und vielleicht waren auch deine Eltern dabei, deine ersten Eltern –«

»Meine ersten Eltern?«

»Was du da erzählt hast, klang echt schön«, sagte ich. »Das ist eine schöne Erinnerung, oder? Das kleine Kind, von dem du mir erzählt hast – das kleine Kind würde sich bestimmt gern daran erinnern, meinst du nicht?«

»Das kleine Kind ist jetzt größer«, sagte sie.

Ich denke oft an das kleine Kind. Ich glaube, das kleine Kind hatte irgendwann großes Glück und ist an einen Ort gekommen, wo es kein Problem war, dass es sich nicht immer erinnern konnte, und weil es kein Problem war, dass es sich *nicht* erinnerte, fing es an, sich zu erinnern. Und mit den Erinnerungen, die wehtun, kamen auch die guten Erinnerungen, und vielleicht hatte das kleine Kind das Gefühl, dass es ein paar Sachen wiedergefunden hat, die es verloren hatte.

Onkel Stew hat angerufen und erzählt, dass er einen Job bei einer Firma gefunden hat, die Karten vom Meeresgrund macht. »Ihr müsstet die Geräte sehen, die hier rumstehen!«, schwärmte er. »Es ist bestimmt spannend rauszufinden, wie es da unten auf dem Grund des Ozeans aussieht.«
Zuerst war Sophie ganz fasziniert von dieser Vorstellung und stellte zehntausend Fragen, was es für Geräte sind und was für Dinge diese Geräte herausfinden können, aber später meinte sie, dass sie sich nicht ganz sicher ist, ob sie wirklich wissen will, was sich auf dem Grund des Ozeans befindet.
Und mein Dad hat sich für Abendkurse in Kunst eingeschrieben. »Heißt das, dass du da tun kannst, was du gern tust?«, fragte ihn Sophie.
Mein Dad sagte: »Na ja, tagsüber muss ich immer noch Zahlen zählen, aber abends – abends bin ich dann Moses, der Maler.«
Onkel Dock rief an, um uns zu sagen, dass die *Wanderer* wieder repariert ist und dass es Bompie immer besser geht, und er hofft schon, dass er nächsten Monat mit ihm ein Stück segeln kann.
Sophie sagte: »Pass auf, dass er nicht über Bord geht. Lass ihn ja nicht ins Wasser fallen.«
Ich sagte: »Vielleicht könnt ihr ja rüber nach Spanien segeln.«
Onkel Dock sagte: »Jep – man kann nie wissen, wo man hinkommt.«

Wir – Sierra-Oscar-Papa-Hotel-India-Echo, Bravo-Romeo-India-Alpha-November und ich – treffen uns nächste Woche bei Sophie, um den Ohio River auszuchecken. Sophie sagt, eine Kanufahrt auf dem Fluss kommt uns nach dem Ozean bestimmt ganz harmlos vor. Brian stellt schon wieder lauter Listen auf, was wir alles brauchen, um ein Kanu zu bauen, und wir haben beschlossen, das Kanu blau anzustreichen und es *Blaue Büchse Wanderer* zu nennen.

»Und dann suchen wir die Brücke, von der Bompie runtergesprungen ist«, sagte ich.

»Und die Stelle, wo Bompie mit dem Auto umgekippt ist«, sagte Brian.

»Und die Stelle, wo Bompie getauft wurde und den Pfarrer in die Hand gebissen hat«, sagte Sophie.

Ich glaube, das Bogluch ist jetzt zu Ende.

Bravo-Yankee-Echo – Bye-Bye.

## 78 Zu Hause
(Sophies Logbuch)

Ich bin zu Hause, und es ist wirklich schön, wieder daheim zu sein. Cody und Brian sind auch zwei Wochen hier.

Ich merke, dass meine Jetzt-Eltern wahnsinnig erleichtert sind, weil ich wohlbehalten nach Hause gekommen bin. Sie kommen abends immer wieder in mein Zimmer und setzen sich zu mir auf die Bettkante, und wenn ich die Augen aufklappe, fragen sie: »Alles in Ordnung? Brauchst du irgendwas?«, und ich sage: »Es geht mir gut.«

Am ersten Abend machte mein Vater gegrilltes Hähnchen und Maiskolben. Das ist mein Lieblingsessen.

Cody sagte: »Mmmm, was für wunderbarliches Hähnchen!«

Brian sagte: »Mmmm, was für wunderbarliche Maiskolben!«

Zum Nachtisch gab es für jeden eine riesige Portion Vanilleeis mit heißer Schokoladensoße. Brian sagte: »Ich glaube, wir müssen ihnen zeigen, wie man Kuchen backt.«

Gestern standen Cody, Brian und ich am Ohio River und beobachteten, wie die Strömung Zweige und Blätter unter der Eisenbahnbrücke durchträgt und immer weiter, um die Biegung herum.

»Wüsstet ihr auch gern, was hinter der Biegung ist?«, fragte Cody.

»Warst du schon mal da, Sophie?«, fragte Brian.

»Nein«, sagte ich. »Noch nicht.«

»Na?«, sagte Cody. »Was denkt ihr? Sollen wir das Dingsbums von der *Blauen Büchse Wanderer* entfernen und um die Biegung fahren? Habt ihr Lust?«

»Sobald wir ein paar von diesen hölzernen Paddeldingsbumsdingern haben«, sagte ich.

Und Brian machte: »Hoh, hoh, hoh, hoh, hoh, hoh.«

Ich bin weder im Traumland noch im Erdland oder im Mauleselland. Ich bin genau jetzt genau hier. Wenn ich die Augen zumache, kann ich immer noch das Meer riechen, aber ich habe das Gefühl, als wäre ich in das klare, kühle Wasser getunkt worden, und jetzt bin ich ganz sauber und neu.

Tschüs, Bompie! Tschüs, Meer!

Sharon Creech

## *Ich, Zinny Taylor*

*Aus dem Englischen von Adelheid Zöfel*

Band 85060

Es ist dieser eine Sommer, der bei Zinny alles durcheinander bringt. Der Sommer, in dem sie Jake wieder trifft. Und der Sommer, in dem sie dem Geheimnis von Onkel Nate und Tante Jessie auf die Spur kommt. Es gibt Diebstähle, Todesfälle und eine Menge Angst und Unsicherheit, aber auch Mut und Schlagfertigkeit. Und dann einen Kuss... Eine Geschichte wie das Leben: bunt, zärtlich, traurig, komisch und immer aufregend.

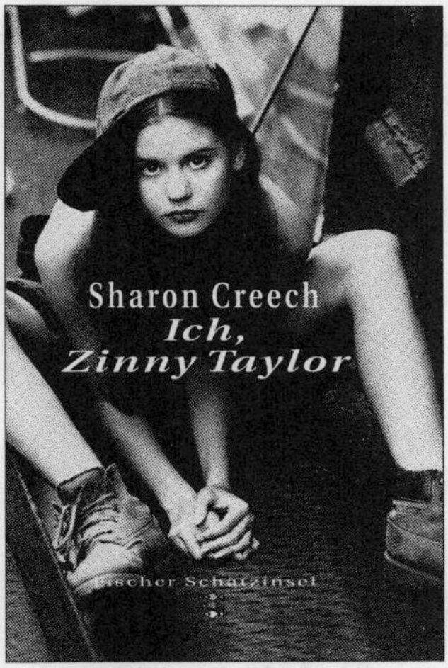


220 Seiten. Gebunden

**Fischer Schatzinsel**

fi 6066 / 1

Sharon Creech

***Ein total verrücktes Jahr***

*Aus dem Englischen von Adelheid Zöfel*

Band 80320

Das Leben kann so schön sein, wenn man die Chancen nutzt! Das merkt auch Dinnie, die in der Schweiz aufs Internat geht. Zuerst kann sie vor Heimweh die Schönheit der Landschaft am Luganer See gar nicht genießen. Aber als sie Lila kennen lernt, das Skifahren entdeckt und sich Hals über Kopf verliebt, wird es doch noch ein total verrücktes, glückliches Jahr.

**Fischer Schatzinsel**

fi 6067 / 1